大学生创新创业研究

——以艺术生为例

刘正刚　著

航空工业出版社

内 容 提 要

艺术类大学生创新创业已成为一种不可或缺的就业方式，是国家倡导并予以扶持的一种就业渠道。我们应从艺术类大学生创新创业的优势资源、社会价值以及存在问题等方面进行分析，制订出可行性较强的创业计划，实现艺术生成功创新创业。本书共计 11 章，合计 22 万字。

图书在版编目（CIP）数据

大学生创新创业研究 ：以艺术生为例 / 刘正刚著
. -- 北京 ：航空工业出版社, 2017.12
ISBN 978-7-5165-1403-0

Ⅰ. ①大… Ⅱ. ①刘… Ⅲ. ①大学生—创业—研究
Ⅳ. ①G647.38

中国版本图书馆 CIP 数据核字(2017)第 294805 号

大学生创新创业研究：以艺术生为例
Daxuesheng Chuangxin Chuangye Yanjiu Yi Yishusheng Weili

航空工业出版社出版发行
（北京市朝阳区北苑 2 号院　100012）
发行部电话：010-84936597　010-84936343

廊坊市国彩印刷有限公司印刷　全国各地新华书店经售

2017 年 12 月第 1 版　2023 年 8 月第 3 次印刷

开本：710 × 1000　1/16　印张：18　字数：220 千字

定价：68.00 元

前　言

近年来，在全球化、经济转型的大背景下，我国的就业形势发生了巨大变化，大学生就业受到影响。随着大学生毕业生人数的增加，全国高校毕业生总数创历史新高，而在各大院校中，高职院校艺术类招生人数不断增加，相应的就业需求却并未增加，导致艺术类学生就业形势日趋严峻。艺术类毕业生应选择多条出路，为自己创造就业机会。

创业是一个实现自雇的过程。创业者从最初的创业意愿到创业倾向的形成再到最后实施创业行为，其间经历着精神、生理及各方面的压力与困难。这些压力与困难只有创业者亲身经历后才能感知体会，往往只能被动承受。因此，研究创业前端领域的创业倾向，对于这些困难与压力的预知，具有重要的意义，有利于使创业者由被动承受转变为主动预防，提高大学生创业的参与率和成功率。由于艺术类大学生所学专业的特殊性，他们中选择创业的人越来越多。但是，艺术类学生往往会充满理想主义和浪漫主义情怀，而对现实问题缺少顾及。

创业意愿的形成，仅仅是最初的想法阶段，如果要真正的创业，创业可行性至关重要。创业可行性指创业者想要创建一个新企业的可行性。现有文献对于衡量创业可行性的指标比较多，常用的一些指标包括劳动力、土地、资金、技术和原材料的可获得性，供应商的可获得性以及商品或服务的潜在需求状况。通常情况下，创业可行性包括资金来源、创业团队、创业规划、情感支持、创业领域的选择和其他资源来源六个维度。比如，资金不仅是企业生产经营过程的起点，更是企业生存发展的基础。在企业的销售活动能够产生现金流之前，企业需要为购买和生产存货支付资金，需要进行广告宣传，需要支付员工薪酬。实质上，除了自己完全承担首创资金，其他类别的来源均需要社会网络的支持。其中有些朋友是直接地参与或者支持，比如创业团队和投资人。除此之外，在创业者获取首创资金的过程中，有些朋友起到了中介点的作用，间接地参与或支持创业者。他们本人并没有投入资金，而是将他们的资源和网络与创业者之间建立沟通和联系，以此帮助创业者获得资金。

显然，创业者首创资金的获取是嵌入在其个人本身的社会网络或者社会关系中的，并将社会网络或者社会关系中蕴涵的资源转化成创业者所需的首创资金。还可能需要对员工进行培训；另外，要实现规模经济效应，企业需要持续地进行资本投资；加上产品或服务的开发周期一般比较漫长，就使得新创企业在生命早期即需要筹集资金。

再如，创业团队是由技能互补、贡献互补的创业者组成的特殊群体，该群体在一个共同认同的、能使彼此担负责任的程序规范下，为达成高品质的创业结果而共同努力，相互协作、依赖，共同担当。

一旦创业者形成了创业的愿望，并最终确定了创业项目，组建适合自身的创业团队就是最重要的任务。创业需要志同道合的伙伴互相支持，分工合作。例如，比尔盖茨对于创业团队的重要性形成了自己独特的看法。他一向认为自己只是一个软件工程师，之所以能够创业成功，很大程度上在于它的创业团队。因为有了自己组建的创业团队，所以他才能够生产出越来越多有价值的产品。

总而言之，艺术类大学生创新创业已成为一种不可或缺的就业方式，是国家倡导并予以扶持的一种就业渠道。我们应从艺术类大学生创新创业的优势资源、社会价值以及存在问题等方面进行分析，制订出可行性较强的创业计划，实现艺术生成功创新创业。

本书共计 11 章，合计 22 万字。由刘正刚撰写，由于时间比较仓促，加上作者水平有限，在撰写的过程中难免出现纰漏之处，敬请读者谅解。

目　录

第一章　大学生创新创业的基本概述

第一节　大学生创新创业的内涵

一、大学生创业的含义

“创业”在《辞海》中的定义是“创立基业”。《现代汉语词典》中的解释是“创办事业”。总之，研究者站在不同的角度，根据不同研究对象的特点，对创业的解释各不相同。

具体来说，创业有广义和狭义之分。广义的创业是指人类带有开拓、创新并有积极意义的社会活动。广义创业包括的内容很广，它涉及政治、经济、军事、文化、科学、教育等各个方面。狭义的创业是指个人或小规模群体所从事的具有创新或创造性地以增加财富为目的的活动，它既包括创设新的职业、创办新的企业，也包括以工资形式就业后在岗位成材立业。本书研究的大学生创业是指狭义的创业，即创办企业。所以，大学生创业指大学生们在当时所处的社会环境条件下，通过自己的知识和能力，捕捉商业机会，在充分考虑财富增长的成功与风险并存的前提下付诸行动，创建和发展一个或多个企业的活动过程。

大学生创业具有以下特点：

1.艰难性

在创业过程中，特别是白手起家的创业者，往往需要经过多年的艰苦努力，倾注大量的心血，经历创业的艰难。所以需要创业者有充分的心理准备，有艰苦奋斗、积极进取的精神。

2.创新性

创办一个企业对创业者来说是一个创新过程，创业者在创业过程中所面对的几乎都是新事物、新问题、新挑战，需要创业者不仅要勇敢面对，而且要善于创新。创业者只有在观念创新、组织创新、技术创新、产品创新、市场创新、管理创新等方面领先一步，先人一筹，企业才能有强大的生命力。

3.风险性

风险是指在一定环境下、一段时间内，影响目标实现的不确定性，或某种损失发生的可能性。风险的存在意味着创业目标的实现可能会遇到预料之外的事情。做企业，将面临产品开发风险、市场风险、资金风险、供货商风险……所以，创业者必须具有风险意识，保持清醒的头脑，能对在创业中可能遇到的风险进行合理的规避，在风险与收益之间进行抉择与权衡。

4.知识性

大学生是一个特殊的群体，他们系统学习了科学文化知识，掌握了某个领域的专业知识和基本技能，是具有创新精神和实践能力的高级专门人才。他们“知识富有”而“资金匮乏”，他们可以依靠知识创业，通过在知识创业中，把知识转化为创业素质、转化为物质财富，使创业实践具有更大的成功率和效益。

二、国内外大学生的创业活动

（一）国外大学生的创业活动

大学生创业活动开始于20世纪80年代美国奥斯汀德州大学举办的首届大学生创业竞赛，后来发展为遍及全球包括麻省理工学院、斯坦福大学等世界一流大学在内的影响广泛的年度竞赛活动。其中，1986年迈阿密大学首次举办了一次全国性的商业计划大赛；1987年圣地亚哥大学也举办了一次全国性的比赛，并且该比赛以后每年都要举办。有些大学还设立了创业俱乐部，为学校内部之间和校内外的人员之间进行创业交流提供方便。有的大学甚至设置种子资金，鼓励学生去尝试创意的商业化探索。

麻省理工学院和斯坦福大学的大学生创业竞赛活动影响最大，比赛的优胜者常常会得到创业投资家的青睐。麻省理工学院 1990 年的首届创业计划竞赛就有一份获奖计划赢得了风险投资，现在已成为一家相当成功的高科技公司。从 1990 年开始，每年都有几家新企业由麻省理工学院的大学生创业竞赛中诞生，并有相当数量的计划被附近的高新技术企业以上百万美元的价格买走。由创业计划直接孵化出来的企业中，有的短短几年就成长为年营业额数十亿美元的大公司。斯坦福大学的毕业生杨志远和他的同伴也是成功的创业者，正是以他们对网络搜索引擎的构想，创立了闻名遐迩的“雅虎”公司，赢得了 400 万美元的投资，几年后这个公司创造了近 70 亿美元的市场价值，投资回报率高达几百倍。一批批大学生在创业竞赛中得到锻炼和成长，风险投资家纷纷进入大学校园，寻找未来发展的领袖人物。20 世纪 90 年代后期，相当大比例的名校 MBA 首选创业企业或创建新企业。有的专家甚至提出，高校创业计划竞赛已经成为美国经济的直接驱动力量之一。

（二）我国大学生创业活动的兴起

与发达国家相比，我国的大学生创业活动起步较晚。它首先来自于海外学者的纷纷回国创业，给中国经济带来了一道亮丽的风景。刚过而立之年的张朝阳，在美国麻省理工学院获得博士学位后毅然回国，在短短两年之内，将“搜狐”办成了广为人知的著名网站，而张朝阳总裁也成了成千上万大学生热烈谈论的话题。那些和张朝阳一样从海外学成归来的学子，尽管没有资金，没有企业经营管理的经验，但凭着他们自己聪慧的大脑，敏锐的眼光，以及高昂的创业热情和勇往直前、不怕失败的精神，应用从海外学来的比较成熟的运作机制，以全新的思维方式和创新行为进行创业，给国内企业界带来了许多新的启迪。也给国内高校的大学生们带来了巨大的震撼，从而掀起了以北大、清华、人大等为代表的我国高等学府内的创业浪潮。从此大学生创业以风起云涌之势席卷中国大地。

第二节 大学生创新创业的现实意义

我国是一个发展中的人口大国。据预测我国人口到2050年为15.82亿。按《面向21世纪教育振兴行动计划》提出的目标，我国高等教育到2010年入学率接近15%。现在看来，这个目标已经提前实现了。而高等学校入学率将继续增加，毕业生也必将相应增加。又据预测，到21世纪30年代，我国劳动力人口占总人口的比例将一直保持在60%以上。面对这样沉重的就业压力，引导毕业生自主创业，具有十分重要的意义。

一、增加社会财富，促进社会繁荣的需要

创业过程是增加社会财富的过程，因为大学生通过创建企业，为社会提供产品或劳务服务，不仅能增加社会价值，增加国家财政税收，而且能丰富市场，促进社会繁荣。

二、就业竞争日益激烈的需要

我国目前正面临着严重的就业问题，而创业作为一种有效解决社会就业问题的手段已经被世界各国所认同与重视。20世纪70—80年代美国大工业经济衰退，社会发展开始减缓，社会上出现了大量失业现象。当时在波士顿128号公路两旁以及加州硅谷出现了大批的创业企业，这些早期的创业企业依托周边地区高校的支持，迅速而蓬勃地发展起来，尽管有大量的创业企业失败，但不断出现的创业企业不仅提供了大量的工作机会，而且鼓舞与促进了社会民众的创业激情，为美国经济发展注入了新鲜的活力。所以，大学生创办企业，不仅能在发挥自己特长的基础上解决自己的就业问题，而且还能为社会提供一定的就业岗位，解决社会人员的就业问题。

近年来，由于我国高校连年扩招，高校毕业生人数剧增，国家与社会提供

的实际就业机会有限，形成整个社会的劳动力总量供大于求的状况。此外，我国城镇登记失业率的上升，社会就业机会结构性矛盾更加突出等原因，都不断加剧了毕业生就业的压力与难度。因此，大学生就业压力的加大，客观上就要求我们重视和推进大学生创业工作的开展。

三、实现大学生人生价值的需要

大学生们年轻，精力旺盛，思维敏捷，学有专长，拥有技术优势，而创业是一个大舞台，正好为大学生创业者提供施展自己才华的天地，他们通过创办企业来实现自己的人生价值。美国的比尔·盖茨创办了微软；日本的松下创造了松下电器王国；柳传志创办了中国联想……他们都是经过了艰苦的奋斗过程，最终才获得了成功，实现了自己的人生价值。

由于当前大学生就业难的局面，以及就业后的工作环境、工资待遇不尽如人意，再加上当今大学生有抱负、有专业知识技能、思想新锐、作风前卫，并具有较强的自我实现、自我发展、自主创业的浓厚意识，使得越来越多的大学生已开始规划人生新的跳跃，准备走上既充满希望而又前途未卜的创业之路。

在各高校中，大学生们课外谈论的话题最多的就是有关“就业”和“创业”的内容。这足以表达当今大学生关心创业、热切创业、勇于创业的思想与愿望。大学生们的这些强烈而浓郁的创业愿望，也在催促着越来越多的大学生走向人生的创业之旅。

四、充分有效利用资源的需要

在知识经济社会里，知识、信息取代原材料、资本、劳动力成为重要的资源，使得受过高等教育的大学生们具有创业的资源优势。电脑及互联网的普及，使得有机会经常在网上浏览的大学生们很容易获得创办和经营任何企业的信息。大学生创业不仅给自己提供了自我发展、自我完善的空间，而且能将自己的创业资源优势转变为先进的生产技术，创建高科技企业。

第三节　大学生创新创业的基本要素

一、我国大学生创业的现状

有资料表明，30%以上的在校大学生都有自己创业的愿望，但付诸行动的仅占1%。虽然，各级政府都在为大学生创业予以极大的支持，但还是有很大一部分大学生在创业道路上会遭受挫折。

北京某著名大学一应届毕业生说："创业是自己多年来埋在心底的愿望，但从就业跨越到创业，又是一条巨大的鸿沟。因为不知道前面等待我的是什么，创业就意味着自己打造饭碗，要承担诸如户口、保险、医疗、福利、住房、子女就学等各种风险，最终还面临失业、亏损、债务等各种风险，在就业与创业这个生存与理想之间，我只能无奈地选择就业这种生存的选择。"

当然，在创业的道路上，还是有许多成功的人士与案例在昭示我们：创业是人生理想实现的天堂，创业是通达成功彼岸的桥梁。

现年31岁的陈天桥，毕业于复旦大学经济系，从浦东新区政府部门辞职，再度从上海一家证券公司辞职，最后靠东借西凑而来的50万元的资金，闯进了充满财富机遇的互联网新经济领域。他领导的"上海盛大网络"公司，通过短短6年间的打拼，其财富就飙升了18 000倍，达到令人炫目的88亿元。

再如，在清华大学举办的全国首届大学生创业计划"挑战杯"大赛中夺取一等奖的发明者清华大学学生邱虹云，后来与同学共创"视美乐"公司，并获"上海第一百货公司"5250万元的风险投资，，创造了我国大学生创业的"神话"。

二、大学生创业中要跃过的几道坎

（一）资金关

俗话说"巧妇难为无米之炊"，没有资金，再好的创新技术也难以转化为现实的生产力及财富。如果说创意是绚烂的花朵，那么资金就是滋润花朵的水分；没有资金，再美丽绚烂的创意花朵也将枯萎。

例如，在云南昆明就读的某大学生到泰国旅游，看到泰国素餐馆的生意非常红火，于是他萌发了在昆明开一家素餐馆的想法。后来，他又再次到泰国进行调查与加工烹饪学习。但得知开一家素餐馆的资金约需 10 多万元人民币后，在缺乏资金的困境中，他的创业之航只有抛锚、搁浅了。再后来，泰国素餐馆在我国的北京、上海、广州、杭州、成都等地如雨后春笋般地蓬勃兴起，并且生意十分的火爆。面对此情此景，这位大学生的心情十分的苦涩与无奈。

（二）技术关

目前，一些大学生除了选择专业性较强的项目创业外，绝大多数学生还是选择以服务性行业为主要的创业领域。因为服务性行业的技术要求与资金门槛低，容易进入。而在技术性强的创业领域中，大学生缺乏技术创新、市场应用前景好、有独立知识产权的产品，而导致大学生的创业难。同时，广大学生还缺少组织管理、市场营销、广告宣传及工商、会计、合同、法律、人际交往、客源开发等方面的知识、经验与能力，这也是造成学生创业难的障碍因素。正如美国已故的钢铁大王卡内基所说：“我可以失去全部资产，但只要人才还在，4 年后我仍然是钢铁大王。”由此可见，专业知识、技术与人才是一个企业创业发展的最重要因素。

例如，北京联合大学应用文理学院毕业生赵明晨和 7 名同学中标承包学校的餐厅，并满怀希望地将餐厅取名为“八零年代”。赵明晨是放弃了 6000 元月薪的工作，雄心勃勃地来经营这家校园餐厅的。由于缺乏对餐饮行业经营管理的经验与能力，投资 50 万元的餐厅一直遭遇“冷场”，餐厅不但不赚钱，每天还要赔进 2000 元左右。此时的赵明晨多想回到当时月薪 6000 元的工作之中。这说明创业的经验与技术是极为重要的。

（三）心态关

大家知道，创业需要的是理智而不是冲动，创业需要的是冷静而不是狂热。但在现实中，许多大学生对于创业的理解有些偏激，认为只要豪情万丈，一办公司就能一蹴而就，金钱、财源就会滚滚而来。他们对行业、对市场缺乏深度的审视，对社会和大众的消费需求也缺乏深刻的了解；盲目性的创业，理想化的期盼，也成为当代大学生创业的一种“通病”。据有关业内人士分析，当询问到一些学生是否对其产品与技术进行过周密的市场调查时，得到的结论往往是一种理想化的推理。如有的大学生作出了以下的市场判断：“中国有4亿人需要我们的产品，若每人买一件，每件100元，按此推论我们就有400亿元的销售市场。”这样的市场分析缺乏足够的科学依据，有如南柯一梦，异想天开。凡此种种，视野窄，认识浅，理想化的市场推断，导致了不少原创产品缺乏可行性而夭折在构想与计划的实施之中。

例如，我国第一位获得创业风险资金的大学生——原华中理工大学大三学生李玲玲，用她获得的中国首笔大学生创业风险投资基金10万元创办了武汉“天行健”公司，由于缺乏经营管理的经验，仅过了一年，“天行健”公司就陷入瘫痪倒闭的境地。“天行健”虽然具有诗意般的浪漫与自强不息，但严酷的市场现实却使“天行健”公司无法做大、做强。

第二章　大学生创新创业的理论基础

第一节　头脑风暴法

在商业上有一句约定俗成的话语："经营非理论。"这话是说，经营是一门实践科学，不能机械地照搬某种理论，同时也说明经营的理论和方法是多种多样的，企业和个人绝不可简单地模仿某一种做法。

这么说来，是否意味着创业就没有可以借鉴的理论和方法呢？那倒也不尽然。虽然目前尚没有一个创业成功战略公式，也还缺乏系统的创业理论和方法，但我还是有意把那些成功创业者的点滴经验汇集起来，试图把这些资料上升为某种理论或方法。当然，这个汇集是十分有限的，仅仅限于个人的阅读和见闻，而且也仅仅从创业的角度，因此挂一漏万的情况在所难免。同时，那些被我纳入本章的内容也是见仁见智，有的是理论，有的是方法，甚至有的只不过是个指导原则而已。我之所以把它们概括为理论或方法，目的在于给那些正走在创业道路上的朋友们以明晰的理念，同时，也希望广大的学者和创业者携手共创一套科学的创业理论和方法。

一、最懂创造力的人

在人类历史上，最伟大的发明应当是"发明方法"的发明。它不仅是打破古文明基础的新尝试，而且还是创造未来文明的希望之光。

对创造学的研究是从20世纪20年代开始的。但是，将创造学作为一门独立的学科，那是始于20世纪50年代。1953年，奥斯本（Alex F. Osborn）的名著《应用想象力》出版。这本书被认为是创造学的经典著作，重点是放在想象的重要性和普遍性上，它首先在美国布法罗大学作为创造学的教材使用，随后被其他大学相继采用。这是一本阐述创造力的最早的和较为系统的著作，后被译成其他多种文字出版，在世界学术界有较大的影响。

奥斯本早在1938年就发明了创造技法——头脑风暴法，并把它应用于发明创造实践，获得了巨大的成功。20世纪40年代，这一方法首先在美国得到推广和应用，美国的一些高等院校还专门开设了这门课程，日本许多大公司也积极举办各种智力激励法训练班，收到了极好的效果。

奥斯本对创造学研究与推广的贡献是多方面的，他创建了“创造力教育基金会”，建立了“应用创造力解决问题研究所”，创办了唯一的《创造行为》杂志。在50年代后期，他还出版了畅销书《我是最懂创造力的人物》。他以大半生的时间致力于人类创造力的研究与推广普及，足迹踏遍全美各大学和数以千万计的企业。他的论点及建议曾激励了无数的人，给他们带来了希望与成功。

的确，奥斯本是最懂得创造力的人，是他把人类这一宝藏发掘了出来，并且造福于人类。是他证明，“人与人之间，虽有程度上的差异，然而，均拥有想象力”，“男女创造力并无差别”，“一位80岁的老人与一位30多岁的青年人，智力没有多大差别”。他认为：“当务之急在唤起、训练人类的发明能力，因为从整体来看，具有发明能力的社会才是最强盛、最进步的社会。”

二、头脑风暴法的内涵

这个方法是奥斯本于1938年在BBDD广告公司任副经理时发明的，一被提出，很快受到企业界的青睐。把它应用于发明创造实践活动中，效果十分明显，因此很快在各行业得到了推广。

头脑风暴法是从英文Brain Storming直译过来的，相近似的译名还有“头脑震荡法”“脑轰法”“智力激励法”“畅谈会法”等。名字虽然各异，但其核心是：使人的大脑处于一种自由奔放的氛围之中，把人的想象力激发到最活跃的状态，并围绕着某一个问题激励与会人员提出尽可能多的创意。这是开发创造力的最早的方法，也是运用得最广泛的方法。

现将头脑风暴法的基本内容简介如下：

（一）头脑风暴法的基本原则。奥斯本认为："想象力，是人类区别于其他动物的重要因素之一，也是人类征服世界的动力。"头脑风暴法的目的，正是为了最充分地发挥人的这一巨大的潜力，激发出最多的创意来。为了达到这一目的，采用头脑风暴法必须遵循两条基本原则：

第一，推迟判断原则。所谓推迟判断，意指不要过早地对人们提出的设想或建议下断言、作结论，以免束缚人的想象力，窒息创造性的思想火花。严格地遵守这一原则，是开好"畅谈会"的前提，是使头脑风暴法获得成功的保证。F. 席勒说："当一些设想刚刚产生的时候，你就运用智能加以十分仔细的研究，这显然是不妥当的，因为它有碍我们进行创造性思维。"这里所说的"仔细的研究"就是判断，是"评头论足"，是对刚刚产生和正在萌发的创意的干预。推迟判断的目的，是为了获得"心理安全"和"心理自由"。这是源源不断产生创意的必要的心理环境。奥斯本曾作过调查，华盛顿联邦政府曾召开过一个 200 人的会议，采用这种方法不到 30 分钟，就提出了超过 100 种的创意。

第二，数量保证质量原则。奥斯本认为，越是增加设想的数量，就越有可能获得富有实用价值的设想，越有可能走上解决问题的正确轨道。无疑，这个观点是符合唯物辩证法的"量变到质变"的规律的，没有一定的"量"就没有"质"，进而没有"质"的突变也就不可能实现人们认识的飞跃。

（二）头脑风暴法的基本做法。这种方法的基本点在于：为了解决一个明确的问题，召集专门的特殊会议。要求与会者敞开思想、各抒己见，互相启发、互相激励，使创造性的思维产生共鸣和连锁反应，从而获得更多、更好的解决问题的方法。会议时间一般在半小时至 1 小时之间。参加人数一般为 5～10 人，最好要有几个思想活跃的人起带头作用，但不能事先作暗示。会议主持者 1 人，要求头脑清醒，思维敏捷，作风民主，善于启发诱导。会议记录员 1～2 人，作风踏实，办事认真，负责完好地把与会者的意见记录下来。会议一定要有充分的准备，提前"安民告示"，要求与会者围绕议题做好准备，发言简明扼要。会议过程既要充分发扬民主，又要正确引导。会后，记录员要协助主持人把所有与会者的设想、方案整理出来，对不同的意见应当一一列出，对相似的意见可作必要的归纳。然后，主持人组织未参加会议的人，对会议提出的各种新设想（不公布提出人的名字）进行评估：一是新设想是否可行；二是新设想实行后是否有效益。对那些既可行又有效益的设想，决策人往往会采纳并予以实施。

（三）会议的原则。为了开好会议，必须贯彻以下原则：①会议的议题要适当。一般来说，议题要明确，讨论和要解决的问题大小适度，不得附加任何约束性的条件。②自由奔放。提倡自由思考、自由想象，鼓励“异想天开”，不限制任何奇谈怪论，敢于“标新立异”，创意越新越好。③严禁评论与批评。对与会人员提出的任何设想不得阻挠，不得评头论足，不得批评，即使是幼稚甚至是荒诞无稽的，也不得讥笑或批评。须知，这是保护创造性思维最重要的原则，也是人们在日常工作中最容易忽视的一个问题。④既要求数量，又要求结合与改善。要求与会人员提出尽可能多的创意，越多越好。同时还要求与会人员动脑筋，改善他人的创意，或通过思维加工把几个创意结合在一起形成一个更好的创意。⑤不得谋求权威。不管是会议主持者还是与会者，也不管他们原有的职业与身份，在会议上是一律平等的，任何人不得谋求权威，不得阻挠和打断他人的发言。

（四）与会者应遵守的原则。头脑风暴法执行得好与坏，不仅取决于会议的主持者，而且与会者的自觉配合也是十分重要的。因此，与会者必须遵守以下的原则：①与会者不论职务高低，不论年龄大小，在会议上一律平等，享有同样的发言权力。②互相尊重、合作，要有宽容大度的胸怀，不许对他人提出的设想进行评议，更不能贬斥。③不许交头接耳、私下交谈，以保持自由奔放的会议气氛。④对与会者在会上的发言，要严加保密，任何人不得向外泄露。会议结束后，除了会议记录以外，其余一切应不留“痕迹”，特别是与会者都要从会议上超脱出来。

半个多世纪的实践证明，头脑风暴法的确是一个行之有效的方法，它已在世界各国得到了广泛的推广。当然，它也像任何其他的科学理论与方法一样，也有其自身的局限性，正因为如此，才出现了对头脑风暴法的改进，使它更趋完善。

三、创造技法的万花筒

世界各国都十分重视创造方法的研究与推广，美国把它称为“创造工程”，日本称它为“创造工学”，俄罗斯称它为“创造技术”，德国称它为“主意发现法”，中国称它为“创造技法”。虽然名称各异，但主旨是相同的，意在开发国民的创造力，促进本国的科技和经济的发展。

有人通过研究，把目前已知的300多种创造技法归纳为三大类，即逻辑的创造技法类、亚逻辑的创造技法类和非逻辑的创造技法类。实际上，在已知的300多种创造技法当中，有不少是大同小异的，真正具有一定独特性的创造技法约有60多种，其中经常使用的只有20多种。当你窥视万花筒时，可以看到某种图样，摇动万花筒后，可以看到许多数不尽的变化图样，如果放入新纸片，又将看到万花筒内出现了与过去全然不同的图样。事实上，联想观念的作用如同在万花筒中放入新纸片一样，如果将新的事实及经验投入大脑中，即可形成另外的图样，只要能把新的事实与旧的事实相结合，再加以整理并操作，新的创意便可不断地产生。

第二节　熊彼特理论

一、现代经济学大师

创新理论（Innovation Theory）的创立者是美籍奥地利人、当代西方著名经济学家约瑟夫·阿洛伊斯·熊彼特。他被誉为“经济学大师”“现代社会科学巨人”，曾一度担任过奥地利政府财政部部长、美国经济学会会长，在哈佛大学任教近20年。他的主要著作有：《经济分析史》《经济发展理论》《资本主义、社会主义与民主》《经济周期：资本主义过程之理论的、历史的和统计的分析》以及《从马克思到凯恩斯十大经济学家》等。1912年，他在《经济发展理论》中提出了创新理论，以新的观点阐述资本主义经济发展的本质，从而一举成名。

时年仅 29 岁。熊彼特对现代经济发展做过重大贡献，他在经济理论方面有着重大的影响。

二、创新理论的含义与特点

熊彼特是把创新理论引入经济领域的第一人。他用创新理论，即生产技术和生产的变革来解释资本主义经济的基本特征和发展过程，这的确是经济理论上的重要发展。

熊彼特认为，经济发展是一个动态的过程，是一个与传统的静态循环相区别的现象。经济发展的关键在于创新。他认为，经济在静态循环之下，发展缓慢，企业的收入等于总支出，管理人员不能算是企业家。

创新的含义是什么呢？他认为，创新就是要建立一种新的生产函数，也就是说要用创新的精神来改造生产因素和生产条件。具体来说，创新包括五个内容：①引进新产品；②采用新的技术，即新的生产方法；③开辟新的市场；④控制原材料的新的供应来源；⑤实现企业的新组织。现代各国经济发展的事实完全证明了熊彼特理论的正确性，没有创新，就不可能实现现代化。

创新理论有什么特点呢？归纳起来有三点：①强调生产技术的革新和生产方法的变革在经济发展过程中的至高无上的作用，并把它看作是资本主义最根本的特征，认为经济发展的关键在于创新。②极力强调“变动”和“发展”的观点，认为创新是一种内在因素（实际上是创造力），经济发展就是依靠创造性的变动，这与传统经济学认为主要依靠人口、资本、工资、地租等外因是不同的。③特别重视企业家在经济发展中的独特的作用。他认为，企业家是经济发展的“灵魂”，他们是创新活动和生产要素组合的主要组织者和推动者。

企业家与管理者不是一回事，只有当管理者拥有创新功能时，他才能成为一个企业家。

熊彼特的创新理论对于创业具有很重要的指导作用，它既是经济学的理论，又是创业的理论。创业者应当认清当代经济发展的特点，自觉地把创新的内容引进到经济活动中，培养自己的创新能力，努力使自己成为一个成功的企业家。

第三章 大学生创新创业模式分析

第一节 “零成本”创业模式

没有资金，能够创业吗？当然可以，我们不妨介绍一种“零成本”创业的模式，可能对你有所启发。什么叫做“零成本”创业呢？所谓“零成本”，并不是说绝对不需要一点资金，只是形容所需要的资本很少而已。在数学上，当数字趋近于零时。可以被认为是零。

美国惠普公司是世界上最大的计算机公司之一，在全世界170多个国家设立了分支机构，拥有15万名员工，2006年的营业收入达917亿美元，在美国500强企业中名列第11位。然而，休立特和帕卡德这两个年轻的发明家是怎样白手起家而成为世界信息产业的巨擘的呢？早在1939年，创业的起因是休立特的一篇硕士论文——《制造和评价一个可变频率振荡器》。导师弗雷德·特曼（Frederick Terman）支持他们，并借给他们538美元被称为“天使基金”的“种子钱”。他们在帕洛阿尔托市爱迪生大街367号一间车库里开始了发明创造。应该说，是“天使基金”成就了惠普，而从未停止的创新和变革精神则创建了惠普今天的伟业。

“天使”在西方文学中，常常被寓意为神的使者，用“天使基金”来形容对创业的资助，无疑具有非常美好的含义。也许是受了这个创意的启发，我国有些地方也设立了“天使基金”，支持大学毕业生的创业活动。例如，上海市专门设立了大学生创业“天使基金”，在全市设立5～6个受理点。凡是从事创业的大学毕业生，如果他们提出的技术开发项目通过了专家的论证，可以获得5万～30万元的资助。创业就像科学实验一样，争取成功但也允许失败，因此即使在创业中遭受到失败，也无须偿还损失。

面临着大学毕业生日益严重的就业形势，人事部人才流动中心、北京市高等学校毕业生就业指导中心倡导举办了“零成本”创业活动。参加这次活动的有来自国内20多所高校的学生代表。这是首次由政府部门、高校、社会企业和相关专家组成的“四位一体”平台，为大学毕业生提供免费服务。此次活动的中心是，围绕着由大学毕业生发起的“我能行”创业计划大赛，大学毕业生们展示自己的创业设想、创业项目，通过评选优秀的项目，为他们提供融资与合作的机会，从而实现他们“零成本”创业的计划。

“零成本”创业是一个十分广泛的概念，每个人都可以应用这种创业的形式，无须为没有资金而苦恼。例如，“点子”公司、顾问与咨询公司、代理公司、翻译公司等，都无须大量的创业资金。俗话说：“千里之行，始于足下。”每一个有志于创业的大学毕业生，如果要想成就一番大业，那就应该眼睛向下，不妨从最细小的工作做起，通过不断积累方可获得最终的成功。

第二节　风险创业模式

顾名思义，所谓风险，是指可能发生的危险，或者存在的潜在危险。而风险创业是指从事蕴藏着较大失败危险的高新技术开发产业，以期成功后取得高资本收益的一种创业模式。一般来说，风险创业包括风险创业者和风险投资者两个方面，他们是相辅相成和相互制约的关系，二者缺一都不可能从事风险创业。当风险投资者把资金投入创业公司以后，他与创业者就处于风险同担和利益均沾的境地，形势逼迫他们不得不朝着一个成功的共同目标前进。

VC是风险投资Venture Capital Investment的缩写，这是从字面上直译过来的。也有人认为，把它翻译为创业投资更合乎本意，而且还消除了对风险投资的误解，如把风险投资家看成是见义勇为的“勇士”，那么创业者就是高风险和高收益的实践者。

从风险投资发展的历史来看，美国是风险投资的发源地。1946年对于风险投资来说是具有里程碑意义的，哈佛大学的乔治·多里特（George Doriot）和波士顿联邦储备银行行长拉尔夫·弗兰德斯（Ralph Flanders）创立了美国研究与发展公司，这标志着现代风险投资业的诞生。半个多世纪以来，美国的风险投资业经历了三个时期：创建期（1946—1969），发展期（1970—1985）和快速发展期（1986 一）。目前，美国风险投资公司多达 4 000 家，风险资本总额为 1000 亿美元，每年大约有 1 万家高新技术企业依靠风险投资来运转。

在美国风险投资成功经验的影响下，欧洲、亚洲许多国家的风险投资公司也日益蓬勃地发展起来了。美国高新技术产业蓬勃发展，在很大程度上与风险投资有着密切的关系。留美学者李彦宏是利用风险投资获得巨大成功的创业者，他的创业经验对人们颇有启示作用。相对于众多的著名大学里的计算机博士来说，李彦宏仅仅获得了布法罗纽约州立大学的计算机硕士学位，但他却是计算机搜索引擎技术领域的权威专家。

专题世界互联网大会于 1998 年 4 月在澳大利亚布里斯班召开，他在会议上作了发言，不料他的研究成果被两个参加会议的人应用了。他们很快推出 Google 搜索引擎，大获成功，并相继把 Infoseek 和 Yahoo 抛到了后面。Google 的成功对李彦宏产生了极大的刺激，使他决定做搜索引擎技术开发。他深知，要在美国与 Google 公司一决高低是不可能的，因为他缺乏对西方文化心理和思维习惯深入了解的根基。他把目光投向了自己的祖国，率先开发中文搜索这个巨大的宝藏。于是，一个以“众里寻他千百度”名句中的“百度”作为名字的搜索网站，先后在美国和北京正式注册了。

对李彦宏来说，做搜索引擎根本不存在技术问题，因为搜索方式和技术平台本是他的原创成果。问题是所需要的 100 万美元启动资金从哪里来？他想尽了一切办法，找了所有能够找的人，仍然凑不到 100 万美金。在一筹莫展的情况下，还是他的夫人提醒了他：“找风险投资商！”

说起来容易，可是做起来难啦！经过他们精心的挑选，最终选定了两家风险投资商，一是 Peninsula Capital（半岛基金），二是 Integrity Partners（诚信合伙人公司）。风险投资商都是玩钱的高手，他们看重技术但更看重人，与其说是投资项目，倒不如说要投资“人”。经过艰难的历时 5 天的谈判，他们了解到李彦宏是世界搜索引擎领域里排名前 3 的权威，同时也认可中文搜索引擎在中国的巨大市场，所以同意投人 120 万美元（李彦宏要求的是 100 万），占百度的 25%股份。后来又投入了 1000 万美元。

以李彦宏为首的七剑客聚齐开始了百度的创业之路。经过 6 年的拼搏，他们终于获得了巨大的成功，百度不仅是世界上最大最好的中文搜索网站，而且百度公司的股票也在美国纳斯达克股票交易所挂牌上市。瞬间，奇迹出现了，3 个小时之内，股价涨到了 122.54 美元，涨幅达到了 353.85%，打破了美国股市有史以来的纪录。随着股票的增值，李彦宏的个人财富超过了 9 亿美元，同时还造就了 8 位亿万富翁和 300 位百万富翁。

除了科学家和技术专家们以自己的研究成果利用风险投资来创业外，那些初出茅庐的大学毕业生们能否借用风险投资模式进行创业呢？回答应当是肯定的。问题的关键不在于资历的高低，而最重要的是你是否掌握了具有竞争力的新产品，并具有驾驭风险投资的能力。无论是什么样的人，只要具备了这两个创业所必需的素质，那么都是可以利用风险投资进行创业的。

一个利用风险投资创业成功的例子：以邱虹云为首的几个清华大学学生发明了超大屏幕多媒体投影仪，并注册了视美乐公司。初生牛犊不怕虎，他们获得了 5 250 万元风险投资，因而一夜成名。对于他们发明的新产品，专家们感到震惊。在研制产品核心部件光学透镜时曾遇到困难，虽然采用了多种国外技术但仍然没有成功。被老师和同学们称作“爱迪生”的邱虹云，不相信他们的产品就此画上句号。于是，他一次又一次地反复试验，常常是通宵达旦，经过 45 个通宵的攻坚，终于获得了成功。经过半年的努力，他们的产品已经通过了中间试验，并开始批量生产。他们对未来充满信心。邱虹云决心一个季度研发一个新产品，每半年到一年推出一个产业化的新产品。有了这样的目标，具有这样不断创新、开拓的精神，一定能够创造出更多的奇迹！

既然是风险创业，当然就有失败的风险。无论是初次涉世的大学生，还是富有创业经验的人；也无论是在中国，还是在外国，风险创业失败者都不乏其人。因此，我们对待风险创业要抱着平静的心态，既不能一味地捧杀，也不能在遭到失败时轻易放弃。特别是在我国，风险创业的历史还不长，机制还不完善，对待大学生风险创业要采取更宽容的态度，使广大的风险创业者从游泳中学会游泳，以便让我国的风险创业越来越成熟。

第三节　科技创业模式

顾名思义，科技创业模式就是以开发科技产品为主要任务，不断地把自己的新产品推向产业化。作为新技术产品的研制者，当然也可以自己开发，但主要的还是依靠企业家们去开发，这是社会分工的需要，以便使科学家与企业家各自发挥自己的特长。

一提起科技创业，人们自然而然地就想起了大学生创业计划大赛。清华大学大学生科协创办的首届创业计划大赛，在全国引起了很大的反响。紧接着，共青团中央、全国学联和中国科协联合发起举办了“挑战杯”中国大学生创业计划大赛，之后每两年举办一次。为了顺利地进行征稿和比赛，组建了大赛组织委员会，并委托某一大学作为承办单位。第一届由清华大学承办，第二届由上海交通大学承办，第三届由浙江大学承办，第四届由厦门大学承办，第五届由山东大学承办。

创业计划竞赛又称商业计划竞赛，它最早源于美国。自 1983 年美国得克萨斯奥斯汀分校首创这项活动以来，诸如麻省理工学院、斯坦福大学、哈佛大学等著名的大学，都陆续地开展了这项活动，以麻省理工学院最为成功。从某种意义上说，大学生的创业计划竞赛已成为新技术的源泉，是美国经济发展的驱动力。

目前，大学生创业计划竞赛已经风靡全球，并且成立了世界大学生创业联盟，举办全球大学生创业大赛（The Global Student Entrepreneur Awards）。这是于 1988 年由美国圣路易斯大学发起，由世界中小企业协会组织的一项活动，当时只限于北美赛区（美国、加拿大、墨西哥等国家）。从 1998 年起，扩大到全世界，每一年举办一次，中国参加了 2005 年的比赛。举办这项活动的目的是，在大学生创业者与企业投资者之间建立互补，提高竞赛的广泛性。

这其中产生了不少年轻的企业家，而且还大大地促进了高新技术产业在世界各国的蓬勃发展。

近年来，大学生创业计划竞赛已经成为我国大学中一项最受欢迎的活动，在高校中掀起了创新和创业的热潮。其实，这项活动已经远远超出了技术层面上的意义，它活跃了校园文化，促进了大学生业余科学研究，推动了教学改革，最终必将催生出大批创造型和复合型的人才。

除了大学生从事科技创业以外，一切拥有科学研究和技术开发能力的知识分子、科学爱好者、科技发明爱好者和技术革新者，都是可以从事技术创业的。在技术创业方面，王永民是当之无愧的典范，他在30年里获得了无数的技术发明。例如，他发明了“五笔字型”汉字输入法（王码），提出了“形码设计三原理”，首创汉字字根周期表，发明了25键4码高效汉字输入法，继而发明了98王码、阅读声译器、名片管理器、98规范王码、6键6码和9键6码成品软件，等等。他不仅解决了汉字电脑输入这个世界难题，为祖国争得了巨大的荣誉，而且也创造了巨大的财富，这是值得每一个决心走技术创业道路的人学习的。

第四节　孵化器创业模式

企业孵化器（Business Incubator 或 Innovation Center）作为创业的一个模式，现在已经风靡全世界，成为培育新技术企业的一种有效途径。20世纪50年代，企业孵化器诞生于美国，第一个提出企业孵化器概念的是约瑟夫·曼库索（Joseph Mancuso），第一个企业孵化器于1959年在美国纽约北部的Batavia县创立，取名为贝特维亚工业中心。是什么原因激发出曼库索提出企业孵化器的灵感呢？当时，美国纽约北部最大的企业Massey Fergusongs公司倒闭，大量工人失业，当地失业率竟然高达20%。倡导者曼库索本是一个私人房地产开发商，他购买下了这家破产公司的大楼，准备重新启动这个企业，但他发现旧的经营方式难以取得成效。于是，他突发奇想，把大楼分成若干个单元，分别租给不同的企业，并为这些企业提供融资、技术咨询服务，使这些企业逐渐成长。曼库索对于这个创意，一时没有想到合适的名字，后来他从一家经营养鸡业的公司受到启发，把他的经营理念称为孵化器。于是，世界第一个企业孵化器就诞生在这个贫困地区。这时的孵化器还处于初期阶段，就其实质来说，只是就业的孵化器，尚不具备新技术孵化器的功能。

真正意义上的企业孵化器是随着新的技术革命而出现的，它们的发展与美国硅谷的兴起是紧密联系在一起的，二者相得益彰。美国第一家国际企业孵化器（International Business Incubator，IBI）是于1996年由芭芭拉·哈莉（Barbara Harly）在硅谷创办的，是圣荷塞市与圣荷塞州立大学的合作项目。它的宗旨是：帮助国外企业快速、高效地进入美国市场，同时也帮助外国政府在硅谷创办孵化器，向在孵企业提供办公室、公用设施，帮助其联系业务、宣传和融资等。国际企业孵化器还设有市场研究实验室，由大学教授、市场研究专家和IBI的高级研究人员进行指导，接受大学生到孵化器进行实习。该项目一经推出，就受到了企业和大学生们的普遍欢迎。

橡子创业园（Acorn Campus）是硅谷另一家顶级的创业孵化器，是由被称为“创业之神”的陈五福于2001年创办的。这家孵化器是专业从事初期创业风险投资与管理的机构，迄今已经孵化出了10多家高科技公司，包括纳斯达克的Cas. Cade通信公司。橡子创业园是美国风险投资成功的典范，2003年已经进入上海浦东软件园，初步投资8000万美元，上海方面初期投资6 000万元人民币，主要是孵化软件、光通信器件、集成电路设计等项目。

孵化器在推动高新技术产业的发展，孵化和培育中小科技企业，培植新的经济增长点方面发挥了巨大的作用，引起了各国政府的重视。企业孵化器在世界获得了蓬勃发展。另外，许多发展中的国家也在采取积极措施，大力兴建企业孵化器。

在企业孵化器蓬勃发展的形势下，国际孵化器协会（Nation Business Incubator Association，NBIA）于1986年在美国应时而成立，每年召开一次年会，交流各国发展孵化器的经验和问题。虽然亚洲发展孵化器比欧美国家要晚，但亚太孵化器协会（Asia Association of Business Incubator，AABI）也于2002年在加拿大多伦多成立，首批会员有12个国家，每两年召开一次年会。

联合国开发署官员路斯坦·拉卡卡先生于1987年把孵化器这个新的概念介绍到中国，于是我国第一个企业孵化器——武汉东湖创业者服务中心于这一年6月在一处被废弃的军队营房里诞生了。20年以来，我国企业孵化器获得了迅速的发展。目前，我国企业孵化器的数量仅次于美国，居世界第二位，但孵化场地面积和在孵企业数量都居世界第一位。即使最初向中国介绍孵化器概念的拉卡卡先生也未曾料到，在短短的20年的时间内，中国孵化器获得了如此巨大的成就，他以“特别突出”的词句表示惊叹。这正如评论家们所指出的：“中国孵化器起步晚，但走得快！”

作为创业人员，怎样才能有效地利用孵化器进行创业呢？

首先要正确地选择孵化器的类型，要判断什么样的孵化器有利于自己创业。从我国目前情况来看，孵化器可分为综合性科技企业孵化器、专业技术孵化器、大学科技园、海外留学生创业园、国际企业孵化器、专利技术孵化器、行业技术孵化器和孵化器网络等。只有正确地选择了适合自己的孵化器，才能达到成功创业的目的。

其次是要充分地利用孵化器的条件和政策。一般来说，一个成功的孵化器离不开五大因素：共享空间、共享服务、孵化企业、孵化器管理人员和扶植企业的优惠政策。企业孵化器发展到今天，已经拥有了丰富的科学内容，从实践中形成了大批的孵化器专家。因此，要想利用企业孵化器创业，既要认真学习有关孵化器的知识，又要向孵化器专家咨询，以便更加有效地利用孵化器创业。

第五节　两栖创业模式

中国向西方国家派出留学生是19世纪中叶的事。广东珠海人容闳是于1847年4月1日动身赴美留学的，他是中国留学生第一人。容闳是一个真诚的爱国者，他远涉重洋求学的目的是谋求中国复兴强盛之路。应当说，历代的留学生大多数都是先知先觉者，他们实际上充当了我国与世界联系的桥梁，通过他们，西方的先进思想和科学技术被大量介绍到中国。

但是，我国大量派出留学生，还是改革开放以后的事。据不完全的统计，近 30 年以来，我国向世界各国派出了大约 100 万的各类留学生，其中归国的有 20 万左右。在 80 年代，有关留学生的争论最大的几个问题是：大量派出留学生是否会造成大量优秀人才外流？留学生学成后不回国是否不爱国？留学生到底怎样为国家做贡献？对于这些争论，双方各执一词，长期得不到统一的认识。但是，随着时间的推移和人们思想观念的变化，现在不仅不再争论这些问题了，而且还通过实践找到了一条留学生为祖国现代化建设作贡献的有效途径——应用“两栖”创业模式创建留学生创业园。

什么叫“两栖”创业模式？从狭义上讲，“两栖”创业模式是指在国外学有所成的留学生，他们不打算回国工作或永久定居，而更愿意流动于所在国和中国之间，一边在国外工作，一边在国内从事创业，以一种特殊的方式为祖国的现代化建设服务。应该说，这种创业形式的出现不是偶然的，它是我国改革开放政策进一步走向开明的反映，是广大留学生为祖国现代化建设所感召，是他们爱国思想的表现。

我国第一个留学生创业园是于 1994 年建立的南京金陵莘莘学子科技工业园。几乎是同时，由全国青联和中国留学生服务中心倡议的中国青年海外学子园，也正式在河北省廊坊奠基。接着，上海松江莘莘学子创业园也正式挂牌了。这些留学生创业园的建立，引起了广大留学生和国内各界人士的广泛关注，并很快掀起了留学生创业园大发展的高潮。

据不完全的统计，目前我国已建立留学生创业园 110 多个，这些创业园分布在全国各省市自治区。当然，留学生创业园最多的还是北京、上海、江苏、广东、深圳、福建、山东等沿海开放城市，这与当地开明的政策和拥有更多的创业机会是密切相联系的。

实践证明，广大留学生采用“两栖”创业模式，至少显示出了三大不可替代的积极作用。

第一，大大地促进了我国新技术产业的蓬勃发展。目前，北京和华东地区一直是我国高新技术产业发展最快的地区，重要的原因就是这些地方留学生创业园比较集中。例如，北京海淀区留学生创业园一期工程建成不久，很快被40家留学生创办的企业“住”满，不得不新建其二期工程以及大兴、空港创业园。华东地区是留学生创业园最密集的地区，仅上海就有松江、嘉定、张江、曹河泾、虹桥等创业园，江苏的南京、苏州、无锡、南通、扬州等地也都创办了留学生创业园，它们提高了这些地区的对外开放的形象，而且使这里的技术创新和经济发展充满了活力。

第二，“两栖”创业模式有利于加快高新技术从国外的引进，这是国内技术专家所不能起到的作用。经过20多年的积累，留学生当中已有一批顶尖人才，他们能够紧跟国际科学技术发展的最新方向，开发最新的研究成果，提高我国新技术产业在国际上的竞争力。

第三，留学生创业园是培养新型企业家的摇篮。创业之路不是平坦的，能够从没有路标的荆棘丛生之地走出来，那就是一个成功者。创业不仅仅单靠技术，而且还取决于创业者的决策与管理能力，因此留学生创业园是企业家成长的摇篮。例如，杭州留学生创业园创办了全国最大的斯达康通信有限公司，该公司股票已在美国纳斯达克成功上市，成为中国高科技企业的一面旗帜。与此同时，一批留学生也迅速成长为新型企业家。

实践是检验真理的唯一标准。虽然留学生创业园至今才走过了10多年的道路，但是它已经显示出了强大的生命力，受到了广大留学生、政府和科技管理部门的普遍欢迎。加拿大华人信息技术专业人士协会会长祝辰在接受新华社记者专访时说：“国外有一大批没有回国的顶尖人才，他们中的一些人已经在国外获得相当成功或事业有所建树，如果要他们放弃在国外的一切，回国重新开始并不现实。因此，他们很希望开辟一种两栖式的合作形式。”北京中关村科技园区负责人初军威介绍说：中关村的“两栖海归”们大多在国外大型公司工作，他们依托国外技术在国内办企业，直接把国外高新技术运用到国内的企业中。例如，百度、中新微等公司都是在纳斯达克上市的留学生团队的企业，他们在国外都有一个公司，但公司的主体在国内。其实，称“两栖”留学生也好，“柔性流动”也好，这已经成为目前留学生，特别是留学生团队回国创业的主流趋势。对这种趋势，我国各级政府也都采取了开明的政策，如北京市人事局的负责人就说：“对海外留学生‘不求所有，但求所用’的两栖模式，对企业和留学生双方都有好处。”

第四章　大学生创新创业环境改造

第一节　把握创业环境的可变性

环境是一种客观存在，它不以我们的意志为转移，因此我们必须去适应它。但是，被动地适应就能够很好地生存和创业吗？回答是否定的。

让我们先来看一看被人们反复引用的“煮青蛙”的实验：先将青蛙放人沸水之中，它会马上就跳出来；再将青蛙放人凉水中，不去惊吓它，它会乖乖地呆在那儿不动。然后慢慢加热，水温在逐渐升高，而青蛙却怡然自乐，它已经适应了水温的变化。当水温越来越高，青蛙也越来越虚弱，直到最后不能动弹。其实，在给水加热的过程中，并没有限制青蛙跳出，然而它却呆在那儿直到被煮熟。为什么会是这样呢？因为青蛙的生理感官只能感应出激烈的刺激，而对缓缓的变化却无能为力。

人对环境变化的反映，有时也如青蛙一样，对激烈的、大的刺激，能够作出迅速反映，比如说被解聘、下岗、失业等等；对缓缓而来的变化甚至致命的威胁，则常常反应迟钝。有的人对环境只求适应，不求改变；或者是适应不了就看破红尘，消极避世。世事无常，在我们这个充满变数的社会中，生活时刻在发生微妙的变化。如果我们不能在认识中适应，在适应中改造，那么即使“适者”也会被淘汰出局。因为被动适应将使我们丧失控制变局的主动权，只有用现实态度适应环境，用积极的态度去改造环境的人，才能获得创业的成功。

人，最难战胜的不是别人，而是我们自己。我们对自己常常过于宽容，而对他人对社会却往往过于挑剔。经常会听到一些大学生牢骚满腹，说当今的社会环境如何糟糕，至于说如何自己积蓄能量去改造创业环境，却很少去思考。没有创业的欲望，或者说只有欲念却守株待兔，期望社会来适应自己，这是一种很不正确的人生态度。马克思在《费尔巴哈论纲》中，批评了以欧文为代表的“人类是环境的消极产物”的唯心观念，科学地阐明了环境与教育在人的发展过程中的本质作用。他指出：“有一种唯物主义学说，认为人是环境和教育的产物，因而认为改变了的人是另一种环境和改变了的教育的产物，这种学说忘记了：环境正是由人来改变的。”“环境的改变和人的活动的一致，只能被看作是并合理地理解为革命的实践。”我们必须用马克思主义的观点来指导我们的创业实践，牢记“环境正是由人来改变的”这句至理名言，以积极的行动去改造环境，这是科学的、明智的。

一、把握可变性

物质运动是永恒的。就创业环境而言，其构成因素并不是牢不可破的，相反，它处于不断的变动之中，循环往复，以至无穷。对于个人来说，环境的变化有的是不可控的，如时代环境、地域环境的变化，它是由于历史发展中社会整体形成的合力所致；而有些环境的变化是可控的，如人际环境、物质环境，可以用个人的努力来进行改造。因此，大学生在创业的过程中，要认识、把握环境的变化因素以及它的可逆性和不可逆性，从而在一定的创业环境中发挥主观能动作用，在利用、驾驭、改造环境的实践中，向创业的目标迈进。

（一）确立自觉能动的科学态度

时代的发展为艺术生创新创业开辟了新的航道，全球新技术革命的浪潮和我国社会主义现代化建设的推进，也为艺术生创新创业提供了现实的土壤和实践的动力。但是，这并不意味着艺术生创新创业就可以自发地产生、自主地生长、自在地成功。艺术生创新创业的过程中，现实环境既有为创业开辟新的道路的可能性，同时也可能制约创业的进程，它既是创业发展的巨大动因和基础，又可能是创业最大的障碍和掣肘。而社会环境对创业的生成与发展所起的作用的性质和程度，不可能是直接的、机械的，而必须要通过创业者这个中介才能实现。无数的创业实践证明，创业环境的完善与改造既是一个社会变革的客观历史过程，也是个人自我更新、自我改造的实践过程。目前，虽然社会的进步为艺术生创新创业开辟了广阔的前景。但由于我们还处于社会主义初级阶段，摆脱旧式的强制性的社会分工还十分遥远，人的生存和发展需要还被束缚在比较狭窄的范围之内。创业的过程中，大学生们必然要承受社会经济、政治、文化等各个方面发展不充分、不全面、不完善所带来的各种社会矛盾的困扰。在这种情况下，个人对创业环境所持的态度，就成为制约和影响创业形成与发展的重要因素。

对待创业环境，许多大学生存在着一种不良的思维定势。即改造环境从宏观上而言是国家和政府的事，从微观上而言是领导与他人的事。自己的家庭条件不好，学历层次不高，就业选择不多，都是家庭与社会造成的，自己很无辜，也很无奈，个人对环境的改善无能为力。这种不良的思维定势派生出畏惧心理、消极心理、观望心理、等待心理等不良的心理状态，影响着大学生的创业态度及选择方式。

其实，环境的结构并不是牢不可破的，它不但有变动的可能，而且还会因为个人对它的整合而出现新的组合。中国过去有一句俗语："龙生龙，凤生凤，老鼠生儿打地洞"，很粗俗，但也反应了人们对环境影响的一种无奈。在城市里，经济条件好的家庭，教养孩子的方式肯定与居住在棚户区的家庭有所不同；而城乡差别对个人成才的影响更是不可低估。当特困生饿着肚子坚持学业的时候，他对未来的期许就有可能变成"尽快就业以解除家庭的困境"，而不是"从更高层次上拓展自己的事业"。但是，社会阶层是不是牢不可破的呢？肯定不是。我们稍做观察，就会发现一个有趣的现象：在中国的许多省级政府机关中，身居要职的人许多都来自市、县和农村，而非来自省政府的所在城市。人们分析这种现象，认为小地方特别是农村的孩子特别能吃苦，生存环境的艰难使他们确信，只有刻苦读书，拼命工作才能改变自己的社会阶层，出人头地。当他们以优异的成绩毕业于高等学府，凭着自身的才能拼搏竞争，努力之后才发现已远远走出了自己原有的生活阶层，并将过去许多别人拥有的优越紧紧地握在了手中。

如果我们要探讨什么是创业的最佳环境，那当然是时代环境、地域环境、人际环境、物质环境都呈现最佳状态的环境。

但是，绝对的最佳状态的环境是不存在的，我们只能说随着历史的发展，社会的进步，有利于创业的因素将越来越多，但这并不等于说创业环境就达到了至善至美的程度。如此，我们是否必须要等到环境达到最佳状态时才去创业呢？回答显然是否定的。因为客观环境是发展变化的，而在环境面前，人并非无能为力。每一个人所面对的环境，对创业的影响肯定是多方面的。一个人拥有良好的环境当然是一件好事，但是，如果没有的话，是不是就应该放弃人生的选择，放弃积极进取的可能呢？绝对不能。在我们这样一个开放而宽松的社会环境中，每一个人的发展机会都有许多，只要你努力去争取，去奋斗，改善自己的生存环境并不是天方夜谭。并不是工人的孩子永远只能做工人，农民的孩子永远只能当农民。通过自身的努力，个人是可以改变生活轨迹并获得人生的成功的，在我们的周围，这样的例子可谓屡见不鲜。夏衍曾经说过这样一段话："如果不落在肥土中而落在瓦砾中，有生命力的种子决不会悲观、叹气，它相信有了阻力才有磨炼。"这就告诉我们，对待创业环境最科学的态度，是树立一种随时准备以自己的心智迎战并克服困难的精神状态，去能动地改造它。

（二）实现对创业环境的相对支配

应该说，创业者与创业环境的关系问题，从本质上还是一个人与社会的关系问题。在处理人与社会的关系问题上，如何实现人对自己社会关系的自觉的控制与驾驭，一直是倍受关注的重要领域。那么，人对自己的社会关系的自觉驾驭与控制，逻辑上应包含了创业者对创业环境的自觉有效支配的内容。但是，在创业环境的构成因素中，有的因素的存在是不以人的意志为转移的，你希望它也存在，你不希望它也存在。作为创业者个人而言，对创业环境的自觉的有效的支配只能是相对而言的，是针对那些创业者本人可以用自己的努力去改造的那些因素。如果创业者对于那些自己无能为力只能去主动适应的环境也去发起挑战的话，那就是堂吉诃德与风车作战，虽然精神可嘉，但却是徒劳无益的。

应该看到，社会的发展和时代的进步客观上为艺术生创新创业提供了前所未有的可能性。但是，可能性而不等于现实性，实现可能性向现实性转化还需要许多的现实条件。事实上，创业者与环境的关系要步入一个良性循环的轨道，既取决于环境的发展水平，同时也要受到个人的能力与素质的制约。只有当创业者处于对环境的相对的有效的支配的时候，环境的发展才会成为推动创业发展的有效力量。

创业是一个复杂的综合性很强的过程，它包含着创业计划、创业融资、创业管理、创业发展等各个环节；同时，创业又是一个实践性很强的过程，在创业的过程中，由于创业环境的复杂性以及资源的相对匮乏，往往更强调因地制宜的灵活性和适应性。我们知道，创业环境主要由时代环境、地域环境、人际环境和物质环境构成。在这些构成因素中，时代环境是不能主观去选择的，而只能在一定的条件之下，去认识时代为你提供的条件，进而加以改造和利用。关于地域环境，个人选择的余地也不是很大，由于我国的户籍管理尚未放开，各地对大学生毕业后就业与创业去向依然有许多限制，加之国家还是一如既往地鼓励毕业生到基层去，到一线去，到祖国最需要的地方去，相当多的大学生不能留在自己心仪的地方发展自己，而必须返回生源地或者到艰苦的地方去就业与创业。如此一来，在什么地方创业似乎不由自己决定，一旦确定了在某个地方创业，对于地利就只能挖掘利用，个人往往没有能力去创造地域环境。因此，无论是时代环境还是地域环境，它们往往以固有的形态而存在。而人际环境、物质环境，它们作为人的经验和智力的物化和凝结，往往以灵活的形态而存在。人们是可以通过自己的主观努力，将自己的创业意图、创业目标移植于这两大环境之中，去改造甚至创造适合于自己创业的人际环境和物质环境，使它们能符合创业的意图和目的。因此，我们说对创业环境的支配，相对而言对这两个领域的指向会更明确一点。

（三）建立一种科学的价值导向

实践证明，任何人的人生目标的实现过程都需要一种科学的价值导向作为其精神基础和价值支撑。既然创业是一个艰苦卓绝的过程，那么，环境的适应与改造就需要创业者贡献最大的努力，并承担相应财务的、精神的和社会的巨大风险。我们可以这样认为，创业与创业环境的适应状况和发展水平始终应该是主客观的统一，它既受社会发展的客观必然性的制约，同时又是创业者自觉选择的结果。要选择就必然会涉及到价值导向的问题，涉及到大学生以什么样的价值观念和价值目标去改造创业环境的问题。

大学生为什么要创业？为什么要花费巨大的心智去改造环境？我们说是时代的呼唤，现实的需要。大学生人生价值的实现取决于大学生将人生的理想与社会共同理想结合起来，将为社会做贡献作为人生的目标，将为社会创造财富作为人生的追求，从而激发积极进取、艰苦创业的精神，使之成为创业的稳定的内在驱动力。因此，创业过程中必须将自己的价值目标指向全社会共同的发展目标，通过对历史与现状的分析，认清社会发展的必然性，认清自己的责任，从而立志去承担它，去实现它，并在这个过程中改造自我，改造环境，造就一个有利于自己成长的崭新的充满希望的创业环境。这种价值导向的立足点，应该体现在以下 3 个方面：

——立足于未来。毛泽东同志曾经说过：我们不但要摧毁一个旧世界，还要建设一个新世界。重视对客观世界发展趋势的认识、预测和把握，重视在现实中积极地能动地开辟道路，去合乎规律地创造未来，是建立在科学和革命的基础上的马克思主义未来观，它是促进人思想解放，开发人的精神潜能的力量的源泉，因而应该成为我们征服未来的强大的思想武器。马克思曾经说过，“19 世纪的革命不能从过去，只能从未来吸取自己的诗情。”大学生对创业环境的认识与把握，也只能从社会发展的趋势中去“吸取自己的诗情”。

美国著名管理学家彼得·德鲁克在其 1984 年所发表的论文《我们的企业家经济》一文中对创业发展的趋势背景曾作过精辟的分析，认为主要是表现为以下四个方面的发展：

第一，知识与技术的快速演进促进了高科技领域创业的风行；

第二，双薪家庭、青年人的后续教育、人口老龄化等趋势加速了新创企业的产生和发展；

第三，创业资本市场成为创业企业的一种有效的融资机制；

第四，美国的产业开始学会如何管理创业。

正是这些有利因素，促进改革和创业在80年代的美国获得了极大的发展。由此我们可以看出，政策法律、市场运作、社会舆论等方面的环境以及其未来的发展趋势，是创业之所以成为可能的先决条件。“要形成与社会主义初级阶段基本经济制度相适应的思想观念和创业机制，营造鼓励人们干事业，支持人们于成事业的社会氛围，放手让一切劳动、知识、技术、管理和资本的活力竞相迸发，让一切创造财富的源泉充分涌流，以造福于人民。”从这一句话中，我们可以感知到未来中国跳动的脉搏。可以预见，在国家从今往后的发展进程中，创业的大潮将席卷每一个领域、每一个角落，投身于创业之中的人们，将前途无量。

——立足于自身的责任。欧仁-鲍狄埃在《国际歌》中告诫我们：“从来就没有什么救世主，也不靠神仙皇帝，要创造人类的幸福，全靠我们自己。”大学生只有立足于将自身的命运与人类的命运相结合，真正担负起人类与自身命运的责任，才能真正拥有创业图强、征服苦难的人生动力。可以说，强烈的责任感是艺术生创新创业热情和献身精神的思想基础，是引导他们精神世界发生深刻变革的价值向导。有了这种对国家的富强、人民的富强、个人的幸福担负起个人职责的责任感，就会产生一种发自内心的创业冲动，一种来自个人心灵深处的强烈驱动力，并形成一种强烈的创业动机。有了这种创业动机，就会形成一种积极进取的意识和奋发向上的精神，就会在创业的过程中自觉地提高自身、把握机遇、改造环境，就会在困难的环境面前无所畏惧、勇往直前。

——立足于自身才能的发挥。马克思曾经明确地提出：“工人在自己的共产主义宣言中说：任何人的职责、使命、任务就是全面地发展自己的一切能力。”恩格斯在1847年回答“共产主义者的目标是什么”时指出：“把社会组成这样：使社会每一个成员都能完全自由地发展和发挥他的全部才能和力量。”在马克思和恩格斯看来，主体的能力既是承担客观责任所必需的条件，同时也是一种责任客体。人们不仅要对客观自然负责，也要对改造自然的主体负责。因此，要将发展人的能力作为一项任务、一项责任提出来。对于当代大学生而言，自身的社会地位和历史使命决定了我们不仅要通过创业为发展社会生产力、增加社会物质财富作贡献，而且要在创业过程中培养和提高自己的能力，从而促使自己各方面的发展，成为一个全面发展的人。

由于创业是一个发现和捕捉机会，并由此创造出某些有价值的新鲜事物的过程，创业的两个最核心的概念是“新颖”和“价值”，要完成整个的创业过程，要创造新的有价值的事物，就必须贡献大量的时间，承担相应的风险，适时把握各个阶段所出现的问题，并采取相应的对策和措施，以保证创业的成功。于是，大多数创业者特别是自主创业者现行的生活方式都会发生相当程度的改变，创业的苦难与锻造对于创业者能力的培养与强化，对于他们的竞争力与耐挫力的提高，具有十分重要的意义。因此，大学生要将创业的过程当成自己能力的提高与发挥的过程，自觉地迎接创业的挑战、环境的挑战，并由此获得人生的无限动力。

第二节　改善创业人际环境

艺术生创新创业，追求的是“成功”两字。做任何事，成事就意味着成功。但成功的本质从某种意义上说是人的成功，而非事的成功。策划好一件事当然不容易，但比起与人协作共事而言，总还是容易得多。创业成功当然需要良好的时代环境、地域环境、物质环境作支撑，但还有一个必不可少的因素，那就是人际环境。创业不仅是自己一个人的事，还需要创业团队中的人以及团队之外的许许多多的人，他们是创业的合作者。

创业是一个人与人之间广泛交往的过程。人与人之间的交往，既会产生竞争，也会产生合作；既会产生人际负累，也会产生人际效益。因此，谋取良好的人际环境，就成为许多创业者不懈的追求。成功学的鼻祖卡耐基有一句名言：“一个人要是对别人真心感兴趣，在两个月之内，他所得到的朋友，就能比一个总要求别人对他感兴趣的人，在两年内所交的朋友要多得多。”许多成功的创业者都得出这样一个结论：一个想做大事的人，最需要的才华不是他的业务能力，而是他“粘合人”的本领。因此，卡耐基在他的墓碑上还在称赞他的下级："这里躺着的是一个知道怎样与比他更聪明的下级打交道的人。"

培根曾经说过："知识就是力量"。在我们这个时代，"知识"已变成了一个涵义更为广博的概念，它不仅仅指专业知识，还泛指一切可以为人类创造财富的能力与手段。科学技术的发展常常会给我们造成这样的假象，似乎有了科学与技术，就会有无尽的财富。但事实证明，科学技术只是一种潜伏性的力量，它是产生财富与力量的必要条件，但并非充分条件。只有将掌握科学技术的人组织与联合起来，才会迸发出巨大的力量。在我国的东南沿海、京津沪、长江三角洲、珠江三角洲，不论是高级知识分子，还是中小学毕业生，都被普遍地发动起来，他们在大大小小的企业中工作，他们团结在大大小小的创业者周围，这些创业者将他们拢集在一起，让他们最大可能地发挥自己的才能禀性，创造了惊人的财富。因此，我们开始明白一个道理，那就是，最有力量的人就是那些善于组织资源、管理人才的人。他们诱导与他们一起工作的人，创造出一种和谐的工作氛围，使他们在分工与合作中贡献他们的力量与智慧。在所有的事业中，构建和谐的人际环境是一种最为艰苦细致的工作。这种工作并非所有的人都有能力做到。特别是刚刚涉及创业领域的大学生，由于自身的阅历与能力的局限，常常容易陷入人际困境之中，左右为难，不能自拔，以至于功败垂成，悔恨不已。纵观近年来艺术生创新创业团队兴衰史，可谓成也因人，败也因人。

大学生首批创业团队"视美乐"的成长，就得益于"人和"。追寻视美乐的成功，有其幸运和偶然的成分。如邱虹云的高清晰度电视投影仪在清华大学"挑战杯"科技发明大赛上夺魁，清华的"创业计划大赛"以及创业风潮的兴起，上海一百以及澳柯玛等风险投资的启蒙以及媒体的关注追捧，都为它奠定了良好的成长基础。但是，如果没有王科和徐中的加入，没有公司后来拥有的80多名博士、硕士和本科生以及其他工作人员的辛勤劳动，就不会有北京澳柯玛视美乐公司现在的业绩。人们总结在风险投资的模式中，第一重要的是人，第二是人，第三还是人。因此，人们将视美乐的团队称为一个"黄金组合"。邱虹云被清华校长称为"清华爱迪生"式的人才，是一个难得的发明家；王科是一个战略家，企业家人才，善于粘合各种资源，举重若轻，是一个帅才；徐中具有丰富的管理经验和管理才能，见多识广，作风踏实。如果没有王科挂帅，视美乐造不成大的声势，也不会快速发展，如果没有徐中，企业管理和工程运作无法控制；如果没有邱虹云出众的才华，就没有产品的研发与拓展。再加上80多个职业化的高学历成员，这个学生团队拥有了创新精神、技术优势、充沛的精力、全身心的投入，同时又互相配合、精诚团结，不仅内部和谐运转，而且与风险投资公司、顾问公司、“创业孵化器”中关村等合作愉快，创造出一个和谐的人际环境。

而我国第一例得到风险投资而创立的大学生公司——李玲玲的天行健公司之所以停摆，固然有公司产品技术上的问题，合作的风险投资商投入的配合问题以及李玲玲本人管理经验的问题，但最关键的原因还在于失掉了“人和”。在公司运作还不到一年，李玲玲就与风险投资方——武汉世博科技项目投资有限责任公司反目成仇，以至于世博公司退出天行健公司的管理，直接导致了公司的倒闭。而内部管理混乱，不善于协调内外人际关系，不能够合理利用新闻媒体的影响，也是李玲玲失败的重要原因。

清华大学经济管理学院教授魏杰说过：“新生代民营经济的一个显著特征是它的创业者基本上都是接受过正规教育，具有较高文化素质，而且大都在技术或管理上有特长，具有极强技术和管理创新能力，在经营观念及管理方式上具有极强的现代意识……”应该说，艺术生创新创业使自己从技术人变成了管理人，个中的艰辛不言而喻。创业并不意味着一开始就会正常运作，真正的磨炼实际上还在后头。特别是从学生到创业者的转变中，并非总是鲜花坦途，常常倒是荆棘遍生。在人际关系的问题上，遇到不好的人际环境怎么办？第一是正视它，第二是在正视的基础上重新构建它。

一、对现实人际环境的审视和超越

现实的人际环境往往是矛盾的统一体，既有积极的一面，又有消极的一面。在创业过程中，对于错综复杂的人际环境，我们要做理智分析，在适应的同时进行勇敢的超越，这是改造人际环境的前提。

（一）理智地分析。在中国这样一个国家创业，面临的人际环境较之西方国家更趋复杂。马克斯·韦伯认为，支持现代资本主义市场经济发展的是一种“工具理性”，即一种规范精确、具体确定的理性形式；而中国传统的儒家文化则是一种“实质理性”，即注重内在精神和主体意识而缺乏形式化的明确规定，因而不利于市场经济的发展。应该说，韦伯的观点还是有一定的道理。在渊源于商品经济和私有制的西方文化中，人们有一种超越于世俗之上的对无限信念的追求来超越自己的意念，人与人之间的关系重事实讲理性；相对而言，人与自然的关系更为重要，强调在征服自然的过程中实现自身价值，注重天赋人权的观念，形成了个人主义的传统。在这样的文化氛围中，人际环境就相对比较单纯。而在我国，传统的儒家文化的本质上是一种伦理道德文化，它的着力点在于探索人的心性及其伦理精神，特别强调人与外部世界的和谐与适应，强调人们对自己所属的群体要有归属感和责任心，要将为群体尽力当成自己的职责和荣耀，提倡人与人之间的忍让协调、合作互助，提倡“内敛”与“贵和”。人际关系的稳定性问题，即人与人之间的关系问题成为社会关系中的最大的问题。这样的文化背景衍生的人际氛围，相对就要复杂得多。因此，艺术生创新创业之始就要对人际环境有一个客观清醒的分析，不要将它看得太好，也不要将它看得太差。我们面临的人际环境中，有几个突出的矛盾需要我们去理智面对：

——和与争的矛盾。在市场经济条件下创业，竞争是难以避免的。市场竞争是实现资源有效配置和促进市场要素优化组合的根本条件，也是个人全面发展的不竭动力。竞争免不了残酷激烈，会造成个人发展上的不稳定，收入分配上的差距以及拜金主义、唯利是图、人格异化等问题，并由此带来人际关系中的一些紧张因素。但是，竞争又离不开合作。要实现自己的创业理想，完成自己的创业目标，就不能不采取与人合作的态度。“单干”和“孤家寡人”在当今社会越来越寸步难行，没有合作，就难以在竞争中处于不败之地。由此可见，在创业中没有合作的竞争者和没有竞争的合作者都是不存在的。和与争的矛盾，会贯穿于创业的始终。

——情与理的矛盾。现代市场经济是一种理性经济，在市场经济条件下创业，追求效益的最大化是一种内在的必然要求。在此其中，非理性的东西，特别是情感上的东西理所当然遭到抑制。但是，在我国这样的人文背景之下，单纯的理性化的东西并不能实现效益的最大化。创业团队中的成员的主观能动性能否被充分地调动，非理性的情感、意志等因素是否被激活，是一个更为重要的因素。因此，创业过程中人际关系的构筑怎样做到既合情又合理，怎样形成情理互补、情理互动，实现创业效益的最大化和人际效果的最优化，也是颇有难度的一个问题。

——群与己的矛盾。市场经济是以作为市场主体的个人的利益的区别为前提的。在市场经济条件下创业，直接的目的是追求个人利益的最大化，是追求金钱的回报、个人的满足以及独立自主。对个人利益的肯定与强调，是创业的基本驱动力。因此，西方思想家亚当·斯密以及孟德维尔推崇“私恶即公德”的观点，认为人们追求自己的利益的行为将促进整个社会的进步。但是，对个人利益的过度追求，也会导致损人利己、唯利是图的利己主义倾向的发生，因而也会引发系列的矛盾冲突和消极行为。要实现创业的良性循环，必须将个人利益的追求与群体利益的实现结合起来，从而形成群与己的“双赢”。因此，处理好群己矛盾，既发挥个人的能动性，又抑制利己主义的泛滥；既注重个人利益，又注重群体利益，形成群己互补、公私结合的创业人际环境，也是创业过程中处理人际问题的一个重大命题。

（二）适应与超越。一位女大学生给报社写信，诉说自己走上工作岗位后在人际环境中的困惑。该女大学生毕业以后分到了一个事业单位的情报部门工作，她专业素质好，业务能力强，但就是个性清高，她看不惯周围同事的平庸，更不愿与女同志扎堆，觉得她们整天东家长、西家短、丈夫、孩子、漂亮衣服等俗不可耐，因此很少与同事打交道。参加工作的第五年，情报部负责人空缺，以她的能力和工作成绩，她认为自己当之无愧，可是在民主推荐时却没有一个人投她的票，当选的是平时与同事打成一片，没什么能力却非常讨人喜欢的比她后毕业的一个女大学生。这使她大感困惑，倍觉受挫，去意萌生。其实，这位女大学生所碰到的问题，是我们许多大学生走上工作岗位后都可能碰上的问题，实际上就是一个对不满意的人际环境如何适应与超越的问题。无论是就业还是创业，起始的人际环境绝大多数会不合己意。如果像这位女大学生那样去消极对待，绝对会为人际环境所累；但面对平庸的人际氛围如果一味顺从，也会沦为环境的俘虏，丧失进取的动力。那么，该怎样去面对人际环境的困扰呢？

——要认识到任何一种人际环境的形成都有它的深刻的人文背景。人际环境的形成，本身就是人们在共同的交往活动中互动的结果。而这种互动的过程，本身又是不同的人各自的传统习惯、为人态度、道德修养、知识水准等因素交流和碰撞、冲突和融合的结果，同时它也是一系列的人际因素按照一定的秩序结合而成的系统。对于人际环境，人们可以去选择它、适应它，但不能彻底地抛弃它、背离它。每一代人总是要生活在既定的人文氛围和人际环境之中的，他们必须首先适应这种环境，获得这种环境的认同，才能实现其社会化，成为被社会接纳的一员。从这个意义而言，人既是人际环境的产物，又是人际环境的载体。人际环境是不可以完全摆脱的，我们只能客观地面对。

——要认识到任何一种人际环境都会呈现出二重构架。诚然，在我们的人际环境中，肯定会有一些非正常的、不健康的、被扭曲的、庸俗的人际关系，如吃喝玩乐、投机钻营、请客送礼、拉帮结派、行贿受贿、尔虞我诈、唯利是图、损人利己、背信弃义等。但是，循规蹈矩、礼尚往来、互相帮助、团结合作、诚信守信、真诚坦荡、重群克己、以义驭利等正常的、正派的、健康的、高尚的人际关系也普遍地存在于我们的人际环境之中。这种二重构架决定了二者必然会产生矛盾和冲突。如果不健康的因素占了上风，人际环境肯定会不适应和不利于创业的发展。我们在创业过程中所遇到的种种阻力，其中不少就与人际环境的消极影响有关，如人情大于法规、拿原则做交易、关系经济、无序竞争等。对此，我们应该有清醒的认识，并在构建创业人际环境中去遏制和克服这些消极因素的负面影响，以保证创业的健康发展。

——要认识到任何一种人际环境都可以不断地超越。虽然人际环境不可能完全摆脱而只能客观面对，但是，每一个人都是在不断变化的社会中生存和发展的，他们有着各自不同的实践经验、社会责任及自身的需求和愿望，也有着不同的认知视角和思维能力。因此，他们在接受既定的人际环境时，又必然会不自觉地作出这样或那样的选择。于是，对于人际环境的改造和超越就会成为不可避之的问题。由此可见，人际环境的构建与其他事物的发展一样，同样会受到唯物辩证法规律的支配，它本身就是一个客观适应与主观超越相统一的辩证过程。

二、构筑有利于创业的人际环境

人际环境具有可变性，是可以通过创业者的努力去改造和改变的。为了促进创业的发展，我们应该着力构筑有利于创业的人际环境。具体地说，就是要致力于构筑理解的平台、沟通的平台和道德的平台，营造良好的人际氛围。

（一）构筑理解的平台。许多大学生走向社会之初，往往自我感觉良好。为人处事出现了问题，往往会觉得是别人的错误，自己没有责任；如果真的是别人错了，往往又不能去理解别人、同情别人，或者作壁上观，或者作嘲讽状，有的甚至还落井下石，造成人际关系人为的紧张，别人恼火，自己也很无趣。中国有句古谚，叫做“要想公道，打个颠倒”。站在别人的角度去想问题，理解人、宽容人、尊重人，从而构筑起良好的人际环境的第一平台，即理解平台。

首先，要理解人。要考虑并体谅别人的处境，设身处地为别人着想。要知道，每一个人的成长背景、生存条件、兴趣爱好、才能智慧都会各有不同。我们可以经常问问自己：“如果我是他，这件事情应该怎样做才好呢？”然后再问一句：“如果他是我，他会让我怎么做？”尝试去培养一种将别人视为一个独立的个体的能力，并学会去欣赏这种个体的差别，学会去理解个体的不同特点。考虑问题尽可能周到地处理问题时多思考还有哪些不能为别人所接纳的地方，以此来寻找一种最理想的理解方式。

其次，要宽容人。宽宏大量是现代大学生所必备的一种人格品质。在社会心理学上，将宽容理解为有权利责备处罚、而不去加以责备处罚，有权力进行报复、却不去实施报复的一种心理结构。宽容表现在能够容忍别人的不满。社会生活中矛盾无时不在，无处不在，即使你能力再出色，工作再有成效，也永远会有令人不满意的地方。美国企业界曾经流行过这样一句话："记住，如果没有不满，就没有改进。"责难和抱怨有时能产生良好的影响，既可以获得更多的信息，使自己做到兼听则明；又可以得知自己的不足，以便于在今后的工作中加以改正，这又何乐而不为呢？同时，宽容还表现在容忍别人的不足。一个出色的精明的创业者，不会动辄对自己周围的人"横挑鼻子竖挑眼"，而是应该采取宽容豁达的态度，给别人一个在犯了错误做了错事之后尽快改正的机会。日本著名企业家松下幸之助说过："严厉的惩罚一个人并使他心生恐惧就能让他顺从吗？事实并非如此，教育孩子也是这样的道理。不断地责骂，就能使他成为乖孩子吗？我认为这样反而会使他的性格显得更为怪异。当孩子不好时固然可以责备他，但过分的苛责，无谓的非难只会使结果适得其反。"我们要尝试培养感受别人的痛苦，理解别人的不足和关怀别人的能力，这会使你的生活更丰富，也有助于建立一种密切的人际关系，因为宽容使你变得可爱。

再次，要尊重人。在与人相处的过程中，应该牢牢树立起这样一个观念，即交往双方是完全平等的，这种平等并不完全指经济上、政治上、学历上、年龄上的平等，而是指人与人之间人格上的完全平等。在我们的人际交往中，一些大学生因为自己年纪轻、学历高、经济条件好，如果再有一点社会背景的话，就常常在人际交往中表现出高高在上、盛气凌人的模样。这种形象常被人讥讽为"目中无人""狗仗人势"，颇让人感到反感。社会心理学研究表明：任何一个人，其心理活动的各个方面都会体现出明显的自我表现保护倾向。互相尊重、平等交往是交往双方自我价值得到保护的需要。特别是年轻人，受人尊敬的欲望非常强烈，心中都有很强的自我保护倾向，一旦自我价值受到威胁，立即就会引起强烈的不满和否定情绪。反之，只有在可以把握的情况下，才能摆脱心理防御，自由地表现自己，从而使双方的交往向纵深方向发展。因此，从交往双方自我表现价值的保护和需要出发，只有尊重别人、平等交往，才能建立和维持良好的人际关系。

（二）构筑沟通的平台。现代管理学中有这样一句名言：“现代管理就是意见沟通的世界，意见沟通一旦终止，这个组织也就宣告寿终正寝。”因此，在管理的四大基本职能即计划、组织、领导、控制中，沟通成为一个最重要的手段。美国管理学家曾经做过的调查研究表明：在企业中，生产工人每小时进行约16—46分钟的沟通信息活动；管理人员工作时间的20%—50%用于同各种人进行语言沟通，如果加上各种方式的文字性沟通，诸如报告等，最高可以达到64%；而经理人员在工作时间内则有66%～89%的时间用于语言沟通。由此可见沟通在现代管理中的作用。在创业的人际环境中，如果缺乏沟通，人与人之间就会变得猜疑、戒备、冷漠、孤独，就犹如一塘死水，既激不起创业的浪花，也掀不起创业的风暴。这种人际环境对创业的影响，其结果可想而知。如同爱和友情一样，人与人的沟通也是一种你必须付出才能得到的东西。在我们走向创业成功的征途上，我们会有许多的同伴，你需要他们的帮助、理解与支持，他们也需要你的帮助、理解与支持。因此，必须构筑起创业人际环境的第二平台，即沟通平台。

第一，是要善于说。关于“说”在沟通中的作用，可以这样去表达：我们怎么说和我们说什么是同样重要的。“怎么说”指的是沟通技巧，“说什么”指的是沟通内容。在人际交往过程中，语言是表达个人心愿，展现个人修养，获取理解支持的重要工具。要使自己所说的话为别人所接受，就必须考虑对方究竟想听什么，自己究竟讲些什么。语言运用得当，心灵之门就会向你开启。语言运用不当，沟通之窗就会对你关闭。

“出言不当，反自伤也。”等等，前人的铭心之作，刻骨之谈，可以作为明鉴。一些大学生由于缺少社会阅历，常常逞口舌之能，对说出去的话缺乏系统考虑，带来口舌之灾。利用什么时机，在什么样的地点，采取什么样的语言恰到好处地表达自己的观点，这都需要我们三思而行。“不谈人私，不炫己长”，不仅是谈话的原则和修养，也是我们生活中应该持有的态度。

第二，是要善于听。倾听是一项很值得重视的沟通技巧。听人说话之所以倍受重视，不仅是因为其有助于对事物的了解以及对说话内容的掌握，更因为听人说话是与他人个性契合、心灵沟通的基础。在现代社会成长起来的大学生，许多人可能已经认识到说话的方法、交谈的技巧以及相互了解对于建立和谐人际关系的重要性。但是，往往又忽略了听人说话和了解别人话中含义的重要性。其实，倾听别人说话，诚心地敞开自己的心扉，坦诚地接受对方、宽容对方、理解对方，使双方心灵融通，是取得良好人际环境的一个重要方面。有的人不肯同别人谈话，只要求别人听自己说话，别人如果忽略了他说话便愤怒不已，若迎合奉承便沾沾自喜，傲睨群论。类似这种人，即使他有善于说话的技巧，他也不会拥有沟通的快乐。其实，语言是精神的脉搏，主张自己的意志并无不可，但以良好的态度接纳别人的意见才是现代人应具备的良好品质，也是人与人之间情感交流的肇端。美国的一位外交官曾经评价过周恩来总理："凡是亲切会见过他的人几乎都不会忘记他。他身上焕发出一种吸引人的力量，长得英俊固然是一部分原因，但是，使人获得第一印象的是他的眼睛……您会感到他会全神贯注于你，他会记住你和你说过的话。这是一种使人一见之下顿感亲切的罕有天赋。"正是因为这种"天赋"，使得周总理的人格魅力与光辉经久不衰。善于聆听，不仅要有听的心态，还要掌握听的技巧。要全神贯注于别人的话语，耐心倾听，不要轻易打断别人的话，不要漫不经心，更不要流露责怪和烦躁的神情，要适当地运用肢体语言，通过凝视、点头、微笑、手势等作出鼓励，让别人完整地表述自己的意见，使人感觉你是他值得交往的朋友，值得合作的伙伴。这样的话，人际关系就会因此而日将密切。

第三，是要善于交流。双向交流是沟通的互动，是说与听的结合，是人际沟通的最高境界。如果沟通中对方只能听不能说，他就会将沟通的渠道堵塞，因为人的心灵无法吞咽无休止的资料和信息。因此，沟通之中如果无法诱导对方的论题并及时回馈，对方的思想就会四处游离，寻觅更有意义的目标。因此，善于沟通的高手并非那些口若悬河、辞藻华丽的人，而是那种善于敏锐地捕捉对方的思想线索，同时又能给予对方谈论空间的人。因此，我们在与人沟通时，首先要了解对方的观念，寻找他们关心的焦点问题，然后再将听者心中所想和你想灌输给对方的想法联结在一起，这样才能获得良好的沟通效果。因为每一个人与人交流沟通时，总是以已知为基础去理解新接受的信息的。当沟通对象不理解你时，便会弃之不理或斥之无稽。反之，若你的沟通对象认为你的想法熟悉或友善，便会欣然接受。

（三）构筑道德的平台。道德是人的一种特殊的社会规定性，是社会的一种特殊的价值观念和行为规范。它是以个人与他人、与社会群体的利益关系为对象的。道德既是社会调控的重要方式，也是个人自我完善的精神力量，因此，它也是调节人与人之间关系的重要手段。在复杂的人际环境中创业的人们，每一个人都是在自己的意识、意志支配之下，为实现创业目标，实现利益最大化而行动着。在这种行动中，个体之间的行为既有竞争又有合作，难免会产生冲突和矛盾。为了将人们的行为控制在一定的秩序的范围之中，以保证创业的正常运转，必须形成相应的控制体系。在这种控制体系中，道德是不可缺少的力量和方式。它通过自身的调节功能、导向功能、教育功能、规范功能等来调节和解决个人利益与他人、社会群体利益的矛盾，引导人们扬善抑恶、趋荣避辱，不断地实现人的自我完善。可以说，道德是人际关系的一种最好的“粘合剂”，道德平台是构筑良好人际环境的又一重要层面。

——诚实守信。诚信是重要的伦理范畴，是市场经济的基本规则，也是建立和谐人际关系的基本条件。与人合作共事，要以诚信为本。不信守承诺的人得不到他人的信任；言而有信的人，才能赢得真诚的合作。中华民族历来就是非常强调诚实守信的民族，在人与人交往的过程中，从古到今，信用都是最重要的道德砝码。自《论语》开始，“与朋友交，言而有信”就贯穿于儒学的始终。“人无思信，不可立于世”“一言既出，驷马难追。”“一诺千金，一言九鼎”等等，一直是道德的座右铭。诚实守信为人们欢迎颂赞，不守信用遭到斥责与唾骂。在现代社会创业，“时间就是金钱，效益就是生命”，不守信用，既损人又害己，必然会影响人与人之间的交往与合作。试想，谁愿意与一个不讲信用的人打交道呢？当然，社会的复杂性往往在于，有时守信并不能给你与别人的合作带来你所想像的好处，而说谎有时反而会对自己有利。一些灵活而不讲道德的人似乎在某一时段还相当走运，背信弃义在社会交往中似乎还有其一定的价值，这也是我们这个社会信用危机凸现的症结所在。但是，老舍先生曾经说过："守信的人所以失败并非因守信而失败，而狡诈背信的人所以成功，也并非因狡诈背信而成功。"在一种非正常的人际环境中采用非正当手段所谋取的东西，毕竟为社会所不耻。这也是全社会反复呼吁"重建社会诚信秩序"的重要原因。2002 年底，北京大学光华经济管理学院副院长张维迎教授，以他在市场经济条件下诚信问题的研究成果以及他为市场诚信的构建所作的不懈努力，在众多顶尖级的角逐者中脱颖而出获得"CCTV 2002 年度中国经济年度人物"称号。与他同时获此殊荣的还有刘姝威研究员，她则是以对蓝田股份公司不讲诚信的欺诈行为的无畏的揭露，从而使"蓝田神话"在股市幻灭，而为世人所认同。可见，我们这个社会在转型的过程中遭受的不守信用之害已让人们切齿痛恨。未来，在一种正常的人际氛围中，将会让不讲信用的人无立锥之地。

那么，如何在与人交往的过程中做到取信于人呢？第一，要言行一致。言必行，行必果，是守信的一个重要指标。清朝大学者申涵光说过："轻诺者必寡信，与其寡信，不如不诺。"第二，要互相信任。信任是守信的基础，也是取信于人的方法。在创业的过程中，"用人不疑，疑人不用"就是一种信任。在一个公司里，发生了这样一件事：一向做事勤勉、为人诚实、循规守矩的财会人员老陈挪用了公款，财会部长发现后非常诧异：以老陈的品行，断然不会作出这种事来，他也许会有难言之隐吧？因挪用数额不大，财务部长暂时没有将此事宣扬出去，而是静观其变。果然，老陈在慢慢地用自己每月工资的三分之二填补了亏空。补满之日，老陈向部长提出请求处分，部长故意装傻，问是何故，老陈坦言挪用公款：因为一个朋友突然遭遇人生变故，被逼得走投无路，他是为救助朋友铤而走险，虽然事出有因，但实乃下策，已然违纪，必须承担责任。而财务部长则说："公款分文不少，你怎么说挪用了呢？回去好好工作吧！"从此不再追究。老陈得此信任，恨不得"士为知己者死"。而朋友得知此事，更是热泪盈眶，彼此之间合作更加默契，友谊愈加深厚。第三，要充满自信。自信是成功的第一要诀，也是取信于人的"护身符"。在与人交往中，态度不卑不亢，行动果敢决然，为人正直，坚持原则而不趋炎附势，不随便附和，就会获得人们的信任；相反，办事犹豫不决，说话毫无主见，人云亦云，见人点头哈腰，肯定会遭人鄙视。许多创业成功的人们，就是因为以自信而获得人们的信任，取得人们的帮助，才能克服创业过程中的重重困难，获得创业成功的。大凡人之相处都有求稳求实的心理，与具有自信心的人相处，会给人一种安全、可靠、稳重踏实的感觉，信任也就由此而生。

——义利统一。义利观是处理人际关系的又一个道德砝码。在我国，“重义轻利”与“重利轻义”作为两种道德价值模式，体现出两种不同的义利观念。“重义轻利”是“一种强调道义的价值而轻视功利价值，并主张为道义牺牲功利的伦理价值观”；“重利轻义”则是“大胆地为人类和个人的谋利行为辩护，”认为人是为利益和欲望而活，利益和财富是推动社会发展的最大动力，而道义只是次要的和从属的东西，是精神生活的一个侧面。这两种义利观各有其优劣，但也存在着明显的局限。创业者如果过于强调“以义制利”，“先义后利”，就会忽视创业同道的个人利益，损害他们的合法利益，造成人际关系的紧张，不可能获得创业的最大效益；如果过于强调“重利轻义”，又可能带来“见利忘义”的恶果，陷入狭隘的功利主义的泥塘，使得人与人之间勾心斗角、尔虞我诈、不择手段，造成人际关系的冷漠。因此，坚持义利统一的价值观念，将国家、人民的利益与个人的利益结合起来，既强调国家利益、群体利益，又兼顾个人利益；既消除物质贫穷，又消除精神贫穷；既不要饿着肚子谈道义，又不要除了钱之外一无所有。在创业中形成见利思义、以义制利；义中有利、利中有义；义利渗透、义利交融的道德境界，不义之财不取，求利之德不忘，自觉地将利益的追求纳入道德轨道。

——推己及人。英国著名哲学家洛克说过：“以己所欲于人者施于人，是一切道德的不可动摇的规则和一切社会德性的基础。”在处理人际关系中，必须坚持推己及人的道德思维，必须有“人”与“我”的角色置换意识。不只从自身的利益出发来对待一切的人和事，同时也要从关照他人的利益出发来对待一切的人和事；不只考虑自身的合法权益，还要承担对他人的道德责任。如果一个创业者，他对别人的感受、对社会的责任和义务充满强烈的自我意识和心理体验，懂得去关心他人，并以他人为基准来思考自我，那他就是一个高尚的人，一个讲道德的人。这样的人，又如何会不为人所推崇呢？试想，创业途中风风雨雨，山重水复。处于顺境时，都希望获得最大的回报，受到社会的尊重。处于逆境时，都希望得到他人的帮助，受到别人的同情。推己及人，每一个人的感受都会同出一个轨迹。“富与贵，是人之所欲也……贫与贱，是人之所恶也。”对物质利益的追求与精神享受的追求，对所有的人而言都是一致的。因此，我们要善于从自身的物质需求、精神需求以及心理状态去推断他人的需求，从而去关心他人，爱护他人。一个对同事、对家人、对朋友充满爱心的人，当然会获得生活最大的馈赠。

——知行合一。构筑人际环境的道德平台，既需要正确的道德认识，还需要不断的道德实践。道德认识以人与自身、人与社会以及人与物的关系为对象，以善与恶、应当与失当为价值范畴来认识社会，它包含了道德主体的主观情感、意志和态度。道德认识的正确与否，决定着一个人在处理人际关系中的道德智慧的高低、道德情感的优劣、道德意志的强弱以及道德自律的宽严，它是创业者自我完善的“无形活动”。而道德实践则是主体依据一定的认识和目的而能动地改造客观对象的实践活动。它是由主观进入客观、由内部涉及外部、由自身推及他人的一种“有形活动”，体现出创业者在处理人际关系中的能动作用。我们这里所说的“知行合一”，就是指大学生在构筑创业的人际环境的过程中，要将正确的道德认识外化为与人交往的道德行为，不断地完善自己的道德人格，不断地超越自我的缺陷，努力用社会主义的道德原则和规范来武装自己，从而把握道德的必然，实现道德的完善，培养优良的品质。只有这样，才能真正发挥道德在创业人际环境中的“粘合”作用，铸造出不破的创业之舟。

三、打造能赢的创业团队

按通常的观念，团队是指为了共同的目标，互相影响和相互协作的两个或两个以上的人所组成的单位。按照这种解释，各种组织，有目标的群体，共同活动的单位，皆可称为团队。实际上，目前国际上运行的团队皆有所指，范围很窄，它主要是指为完成特定目标、追求整体优势的组织，所追求的是一种与职能管理方式不同的管理模式，要求全员平等，共同努力，对过程和结果共担责任，共享利益，共同抵御风险的一种组织方式，而且，这种组织规模逐渐地在扩大，其实现的效果的层次要求也越来越高，这是20世纪80年代末90年代初，当欧美国家的经济发展能力和趋势感觉落后于日本时，一些专家、学者纷纷到日本进行实地考察研究出来的结果。他们发现：单个的日本职员的素质并不优于欧美国家的职员，但整个群体的智慧、热情、精神和行为明显优于欧美国家。于是，这些专家、学者们按照自己的理解和国情的需要推出团队管理模式。可以说，团队管理模式的产生是各种竞争组织特别是经济组织在应对经济全球化、社会信息化的挑战时所作出的必然选择。因此，它一经推出便在世界范围内引起共鸣，各国纷纷效仿，团队管理模式被称为社会物质文明与精神文明的最有效、最有机组合，真正体现了人类的高尚境界：平等、奉献、团结、进取、创新、收获。

创业团队是为实现创业目标而组成的创业群体，它具有团队的一般共性，那就是群体的力量大于单个成员的力量之和。与一般团队不同的是，创业团队在创业初期往往只由未来团队的几个核心人员组成，有时很可能就只有一两个人，或许是由于共同的创业愿望，或许是因为某一项创造发明，他们走到了一起，如视美乐的邱虹云和王科、徐中；互联网实验室的方兴东、许琳等。他们要实施自己的创业计划，就一定要吸收新的成员，创业团队也就因此而形成。

创业团队是实现创业目标的一个必须条件，特别是对于自主创业的人来说，组成一个好的创业团队甚至可以说是一个必然的前提。因为一个组织如果要想取得最大效益，就必须要促进人的精神的及时的最大的释放，以获取改造物质世界的信心与能量。这一点在管理科学中早已形成共识，这也是世界管理趋势内“以物为中心”向“以人为中心”转轨，从“硬管理”向“软管理”转移的原因。重视人在创业中的作用，打造能赢的创业团队，才能获得创业成功，是世界创业实践所反复证明了的结果。

第三节　改造创业物质环境

众所周知，创业的物质环境是非常重要的，改造创业的物质环境，则是创业者面临的重要任务。许多大学生在没有创业时，整天想着的是自己没有资金、没有人员、没有厂房、没有设备、没有......一无所有的我，拿什么去创业？捆上枷锁的心灵，是难以自由飞翔的。将问题看得如此复杂，困难看得如此之大，你怎么迈出前行的步伐？其实，在创业初始阶段，我们没有能力去追求尽善尽美，我们要做的，是将每一件事都尽量简单而使之富有成效。是的，正因为缺少资金，我们才要去创业；正因为缺少财富，我们才要去创富；正因为缺乏经验，我们才要去创造经验……。

一、立足现实，充分利用

应当承认，创业就是希望在有限的物质环境中创造无限的财富。如果一个人的物质条件很好，他也许不会想到去创业。由此可见，一般人的创业过程，原则上应该是立足于现实，充分利用现有的物质环境，边干边积累。也就是说，一边行动一边寻求解决物质困难的办法。大学生走向社会从事创业活动，除了年轻和知识，几乎一无所有，在这种情况下创业，人们称之为“单翼飞翔”。“单翼”也要飞上广阔的蓝天，这就需要对现实的巧妙利用。

——利用制度与政策创业。制度与政策虽然不是直接的

物质因素，但制度与政策却是建立有效的激励机制和公正公平的竞争秩序的基本保证。1958年，美国通过“小企业投资公司法”，使小企业投资公司能享受税收优惠和政府软贷款，鼓励其投资高科技及相关产业。现在成为美国经济支柱的高科技产业，包括当时相当一批大学生创建的小型企业，80%是风险投资扶持起来的。我国教育部在2000年初出台了一项鼓励大学生创业的政策，允许大学生、研究生休学保籍，创办高新企业。这项政策为艺术生创新创业潮正了名，才引来了艺术生创新创业大潮的风起云涌。各项扶持艺术生创新创业

的开发基金和开发园纷纷建立，为艺术生创新创业提供了一定的物质基础。如上海市宣布：通过市高新技术成果服务中心认定，各高校毕业生创办的科技小企业，可享受注册、税收等一系列优惠政策。北京市也有相应规定，在高新技术企业的注册资本金不足时，可以采取注册资本担保的方式进行登记注册。允许高新技术企业以居民住宅作为企业住所开展科研和经营活动。这些相关的制度政策为艺术生创新创业提供了相当的物质空间，为他们带来了许多物质上的实惠。

企业制度与产权机制，是大学生获取所创造的效益和成果支配权的根本保障。对成果权属以及转化中的股权分配等问题，明确其游戏规则，是激励艺术生创新创业并使其脱颖而出的基本条件。目前我国已经在法律上确定了个人独资企业、合资企业以及公司制企业的三种主要形式，这三种企业形式法律主体的确立是保障创业的创业者个人产权合理分配的基础，创业者可以根据企业的不同性质获取相应的产权。对于高新技术创业而言，现在的政策环境也是相当的好。在中共“十六大”报告提出“各级党委和政府必须把改善创业环境和增加就业岗位作为重要职责”之后，各地会从维护改革发展稳定大局的政治高度，将扩大就业与支持创业作为经济社会协调发展的优先目标，制定长期战略，实行积极的鼓励政策。目前，国务院已提出一整套促进就业与创业的政策措施，从税费减免、小额贷款、社会保障等方面进行扶持。对此，媒体称为“个人创业遭遇艳阳天”。大学生要充分利用现有的政策和制度，从政策上为自己的创业谋取最大的物质空间。

——利用“知本”创业。现在的大学生、研究生常被人称为“知本家”。“知本家”与资本家的根本不同之处，应该是前者拥有的资本是知识，后者拥有的资本为金钱。随着科学技术在现代生产中的重要性越来越明显，将知识产权作为创业的资本也愈发得到社会的认同。过去，传统的企业登记注册管理办法规定，技术成果作入股比例不能超过 20%，高新技术成果可占 35%。2000 年，北京市政府出台了《关于中关村科技园区高新技术企业登记注册改组改制工作的试点意见》规定，技术成果作价最高可达 60%。北京市工商局根据现实的需要也推出了新的企业登记注册管理办法，规定以高新技术成果出资设立公司和股份合作企业的对其高新技术成果出资所占注册资本（金）和股权的比例不予限制，由出资人在企业章程中约定。技术作价在50万元以下的，可以不经过评估，只需提交一份由全体股东签名的确认书即可。这些政策降低了艺术生创新创业的门槛，承认了“知本”的价值，满足了拥有“知本”而无“资本”的大学生的创业愿望。

利用“知本”创业，可以有以下几种最直接的形式：

（一）成果转让，让智力成果变为物质财富。四川联合大学皮革工程专业研究生林炜的科研成果“KM—RC”被重庆农药化工（集团）有限公司以700万元巨资独家买断，林炜由此成为当届“挑战杯”全国大学生课外学术科技作品竞赛的新闻人物，也被大家称为“中国最富有的大学生”。林炜的成果算得上是“大动作”，当然也有一些“小动作”。如重庆大学机械工程一系94级学生许文洪一项科技成果被江苏省南通市江华机械有限公司买走，获转让费40万元人民币。这项科技成果名为“微功率电动阀”，是对现有的机械水龙头的一次变革，具有不生锈、不渗透、开关方便等优点，应用前景广阔。在校大学生在进行专业课程学习的过程中根据市场需要进行科研开发，通过转让科研成果而获取经济报酬，这种经济行为对于大学生来说，确属一举两得的好事。一方面可以获得一定收入，另一方面在学习的过程中进行科研，会提高其理论联系实际的能力，促使他们更加努力地学习专业课程，为他们将来的长远发展打下坚实的基础。就这种经济行为本身而言，由于转化科研成果是由生产商去完成的，大学生不必冒白手起家去创建公司的风险，也不必中断学业，从而专注于学习与科研，所以它具有风险较低而收益较高的特点，对于无力承受高风险的莘莘学子来说不失为一种好的选择。虽然大学生成果转让还只是星星之火，但它毕竟是知本创业的希望之光。

（二）技术合作，创办经济实体。将自己的知识成果拿出来，与实力雄厚的合作方共同创业，以他人的物质载体来实现自己的创业目标，也不失为克服创业之初物质困难的明智之举。向南，24岁，北京某科技大学物理系研究生，

1997 年以专利技术成为北京海淀区一电池生产股份公司的股东，月收入 4000 元。向南是从 1994 年开始进行汽车蓄电池研究的，汽车蓄电池在我国有十分广阔的市场，许多专家都预测说，21 世纪将是中国最繁荣的汽车时代。向南所在的大学，有的是顶尖级的教授和专家，科研设备齐全，不懂的东西可以问，时间也充裕，进行科研发明，环境条件十分有利。大学二年级的时候，向南开始着手研究汽车蓄电池。节假日和课余时间，同学们忙着去做兼职，他却躲在宿舍摆弄蓄电池。他研究的节能蓄电池顺利获得国家专利后，国内十几家生产蓄电池的厂家就瞄上他，他果断地参加国家科技部举办的科技技术专利转让大会，并顺利和北京这个厂家签订了以科技专利入股的合约，成为了全国第一个大学生股东，这在当时的全国高等学校引起了不小的轰动。

（三）课外兼职，进行原始积累。大学生兼职是一种最为朴素的经济行为，也是最为有效的经济行为。许多大学生将兼职喻为“做自己适合做的事，做自己做得了的事，做公众规则允许做的事”，是人生踏上实处的一个基本点。兼职这种经济行为毋需投入多少资金，拥有的核心是技能技术，投入小，见效快，大学生在不影响学业的前提下，凭借自己的智慧和知识能力在社会各行业施展才能，领域广阔。据对清华大学、北京大学、北京理工大学、北京计算机学院等高校计算机专业 400 名学生校内外兼职情况所做的一项专门调查表明，400 名大学生中，90.5%的学生都不同程度地参与过兼职，其中男生有 95.3%参与过兼职。大部分的学生，尤其是男生选择到校外的电脑公司去兼职。调查还表明，400 名大学生中，95%以上的学生兼职所做的工作与所学专业有关，70%的学生兼职时要求能“学以致用”，主要是搞软件开发、编程、做主页、搞文件或文档的翻译，替报社、杂志社写些有关电脑方面的介绍性文章等。兼职在取得创业经验的同时，也为创业积累了部分原始资金。

——利用“孵化器”创业。孵化器的出现，为艺术生创新创业提供了一系列基础条件和创业环境，是以高新技术为依托进行创业的大学生最好的物质依托。创业孵化器，在我国称之为高新技术创业服务中心。1978 年，中国科技促进发展研究中心开始进行在中国建立企业孵化器的可行性研究，武汉东湖创业者中心宣告成立。以后，创业中心开始在我国兴起。1988年，中国开始实行火炬计划，该计划明确指出，建设有中国特色的高新技术创业服务中心是一项艰巨的重要任务。1989年至1990年，全国陆续成立了近30家创业中心。1990年7月，国家科委召开了第一次全国高新技术创业服务中心工作交流会，提出创业中心应以“服务为主，开发为辅”，其基本的运作方式是从项目孵化人手，培育企业和创业家。1991年，全国的创业孵化器已达40家，300多家企业和1000多项高新技术成果在这里接受孵化，每一个创业中心自身已形成亿元以上的固定资产和资金规模。

国家科委召开了第三次计划工作会议。会议指出，要认真办好创业服务中心，十分重视发展高新技术企业。创业中的要发挥其作为连接开发区与大专院校、科研院所、大中企业的纽带作用，发挥孵化功能，特别是培育一批具有大市场前景的高新技术企业和一批怀有办大企业、大集团雄心的创业家。为与世界企业孵化器的运作接轨，国家科委还将苏州、丰台、重庆、天津、武汉、成都、西安等高新技术创业服务中心作为国际企业孵化器试点单位。我国创业中心的迅猛发展和不断完善，使得创业服务逐渐成为一种专业化的服务，为创业者创造了良好的物质环境。

可以预见，随着我国经济发展过程的加快和对创业的倡导，孵化器的覆盖面将越来越广，创业服务也将越来越完善。立志于创办高新技术产业的大学生，可以申请入驻创业中心进行孵化，利用创业中心提供的基本商务服务、中介服务和资本运作等物质环境，来提高创业的成功率。如视美乐、慧点等十余家大学生创业企业，就是在清华创业园正式开园后首批入驻，从而获得了良好的孵化。清华创业园为他们提供以下优质服务：

第一，基本商务服务。对入园企业提供基本办公和开发场所，协助企业办理注册和高新技术企业认定，申请中小企业创新基金、火炬计划项目等。

第二，中介增值服务。在园区内引进和创办高水平的咨询公司、律师事务所、财务审计公司和资产评估事务所等中介机构，对创业企业的组建、组织架构设计、技术开发和管理、法律、财务等方面提供全过程的咨询服务。

第三，融资咨询服务。积极向各种基金、风险投资家和上市公司等推荐优秀的入园企业，便得创业企业能适时地得到资金的投放，从而健康、迅速地成长。同时，在企业进行兼并、收购、上市等运作时，对其提供咨询、法律、财务、资产评估等全方位的服务。

创业园有很优惠的条件，房租、水电的价格是很低的，除了服务以外，创业园还给予学生创业公司很多的帮助，带有相当的福利色彩。创业园经常举办免费的专家培训和知识交流沙龙，提高创业者的素质，开阔创业者的视野。目前，清华创业园又开始对创业企业进行种子期投资，即“创业天使”投资，这种“孵化器+风险投资”的模式，预示着我国的创业孵化器未来的孵化功能将更加完善。

二、创业融资，广开渠道

艺术生创新创业大致要经历以下几个过程：确定创业的目标；创造解决问题的办法；规划；选择创业团队；筹集创业所需要的资本；提供产品或服务。在这个过程中，如果我们问一个创业者他所遇到的最大的障碍是什么，他们大都会回答是资本金短缺。大学生们往往都具有创业的想法和一定的技术能力，但缺乏的是创业起步和发展过程中所需要的资金。可以说，资金是创业物质环境中最重要的因素。广开渠道，创业融资，是改造物质环境的必然前提。

——比较各种融资类型。针对大学生而言，融资渠道应着眼于债务融资与权益融资的比较，内部融资与外部融资的差异，特别要争取的是风险投资。

（一）债务融资与权益融资。所谓债务融资，就是指利用涉及利息及利息偿付的金融工具来筹措资金的融资方法，也就是通常所说的贷款，其偿付只是间接地与企业的销售收入和利润相联系。典型的债务融资需要某种资产，如房产、车辆、地产等做拆借。它要求创业者不仅要归还借到的全部资金，而且还要按事前确定的利率支付利息，有时它还会附有资金的使用条件的限制。说透了，债务融资就是借别人的钱干自己的事，即负债经营。负债经营是现代经营活动中一种全新的概念，在创业初期，很少有人能够依靠自己的力量而不借助外界力量而成大事的。许多百万富翁创造市场，成功创富的重要策略，就是负债经营，依靠大树求发展。没有钱不要紧，关键在于你有没有足够的胆识，敢于借贷，敢冒风险，借别人的钱来赚取自己的那一份，日后归还本金与利息，利润归己。债务融资的渠道可以是私人、银行、其他企业，也可以是资本市场。当然，负债经营固然可以突破资金短缺的局限，但它同时也是一把双刃剑，要采取适当的策略合理回避风险，才能经营顺利，利润丰厚。

所谓权益融资，是不需要资产抵押，而只需要赋予投资者在企业中某种形式的股东地位的融资方式。投资者可以分享企业的利润，并按约定的方式获得资产的分配权利。权益性融资一般用于新企业。在市场经济条件下，任何新企业总有其创始股东，同时也会有些权益资本。尽管股东有时不一定参加日常的经营管理，但它会提供资金供企业运作。一般而言，权益资本的数量随企业的性质与规模不同而有所不同。有时候，权益资本完全由股东提供，如小型的工厂、小型服务业等，大型的企业则可能包括创业投资者和创业知本家等多位股东。

（二）内部融资和外部融资。从融资的另一角度而言，融资又分为内部融资和外部融资。内部融资主要是指创业机构内部形成的各项资金，它来源于多种渠道：经营的利润、出售资产的收入、流动资本的削减、固定资产的变价收入、应收货款的回收等。而外部融资，主要是指来自创业机构外的资金融入，如国家财政资金、社会闲散资金、银行信贷资金、其他企业资金、国外资金等。

内部融资是创业初期不可舍弃的融资手段。一般而言，对于任何一个新创企业，启动阶段的利润一般都要全部再投资到企业经营中去，这一点就使外部投资者别想指望能在创业初期就获得丰厚的回报。因为在创业之初，掌握资金比掌握资产更为重要，它是创业发展的“源头活水”。内部融资主要靠管理，而外部融资则需要根据自身的情况及不同资金的来源要求，采取适当的手段来筹集。

——选择最佳的筹资方式。筹措资金的方式有很多，一般可分为长期资金筹集和短期资金筹集两种方式，长期资金的筹集通常是指采用社会集资（如发行股票、债券等）、银行中长期贷款、融资租赁、企业积累、利用实收资本等方式。社会集资是最为常见、社会影响最大的筹资方式。企业采用社会集资方式，应根据企业的经营业务和状况、企业的股东、董事意见来决定。银行中长期贷款更是不可忽视的筹资方式，对于经营者根据情况进行的短期贷款筹资，主要是通过商业信用、商业票据、银行短期贷款、营业租赁等形式来实现的，短期资金的筹集主要用于资金周转、改善营业状况等方面，也就是说多是用来渡过难关的，是经营者需要经常使用的方式。各种各样的筹资方式各有特点，取得方式各有技巧，我们先要掌握利用银行贷款的技巧，然后去举一反三。

其一，争取银行对你的信任，使银行认为你归还贷款本息的预期良好。常言道："人靠衣裳，马靠鞍"。其实外国著名企业和公司在这方面的投资是很下本钱的，即使是借钱，也要购买高级轿车，也要进行豪华装修，其目的无非是为了表明自己的资信状况。你可以适当利用自有资金或银行贷款购买一些高价保值的艺术品，租赁高级办公楼，以反映出你资金雄厚、资信良好的状况，有利于你获得更多贷款。另外，捐献（捐赠）也是获得信用的一种手段。在我国改革开放初期，很多港商、外商向内地捐赠了一些物资，援建了一些项目，但同时又从中国的银行贷到了比捐赠更多的贷款，这就是施小恩得大利的典范。

其二，有借有还，再借不难。要按期归还银行贷款，特别是与银行第一次打交道时更须如此。能否按期归还贷款，这不仅仅是你偿还能力的问题，而且也反映了你的公司的形象和信誉，表现出你对他人承诺是否有责任心，有道德感。如果你的经营遇到了困难或是手头一时紧张，资金周转不开，你就是千方百计再去借钱还债也要兑现承诺，千万不要对银行的}通知置之不理。如果这样，你就会失去信誉，一旦失去信誉，再去借贷就十分困难了。

其三，以他人之矛攻他人之盾。在与各种银行或金融机构打交道时，你可以利用以下贷款的方法，例如，你从某个大银行贷了上千万元资金，再去小银行贷款十几万、几十万的话，问题就不会很大，因为小银行会认为，既然大银行贷给你那么多资金，肯定你的资信不错，那么我再贷给你一小笔钱的话，估计风险不会太大。

其四，巧做现代“杨白劳”。黄世仁逼债杨白劳是很有名的借贷案例。在西方，也有个流传很久的名言，叫做“借了小钱你听银行的，借了大钱银行听你的。”到了一定阶段，你就不必担心借钱过多或借不到钱。因为当你借了银行很多钱扩大你的经营时，此时银行更关心你的经营业绩，如果你因为借不到钱而倒闭、破产，最终银行也会跟着倒霉。为了确保你的经营需要，银行会设法保证的你的资金。当然，你还需使银行对你有一个很好的预期。.

资金成本是经营者取得和使用资金所支付的费用，资金成本较高，对经营者的利润有着直接的影响，资金成本是选择资金来源、决策筹资方式的依据。因此，在你筹资时，应在及时、充分地满足你对资金需求的前提下，仔细比较各种筹资方式的优缺点，力求使你所使用的资金成本达到最低水平。经营者的筹资活动，一般都涉及长短期筹资方式，在使用长短期资金借款时，要仔细分析一下这两种筹资工具的优缺点，主要在速度、风险、成本 3 方面考虑，以确定二者在你经营中所占的比例。利用长短期融资工具时，一般有 3 个战略可供经营者选用，经营者可根据实际情况选用：

①低成本，低风险型。即对长期资户、长久性流动资产以长期资金来满足；而对季节性、波动性短期资户，用短期资金来满足。这种方式强调资户与负债的期间配合，以降低偿付风险，是较好的战略选择。

②低成本，冒险型。它强调资金的低成本性，除流动资产以短期资金满足外，部分长期资产也用短期资金来满足。这种方式充分利用了短期资金的成本低、灵活性好的优势，但却存在不能偿付的风险以及利率变动风险，一般用于金融环境宽松、筹资容易、利率下降时。

③低风险，安全型。这种方式从安全角度出发，不愿冒筹集风险，不仅对企业的长期资产以及长期流动资产用长期资金满足，还对一部分季节性、波动性的流动资产也用长期资金来满足。这种方式成本过大，资金容易闲置不用，适用于未来金融环境严峻、银根收缩、利率上升时期。

——获取风险投资。当今经济发展的过程中，随着技术的迅速发展，一大批高新技术企业成为各自行业的风云人物。以美国为例，微软、英特尔、康柏、网景和雅虎等信息业巨子显赫辉煌。微软公司目前股票市值已经超过了全美三大汽车公司市值的总和。雅虎在经过短短的四年发展以后，市值便达到了近百亿美元，其成长之快令人瞠目。是什么原因促进了这些高科技企业如此迅猛地发展呢？揭开这些企业的神秘面纱，我们发现了一种行之有效地促进新企业成长的融资方式——风险投资。美国斯坦福大学国际研究所所长米勒说："由于科学研究的早期有风险投资的参与，使得科学研究成果转化为商品的周期已经由20年缩短为10年以内。"英国首相撒切尔曾经针对欧洲的经济说："欧洲的经济落后于美国，在很大程度上是由于欧洲的风险投资落后于美国而造成的。"风险投资极大地促进了美国经济的发展，推动了世界经济的快速增长，它已经成为创业者的亲密伙伴。让我们来看看美国风险投资的鼻祖：美国研究和开发公司（ARD）是怎样扶持风险企业，而创业者又是怎样获取风险投资的。

31岁的肯·奥尔森和28岁的哈兰·安德森是刚离开麻省理工学院林肯实验室的工程师。他们决定创办一家计算机公司。开公司需要10万美元的创业资本，在自己无力解决的情况下，他们找到了美国研究和开发公司作为投资者。奥尔森和安德森根据图书馆中的管理教科书草拟了经营方案，然后写信给ARD的总裁多里奥特，建议创办一家计算机公司。多里奥特将其转给威廉·康勒顿、韦恩·布鲁贝克和多罗赛·罗易处理。康勒顿要求奥尔森提供一份经营方案，于是奥尔森和安德森制订了一份非常精炼的计划。康勒顿要求更加详细的计划，奥尔森和安德森重新制订了一个为期四年的经营计划。康勒顿在准备把奥尔森引见给该ARD董事会之前，向他们提出了四条建议：

第一，不要用"计算机"这个名字；第二，保证有5%以上的利润；第三，保证在短时间内创利；第四，ARD对DEC拥有70%的股份。ARD公司的一贯做法是"2/3归投资者所有，1/3归创业家"。他们答应了所有的要求，最终ARD为奥尔森和安德森提供了7万美元风险资本，另外还答应提供3万美元贷款。

ARD向安德森、奥尔森的投资是风险投资，而不是常规的商业投资。ARD在投资时，要求奥尔森和安德森不搞计算机，因此，他们在公司成立时，把厂名由数字计算机公司改为DEC，后来ARD允许他们研制计算机，DEC才开始在计算机方面发展。ARD的总裁多里奥特，从不把自己的意志强加给DEC，但只要DEC需要他，他就会站出来，成为奥尔森和安德森的坚强后盾。ARD的成员占了DEC董事会的大多数席位。

正是ARD的耐心和关心，帮助DEC度过了蹒跚学步的阶段。1966年8月16日，DEC公司公开上市，价格为每股22美元，ARD公司拥有175万股，占公司股份总额的65%，价值3850万美元，增值达550倍；奥尔森拥有35万股，占13%，价值770万美元；安德森拥有14万股，上市后即可转让，价值300万美元。风险投资家、创业家及风险企业均取得巨大的成功。

由DEC的成功创业，我们可以看出风险投资的魅力。那么，如何获取风险投资呢？

第一步是按创业意向寻找风险投资商。寻求风险投资的企业应预先了解风险投资市场的行情。风险企业可以去查阅有关风险投资公司的各种参考文献，在这些文献中常会有一些关于这些风险投资公司偏好方面的信息，也可以查阅一下本行业中那些即将上市的投资者名录，或直接访问行业中其他公司的管理者。此后，风险企业可根据本企业的特点和资金需要量筛选出若干的投资公司。在筛选时，风险企业所要考虑的因素包括：企业所需投资的规模、企业的地理位置、企业所处的发展阶段和发展状况、企业的销售额及盈利状况、企业的经营范围等。然后先选定8位到10位可能的风险投资家作为目标，然后再开始跟他们接触。在接触之前，要认真了解一下那些有可能对项目感兴趣的风险投资家们的情况，并准备一份候选表。这样，如果没有人表示兴趣，你不仅可以知道原因，而且可以找另外的候选投资家去接触。

第二步是准备文件。在准备和风险投资家进行洽谈融资之前，创业者应准备好所有的必要文件。投资家们会通过这些文件的准备情况以及创业者的应对情况来评价这一投资项目。这些文件包括：

①投资建议书：对风险企业的管理状况、利润情况、战略定位以及退出等作出概要陈述；

②商业计划书：针对风险企业的业务发展战略、市场推广计划、竞争对手分析和财务计划等一些公司的详细状况进行描述；

③审慎的调查和分析：主要就风险企业的背景状况、财务稳健程度和管理以及行业背景分析；

④营销计划：一切直接或间接与公司的产品财务有关的文件。

在所有这些文件中，最重要的是风险企业的经营计划。该计划除了要简明扼要、表达准确、突出财务状况并附有数据外，还应表现出管理者的能力和远见。经营计划应该由熟悉公司业务和投资业务的律师或会计师起草，其市场情况、产品情况、生产状况、财务状况等都要征求专家的意见。

第三步是与风险投资家进行会谈。在创业者提供文件之后，创业者常常需要有几周的时间来等待风险投资家对该企业递交的各种计划进行一定程度的调查和分析，从而作出反应。如果投资者经初步审查文件后认为有谈判的价值，他们就会决定与资金申请者进行会谈，整个会谈的程序就是要举行几次会议，创业者和风险投资家之间将会一直围绕经营计划而进行。对风险投资家来说，了解风险企业的产品和服务是非常必要的，因此，带上一件产品或模型对投资者了解产品和服务大有帮助。

在与风险投资家进行讨论投资计划之前，创业者一般要有一些心理上的准备，例如风险投资家可能会针对风险企业提出大量的问题，会对风险企业的管理上提出很多的看法或者通过洽谈并不能够接受所有的投资计划 I 中的业务，等等。在风险企业争取风险投资过程中，创业者必须快速而流利地回答风险投资者的那些让人筋疲力尽的商业问题。另外，在风险投资公司决定是否对某风险企业进行投资时，风险投资家除了会对风险企业提出一些问题以外，还会向风险企业的关联人咨询一些情况，来帮助自己加深对风险企业的了解。这些关系人不仅包括用户和供应商，而且包括银行家、会计师、律师和其他各种了解该企业及管理队伍信誉的人。因此，在争取风险投资的过程中，创业者应预先通知这些关联人，让他们在可能被问及上述问题时做出令风险投资商满意的回答。

第四步是与风险投资人之间进行投资谈判。创业者在与风险投资人进行了几次会谈之后，双方如果认为有必要达成

今后的合作协议，那么将会对投资项目的具体投资方式进行仔细的谈判。这种具体的投资谈判首先要对项目进行认真的评估。在这个过程中，由于创业者和风险投资者了解的情况和对市场及风险的看法不同，会对投资前的公司价值的评价产生一定的差异，因此项目的评估过程常要经过双方多次的交锋，每一方都会试图用各种各样的方法去说服别人接受自己的观点。风险投资人在考虑每个投资项目的交易价格时，必须要考虑补偿其他交易的损失，否则他就不会再筹集到钱，也就不会再有资金提供给下一位创业者。

第五步是签署文件。在投资合同书中，创业者和投资者双方必须明确下面两个基本问题：一是双方的出资数额与股份分配，其中包括对风险企业的技术开发设想和最初研究成果的股份评定；二是创建企业的人员组织和双方各自担任的职务。投资者和企业家双方签署有关文件标志着创业者争取投资过程的结束，同时也标志着双方建立长期合作关系的开始。

三、观念更新，万两黄金

著名的管理大师彼得·德鲁克认为，“认知的改变是创意的重要来源。”创意的目的，就是要在“现实”与“未来”之间架一座桥梁。现实的某个事物一旦与未来相连接，就会实现从量变到质变的飞跃，一个好的创意就诞生了。大学生改造物质环境，观念的革命比什么都重要。他们应该观念更新，以契合时代潮流的眼光去看待创业，以超前的观念引导超前的行动，最大限度地利用和组合现有资源条件和机会，去构筑新的物质环境。

（一）智慧谋财。凭智慧谋财是构筑物质环境不可或缺的经营技巧。谁说艺术生创新创业没有财富作支撑？大学生最大的财富就是智慧。现代创业竞争激烈，经营智谋显得尤为重要。“思维即财富”，这是林语堂先生说过的一句话，用在艺术生创新创业上尤为合适。智者与愚者的区别，并非明明白白写在

脑门上，而是隐逸于他们的经营思想之中。智者胜，有时仅胜于一念之间，一思之异，一谋之别。智者的过人之处，就在于他们往往在那些有利可图而又无人涉足的空白处兴起，敢于实践“不怕做不到，只怕想不到”这一名言。

李光斗从复旦大学肄业离校，经朋友介绍他决定去广东中山市谋生，获得怡华集团陈老总的接见并被录用。不久后他成了怡华广告公司的法人代表。秘书问他：开了公司，要开设银行账户，没有钱怎么办？注册资金是借总公司的，已经还掉了。他从自己的钱包里拿出88元人民币，嘱咐秘书兼出纳存入银行。他成了世界上最穷的老板：一无流动资金，二无专业人才，三无固定客户。广告公司要想生存发展，必须要另辟新路。他注意到世界一流的广告公司总是把策划大型的广告活动列为重中之重，通过介入大型的社会活动，比如奥运会、国际博览会……来提高企业的知名度，他在寻找这样的机会。机会终于被他抓住了，李光斗坐在宿舍的电视机前收看中央电视台的现场直播节目，中国为澳大利亚发射第一颗通信卫星。一个突发奇想闪过李光斗的脑海：为什么澳星发射现场看不到广告呢？这可是广告的最佳时机。中国为澳大利亚发射第二颗通信卫{星的合同开始履行时，他的广告设想也开始成熟了。北京的报纸出现了《澳星发射现场首次招揽广告》的新闻。立即引起了国内外著名企业热烈响应，纷纷在最短时间内作出了赞助广告的决定。广告由李光斗任职的怡华广告公司全权处理。经过一番紧张的策划与实验之后，在“澳星”发射前夕，五粮液、万家乐、小霸王等广告牌，终于牢牢固定在火箭发射架上。“澳星”广告给李光斗带来了极大的成功，这使他坚定了“不做则已，一做惊人”的广告理念。从此以后，他运用自己的智慧，第一次将广告做上了《人民日报》头版；第一次利用摄影背心将广告做进了人民大会堂的“两会”现场；他与成龙的合作，也随着被誉为“钻石创意”的“小霸王”电视广告，爱多VCD电视广告的铺天盖地而成为广告佳话。

（二）借鸡生蛋。“借鸡生蛋”是一个古老的民间传说。宋朝时，山东淄博有一个叫韩生的穷秀才，他手无缚鸡之力，又无一技之长，种田连地也租不到。于是，他就想着靠养鸡下蛋换钱来维持生活，可他连买雏鸡的钱都没有，他只好与别人商量好，借别人的鸡来养，鸡下两个蛋，给人家一个，自己留一个。一年之后，他的鸡由10几只发展到100多只，又过一年，发展到了300多只。不到几年，他成为当地的富户。从此“借鸡生蛋”作为借别人之物力创造财富的典故，流传至今。在创业路上，许多人就是利用“借鸡生蛋”这一奇招，白手起家创造出巨额财富。在我国改革开放的大潮中，许多企业面临着困难的条件，然而，他们凭着新的思想观念和灵活的头脑，策划和上演了一幕幕“借鸡生蛋”“借地生财”“借船出海”的活剧。

（三）投机冒险。投机在现代汉语中一直是一个贬义词，冒险也常常被人与冒进并提而带上贬义。但是，对于一穷二白的创业者，用尽心机抓住机会的“投机”，运用智慧抗争命运的“冒险”都是改造环境的创举。被美国《福布斯》杂志评为中国大陆50富豪之一的著名民营企业家罗忠福，就是靠投机和冒险而屡建奇功的。17岁那年，他到贵州最偏僻的山区插队锻炼，贫苦的生活打磨着他的意志，也锤炼着他与命运抗争的智慧。他小小年纪便作出了一件“投机”的大事：一天，省城将有记者来采访知青生活，他马上意识到这是一个改变自己命运的机会。他用当时仅有的10元钱，买了一桶红漆，在记者到来的日子，在他们必须要经过的山路边，从悬崖上用粗绳坠下，在峭壁上写下了五个鲜红的大字：毛主席万岁。他的举动正好被路过此地的省报记者看到，于是，罗忠福出了名，成为先进典型。这种投机在现在看来是过于荒唐，在当时却是充满智慧，正是这种投机，使罗忠福与众不同的个性凸现无疑，也注定了他今后的脱颖而出。罗忠福不仅善于投机，还善于冒险。有一次，罗忠福回遵义探亲，无意中看到城里有人以9角钱1斤的价格收购槐树籽。他兴冲冲地回到知青点，要村里人进山去收槐树籽，回来后3角钱1斤卖给他，他就利用探亲的机会运进城卖掉，时间一长居然也慢慢赚了不少钱。他还倒过化肥。正是靠着这种“投机+冒险”的超人胆识，改革开放后，辞掉公职的罗忠福靠做沙发起家，一步步创办了家具厂、百货服装商店、房地产、金融、贸易、建材等多个行业。

（四）独辟蹊径。独辟蹊径，就是面对物质环境的困扰，敢走别人不敢走的路，旱路不通走水路，另辟新径找出路，寻找机会，创造财富。

谁说小玩意不能赚大钱？我国亿万富翁黄铁城，他的镇泰集团，靠25个员工、1000平方米租赁的厂房、6台注塑机在广东三元里起家，独辟蹊径做起了常人不放在眼里的儿童玩具。没有轰轰烈烈的架势，却产生了奇迹，产品远销亚、欧、美、澳四大洲，成为“全国乡镇企业创汇大户”“全国乡镇企业出口创汇先进单位”。

谁说穷乡僻壤难赚钱呢？信阳市果品厂厂长徐德山，就是利用了穷乡僻壤董家河镇的山野菜，将自己做成了一个大富翁。董家河的山山岭岭受天地灵气的熏陶，生满了各种野菜。这些野菜有被史书记载的名菜，也有被当地百姓津津乐道、鲜嫩可口的其他野菜。徐德山将眼光盯上了这些天然宝贝，他利用即将倒闭的县果品厂的厂房、人员，进行山野菜系列风味的开发研制。很快，“千佛塔”牌山蕨菜、莆珠花、紫云英等10余种系列风味野菜问世了。投放市场后，大受欢迎，财源广进。

其实，转变观念，成功创富，构筑创业的物质环境，方法有许许多多，道路又何止一条两条。任何人的成功，都是从一点一滴做起，从小到大，由弱到强，苦心实干，聚沙成塔。当代大学生只要以搏击为舟，以磨炼为楫，以智慧取胜，就算是两手空空，也能白手起家，构筑起自己的财富大厦。

第四节　顺应创业的时代环境

21世纪初期，国际格局将继续向多极化发展，中国的经济和社会发展也将进入一个重要的转折时期。我们面对的时代，是一个风起云涌的大变革时代。在这样的时代，谁能把握时代的脉搏，谁就会在未来的创业路上占尽先机，从而成为自己人生的主宰。作为立志创业、准备创业和正在创业的大学生，如果不认识时代赋予的使命，不分析所处的时代现状，不了解社会的发展进程，不顺应时代的滚滚潮流，就无法迎接创业的挑战。

一、认清时代赋予的使命

“小康社会”是千百年来中华民族渴望摆脱贫困、过上富裕生活的梦想。直到新中国成立后，这种梦想逐渐在华夏大地成为现实。邓小平在设计中国现代化进程时，立足国情，放眼世界，创造性地赋予小康社会以中国式现代化的内涵。经过全党、全国人民的艰苦奋斗，到20世纪末，我国人民生活总体达到小康水平，实现中华民族历史上的伟大跨越。但是，“必须看到，我国正处于并将长期处于社会主义初级阶段，现在达到的小康还是低水平的、不全面的、发展很不平衡的小康，人民日益增长的物质文化需要同落后的社会生产之间的矛盾仍然是我国社会的主要矛盾。”

我们建设的小康社会，要实现以下目标：

——在优化结构和提高效益的基础上，国内生产总值到2020年力争比2000年翻两番，综合国力和国际竞争力明显增强。基本实现工业化，建成完善的社会主义市场经济体制和更具活力、更加开放的经济体系。城镇人口的比重较大幅度提高，工农差别、城乡差别和地区差别扩大的趋势逐步扭转。社会保障体系比较健全，社会就业比较充分，家庭财产普遍增加，人民过上更加富足的生活。

——社会主义民主更加完善，社会主义法制更加完备，依法治国基本方略得到全面落实，人民的政治、经济和文化权益得到切实尊重和保障。基层民主更加健全，社会秩序良好，人民安居乐业。

——全民族的思想道德素质、科学文化素质和健康素质明显提高，形成比较完善的现代国民教育体系、科技和文化创新体系、全民健身和医疗卫生体系。人民享有接受良好教育的机会，基本普及高中阶段教育，消除文盲。形成全民学习、终身学习的学习型社会，促进人的全面发展。

——可持续发展能力不断增强，生态环境得到改善，资源利用效率显著提高，促进人与自然的和谐，推动整个社会走上生产发展、生活富裕、生态良好的文明发展道路。

实现以上目标，我们的祖国会更加繁荣富强，人民生活将更加幸福美好，中华民族通往未来的道路将变得更加宽阔。而要实现上述目标，就必须紧紧抓住21世纪头20年的重要战略机遇，全面推进社会主义现代化进程。这是时代赋予全民族的历史使命，也是时代赋予每一个大学生的历史使命。

二、把握时代律动的脉搏

创业成功需要时机，这是我们讲过的道理。社会的发展和经济的进步所带来的无数机会，是创业发生的“温床”。第一次世界大战之后，废墟之上如果想生存就得发展生产，于是有了通用汽车和松下电器。二战后，冷战继续，各自积蓄力量，潜心发展，于是就有了王安和李嘉诚。时势造英雄，是一条至理名言。紧紧把握时代的脉搏，洞悉机遇的发生与发展，从而把握机遇，是创业成功的法宝。巴斯德说过：机遇只偏爱那种有准备的头脑。与你一次次擦肩而过，你却无缘一睹芳颜的时候，不要沮丧，不要恼羞成怒，好好想想，你准备好了吗？在中国迈入全面建设小康社会，开创中国特色社会主义事业新局面的新时代的时候，让我们掀开时代的面纱，一睹创业机遇的绝世容颜。

（一）创业与创富，成为时代发展的主流。在当今时代，经济这一推动社会发展的原动力已被推到了历史的最前端。如果说在以往它曾位居政治、军事之后而担任社会生活中的配角的话，那么今天，它已名正言顺地走上了主角的位置。在当今时代，我们对21世纪是一个“经济第一”的世纪这一观点已经取得了广泛的共识。正如《时代》杂志上曾发表过的一位战略家的文章中指出的那样：“这个世界在21世纪将面临的所有重大问题基本上是经济问题”；“国家之间的竞争是正常的和不可避免的，这种竞争在21世纪越来越多地在经济领域进行，而不是出现在入侵或战争之中。”所以，为了争取未来，掌握经济竞争中的主动权，当今世界各国基本上都将经济置于政治和军事之前优先考虑，力图通过大力发展经济带动综合国力的提高，进而在世界大舞台上的“经济争霸战”中争得一席之地。

全面建设小康社会目标的确立，是根据我国现代化建设的客观进程和社会经济发展阶段性质变化的实际情况做出的。发展经济是全面建设小康社会的首要任务，坚持以经济建设为中心，不断解放和发展生产力，提高全国人民的生活水平和生活质量，是时代的主旋律。“必须尊重劳动、尊重知识、尊重人才、尊重创造，这要作为党和国家的一项重大方针在全社会认真贯彻。要尊重和保护一切有益于人民和社会的劳动。不论是体力劳动还是脑力劳动，不论是简单劳动还是复杂劳动，一切为我国社会主义现代化建设作出贡献的劳动，都是光荣的，都应该得到承认和尊重。海内外各类投资者在我国建设中的创业活动都应该受到鼓励。”以上论述中，说明创业作为社会进步的强大推动力已成为全党和全国人民的共识。这是振奋人心、催人奋进的声音！

（二）经济建设和体制改革多层面推进，形成无数的创业机遇。根据世界经济科技发展新趋势和我国经济发展的内在要求，我国在 2020 年之前的经济建设和经济体制改革的主要任务，是完善社会主义市场经济体制，推动经济结构战略性调整，基本实现工业化，大力推进信息化，加快建设现代化，以保持国民经济持续快速健康发展，不断提高人民的生活水平。要达到上述目标，必须从以下几个方面多层面推进：

——走新型的工业化道路，大力实施科教兴国战略和可持续发展战略；

——全面繁荣农村经济，加快城镇化进程；

——积极推进西部大开发，促进区域经济协调发展；

——坚持和完善基本经济制度，深化国有资产管理体制改革；

——健全现代市场体系，加强和完善宏观调控；

——深化分配制度，健全社会保障体系；

——坚持“引进来”和“走出去”相结合，全面提高对外开放水平；

——千方百计扩大就业，不断改善人民生活。

这八句话简单明了，其中却蕴涵着无数创业机会。你可以在不同的岗位上立足本职工作创新与创业；你也可以在不同的领域不同的地域开拓创新、自立创业。总之，创业的机会无处不在。

（三）现代创业条件日臻成熟，为艺术生创新创业提供了优质的土壤。在创业的过程中，创业条件扮演着重要角色。从理性分析，一般来说随着社会的发展，各种事物都会趋向进步和成熟，创业条件这一社会经济发展的重要因素自然也不例外。仔细地分析当今世界的经济现实，我们就会发现，创业条件已经发生了非常大的变化。并且，现代创业条件在经济发展中起到了不可忽视的作用。而对创业者来说，社会创业条件的进步和完善无疑是成功的催化剂，在他们创业经历的成功要素中，往往居于至关重要的地位。也就是说，现代创业条件起到了促使创业者的事业迅速成功的作用。

——新兴行业的兴起使创业者可以找到致富的新路。随着社会的发展，许多新兴行业逐渐兴起，刺激了经济的增长，自然也为创业者提供了一番创业的天地。在这些新兴行业兴起的过程中，常常会有非常高的行业利润，这样就使创业者实现自己财富的迅速增值成为可能。谈起新兴行业，大家一定不会感到陌生。这些新兴行业几乎每天都充斥着我们的生活，并且已经成为我们社会生活中必不可少的一部分。也许并不是每个人都曾意识到，这些新兴行业是创业的摇篮，是创业者迅速致富的上佳选择。不过，只要我们稍加分析，就不难得出这个结论。那么，当今世界出现了哪些这样的新兴行业呢？在 90 年代末的今天，大家一定对房地产业、金融业、咨询业、信息业、职业体育界等等非常熟悉。事实上，新兴行业的确是艺术生创新创业的优良“土壤”。

——现代技术基础使创业者通过技术创新迅速致富成为可能。也就是说，如果创业者个人从外界学习掌握了一定的技术，然后在此基础上完成技术的创新，并投入实业界把技术上的优势转化为产品上的优势，则技术创新就可能成为其创业致富的法宝。技术创新往往能使自己企业的产品在市场上确立主导地位，甚至是垄断地位，因而能迅速带来巨额利润的回报。技术创新已被许多企业视为至宝，这已不是什么新鲜的秘密。可见，技术创新支撑了很多企业的快速发展，进而成为企业股东资产迅速增值的“幸福之源”。我们不难理解，就总体而言，富有创造性和进取心的大学生更热衷于技术创新。事实上，技术创新也多由中青年知识分子来完成。由此，我们也就完全有理由认为，技术创新也是促成艺术生创新创业成功的重要因素。

——现代传媒使创业成功有了新的加速器。随着社会的发展，媒介传播技术日新月异，不断趋向成熟。与此同时，现代传媒也已经渗透到了当今社会生活的各方面，尤其对经济领域的影响相当明显。事实上，经济与传媒已经水乳交融，密不可分了，并且两者之间存在着相辅相成、互相促进的关系。从微观的角度来考察，对于那些雄心勃勃充满豪情壮志的创业者来说，传媒业的成熟无疑为其成功创造了绝好的条件。正如一位青年企业家曾说过的那样：“传媒给我的是一对翅膀，凭借它，我可以任意飞翔。”当代社会在电视、报纸、杂志等大众传播媒介给人们提供了“不出门便知天下事”的便利的同时，也给创业者创造了使自己产品“一朝成名天下知”机会。也就是说，创业者可以借助现代传媒的威力在短时间内甚至一夜之间使自己的产品获得较高的知名度和美誉度，进而促使自己产品的销量成倍递增，由此而迅速取得巨额利润的回报。正因如此，才有了中央电视台黄金时段广告的“标王”争夺大战，以及消费者所熟悉的“广告轰炸”等现象。正因为现代传媒具有这种独特的作用，所以它往往成为创业者创业成功的关键因素之一，有时甚至成为最为重要的因素。现代传媒这种对创业者的成功起到“加速器”作用的角色，使它也成为艺术生创新创业成功的重要社会背景之一。在当今世界，越来越多的大学生正是凭借现代传媒获得了迅速的成功，成为成功的创业英雄。随着现代传媒的不断进步，它在塑造艺术生创新创业者队伍这一社会现象的过程中的作用也将越来越显著。

——现代经营方法为创业者迅速成功铺平道路。随着经济的发展，经营方法处于创造和不断趋于成熟中。由此可知，现代经营方法比之传统的经营方法显然有许多独到的优势，这些优势使现代经营方法更适合于当今世界的经济发展现实。具体来说，最重要的优势就是现代经营方法兼顾了现代经济中最重要的两极——创业者和顾客的利益。首先，现代经营方法为消费者提供了极大的便利。在当今时代，“顾客就是上帝”“顾客就是衣食父母”等提法屡见不鲜，它们都是反映“消费者主权论”的观点。这就是说，消费者在市场经济中占主导地位，拥有最终“发言权”；生产者居于从属地位，只有服从和服务于消费者需求，才能取得消费者的支持，进而获得生存和发展。现代经营方法正是顺应这一潮流，立足于更好地为顾客提供服务这一基点，因此获得了极大发展。为消费者提供便利，是现代经营方法取得强劲生命力的源泉。其次，现代经营方法为创业者迅速成功也提供了极大的便利。突出表现在，现代经营方法相对于传统经营方法而言，极大地减轻了创业者的负担，为创业者迅速成功铺平了道路。无论是直接从资本市场筹资，还是特许经营，直接邮购营销以及虚拟经营，都在不同程度上降低了创业成本，从而成为创业者迅速成功的捷径。弄清楚现代经营方法为创业者迅速成功创造的条件，我们就不难理解为什么越来越多的年轻大学生得以利用现代经营方法迅速致富，而不是依靠传统经营方法通过长年累月慢慢积累，直熬到白发老翁才能实现百万富翁的梦想。

第五章　大学生创新创业的素质培养

第一节　创业意识

一、什么是创业意识

人的心理是人脑对客观现实的积极反映形态。心理活动具有不同的形式，意识是心理活动的最高形式，是人所特有的心理现象，它是人在生产、生活实践中、用语言与他人交往的过程中，在一定的社会历史条件下形成的。意识一经产生，它又反作用于客观现实，在人的实践生活中起着特殊的重要作用。概括地说，意识是一个多维度、多层次的心理系统，具有复杂的结构，为人类所特有。例如，我们承认动物也有心理，它们能看、能听，甚至也有一定的情绪表现，高等动物如猿猴还会有简单的思维活动，但是它们没有意识。因为它们没有语言，无法进行抽象思维，不能进行有目的、有计划的复杂活动。

创业意识是指一个人根据社会和个体发展的需要所引发的创业动机、意向或愿望。艺术生创新创业意识则是大学生根据社会和自身发展的需要所引发的创业动机、创业意向或创业愿望。创业意识是人们从事创业活动的出发点与内驱力，是创业思维和创业行为的前提。需要和冲动构成创业意识的基本要素。创业意识是创业的先导，它构成创业者的创业动力，由创业需要、动机、意向、志愿、抱负、信念、价值观、世界观等组成，是人们从事创业活动的强大内驱力，也是人进行活动的能动性的源泉。正是它激励着人以某种方式进行活动，向自己提出某种目的并力图达到和实现之，从而表现出一个人的精神面貌。

二、创业意识的特征

（一）社会历史制约性

创业意识是以提高物质和精神生活的需要为出发点的。这种需要在很大程度上取决于具体的社会历史条件。因此，人的创业意识的激发、产生受历史条件制约，具有社会历史制约性。科学家对人类大脑的研究表明，不同人的大脑潜能几乎是相同的，人人具有创业潜能，这是它的自然属性。但是社会实践领域中我们发现，人与人创业能力的差异却相当大，究其原因，即各种社会因素、历史条件作用的结果。如，是否具有创业的社会历史环境、鼓励和激发创业的教育方式与文化形态，以及相应的创业机制等等。当今社会，随着科学技术进步和劳动生产效率的提高，经济增长对就业的吸纳能力将会不断下降，就业缺口也会不断扩大。鼓励大学生自主创业，既能解决大学生自身就业难的问题，还能为社会拓展就业渠道，更重要的是能满足大学生自我实现的需要。因此，现代大学生应强化创业意识，主动适应社会与时代发展的现实需要。

（二）综合效应性

创业意识中的需要、动机、意向、志愿、抱负、世界观等属于非智力因素范畴。在实际的创业活动中，一个人的创业意识与他的兴趣、爱好、情感、意志等非智力因素相关联而发挥综合作用与效应。若个体对某一对象或领域并无兴趣或爱好，那就很难激起其创业意识。同时，创业意识还是意志的一种表现，是情绪情感的一种升华。

（三）协调性

创业意识的协调性是指创业动机与创业效果二者的一致性。创业动机应以创业效果为归宿，而创业效果又体现并反映出创业动机。坚持创业动机与创业效果的协调性，首先要求讲究社会效益，其次才能追求经济效益。协调性还说明两者之间保持一定的数量关系。动机过程的强弱会引起效果的相应变化，这种关系可由美国心理学家叶克斯一多德森（Yerkes，R. M. &Dodson，J. D. ）

定律予以揭示。效果与动机强度有密切联系。你可能设想，如果动机强度不断增强，有机体的活动就会越高涨，活动的效果也就越佳。但事实并非如此，活动动机很低对工作持漠然态度，工作效果是不好的；然而当动机过强时有机体处于高度的紧张状态，其注意和知觉的范围变得过于狭窄，反而限制了正常活动，从而使工作效果降低。例如，在复习中作了充分准备的学生一心想考出好成绩，往往在考试中不能充分发挥，甚至不及格，就是因为其动机过强，反而降低了考试效果。因此，为了使活动卓有成效，就应避免动机强度过高或过低。

在各种活动中都有一个动机最佳水平问题。动机最佳水平因课题的性质不同而不同。在比较容易的课题中，工作效果有随动机提高而上升的趋势；而在比较困难的课题中，动机最佳水平有逐渐下降的趋势。这种现象，是叶克斯和多德森通过动物实验发现的。随着课题难度的增加，动机最佳水平有逐渐下降的趋势，这种现象称为叶克斯一多德森定律。该定律说明了动机与效果的协调性，即任何动机都有一个限度，若动机超过这个极限，效果就会下降。

（四）可强化性

创业意识是创业思维和创业行为的必要准备。因此，对于每一个希望创业的人，都必须首先强化创业意识。华东师范大学在一项关于大学生创业意识的调研中，研究者对华东师范大学、华东理工大学、上海师范大学、华东政法大学、上海财经大学、上海交通大学等高校的540名全日制本科生进行了问卷调查。统计结果显示，当代大学生的创业意识表现为激情与理性并存：77.6%的大学生表示会考虑创业；35.9%的学生认为资金是大学生创业的最大困难；28.9%的学生认为最大的困难是“社会关系不够宽广、不利于开展工作”；19.1%的学生认为最难的是兼顾学业，时间、精力有限。多数大学生缺乏创业方面的经验，他们在大学期间除从事家教外，只有一些简单的兼职经历，如发广告传单、产品推销与发放调查问卷等。在创业方式的选择上，8.4%的学生选择独立创办自己的工作室，71.1%的学生选择与志同道合的朋友成立小公司，而有19.5%的学生选择招募社会上有才干的人共同创业。在投资领域的选择上，18.7%的学生选择IT行业，20．4%的学生选择公共或居民服务业，选择交通运输、邮电通信、文化教育及广播电视等行业的人几乎没有。在2004年开展的另一项对大学生的相关调查中也发现，有18%的大学生打算毕业之后马上创业；另有28%的人打算5年之后创业。可以看出，随着高校各种创业计划大赛的举行，大学生们的创业意识正逐步增强；而国家出台的鼓励艺术生创新创业的政策，则更使得部分毕业生跃跃欲试，期望毕业之后马上创立自己的企业。另外，海南大学创业者协会曾进行了一次“大学生创业精神”调查，调查结果显示，半数以上的大学生有自我创业意愿。可见自我创业精神已逐渐渗透到大学生的意识之中。

诚然，创业道路是艰辛的，其原因主要是难以发现和把握商机以及资金和自身能力不足等等。但是没有一位大学生认为自己完全不具备创业素质。只有少数大学生因受传统思想影响。不愿走自主创业之路，把找工作寄托在父母及亲友身上。因此，强化大学生的创业意识是高校工作的当务之急。教育实践证明，创业意识是可以强化的，而注意进行早期强化的创业意识的工作对创造力开发及增强创业能力均会产生良好的催化剂作用。强化创业意识，一般通过组织大学生创业计划竞赛活动，褒奖发明创见，形成鼓励独创性的风气，鼓励和培养大学生的创业精神，以及讲授创业技能，实施创业教育等途径，可收到明显效果。

三、大学生创业意识的内容

（一）确定的人生目标

增强创业意识，首先要提升个体的创业价值理念。俗话说“只有想不到的，没有做不到的”。要培养创业意识，就要有明确的人生目标，人生目标属于创业的价值理念，只有明确了人的价值及人生的意义，才能尽早确立个体的“追求目标”，最大程度地发挥个人创业的积极主动性。美国哈佛大学一位资深人生咨询专家、心理学教授认为，Choice Is Destiny（选择决定命运）。他指出，确定的目标、前沿的思考和平衡的心态是事业成功的要诀，其中把明确的目标排在事业成功的首位。以麦当劳的故事为例：

你知道家喻户晓的麦当劳是如何起家的吗？麦当劳能真正走向世界并非快餐店的创始人马克和狄克一麦克唐纳兄弟的功劳，而应归功于雷·克洛。在麦氏兄弟开快餐店时，克洛在一家经销混乳机的小公司工作。混乳机是一种能同时混合拌匀5种麦乳的机器。有一天，麦氏兄弟要买8架机器，没人一次买过那么多混乳机，克洛决定亲自去看看麦氏兄弟的工作。结果他惊讶地发现，客人们站着排队抢购15美分的牛肉饼。于是克洛便问麦氏兄弟为什么不多开几家餐馆，狄克摇摇头，指着附近的山坡说："看到上面那栋房子了吗？那就是我们的家，我们喜欢那儿。如果开了连锁餐馆，我们就永远没有闲暇回家了，克洛马上意识到难得的机会来了，并决定立刻把握住。结果，麦氏兄弟很快便答应给他在全国各地开分店的经销权，条件是抽取5%的利润。克洛专心致志地干了起来，于是他拥有的第一家麦氏餐馆很快便在芝加哥郊区开张。之后是第二家、第三家，后来增设分店的速度越来越快，差不多以每年200家的速度增长。再后来，克洛以270万美元向麦氏兄弟买下了企业——包括名号、商标、版权及烹饪处方。此后，他与这两位兄弟彼此很少联系。

麦当劳的故事告诉我们，本来机会完全在麦氏兄弟一边，可他们确定了其他的人生目标，主动选择了"放弃"，而克洛则抓住了这千载难逢的机会，果断地选择了"创业"。不同的目标导致了不同的选择，也导致了两种完全不同的命运：克洛获得了巨大成功，而麦氏兄弟却碌碌无为。

因此，确定的人生目标是一切成就的起点，更是创业的始发站。其实，人人都能伟大，只是多数人选择了平凡，关键就在于你所确立的人生目标究竟是伟大，还是平凡。如果你选择了平凡，就注定只能是平凡的。对于人生和创业而言，确定的目标是至关重要的一步！要及早没定长期目标，争取每天接近一点，因为人若没有目标就永远不会前进，但若想法太多，过于分散的目标则又会成为你永久的负担。

创业作为一种社会实践活动，是在一定的意识和目的支配之下进行的。同样是进行创业活动，有的创业者是为了展现并提高自己的才华和能力，有的则为了积累物质财富，还有的希望改变自然或社会面貌。不同的创业目标与价值理念，体现了不同的人生目的，也体现了不同的创业人生价值。人的自我价值反映了个人在实现人生价值过程中所持的态度和看法，只有抱持积极向上的个人价值观，将自我价值与社会价值和谐统一起来，才能体现真正的创业人生价值。

人的价值判断是以个体的需要为依据的，需要是有机体内部的某种缺乏或不平衡状态，它表现出有机体的生存和发展对于客观条件的依赖性，是有机体活动的积极性源泉。人本主义心理学家马斯洛（A．H．Maslow）的需要层次理论（Theory of Needs Hierarchy）认为，人类价值体系中存在不同的需要，人的基本需要可以归纳为五类，其强弱和先后出现的次序是：

首先是生理需要，如对于食物、水、氧气、性、排泄和休息等的需要。这些需要在所有需要中占绝对优势，具有自我与种族保存的意义，以饥、渴为主，是人类个体为了生存而必不可少的需要。

其次是安全需要，如对于稳定安全、秩序、受保护、免受恐吓、焦躁和混乱的折磨等的需要。如果生理需要相对充分地得到了满足，就会出现安全需要。

再次是归属和爱的需要，如需要朋友、爱人或孩子，渴望成为群体的一员、在团体中与同事间有深厚的关系等。如果生理需要和安全需要都很好地得到了满足，归属和爱的需要就会产生。

然后是尊重的需要，即渴望成就、名誉和地位等等，希望维护自尊、赢得他人的尊敬并尊重别人。

最后是自我实现的需要，就是促使自己的潜能得以充分发挥和实现的趋势。这种趋势是希望自己越来越成为所期望的人物，完成与自己的能力相称的一切。例如，音乐家必须演奏音乐，画家必须绘画，这样他们才能感到最大的快乐。自我实现的需要是人类基本需要中最高层次的需要，但不是每一个成熟的成年人都能自我实现。

因此，确定的人生目标，对自我价值实现的追求应成为创业意识的首要内容。马斯洛就十分重视人的潜能和价值，认为自我实现的人是人类中潜能得到充分发挥的最好典范，是最有价值的人。在社会主义制度的条件下，个人的人生目标与自我实现不仅应当而且必须与社会的需要结合起来,才是最有价值的。真正的自我实现者，只有在与社会、他人的和谐共处中才能得以实现自我。如著名的实业家田家炳、邵逸夫等热衷于教育和公益事业，美国国际数据集团总裁麦戈文资助希望小学等等，都是在个人创业的同时追求对社会、对他人有所贡献，达到了实现自我价值与社会价值的统一。事实上，也只有把自我价值与社会价值统一起来的创业者，才能获得创大业的机遇和成功。确定的人生目标是积极实现创业的人生价值的前提，特别是处于信息化时代的大学生更应首先明确人生的意义和价值、早日确立创业目标。因而，只是空泛地说“我要创业、我要成功”，是没有用的，你必须确定你追求的成功的具体评价标准。

那么，怎样确定创业的人生目标呢？如果你以前从未设定目标的话，建议你先从具体的短期目标开始。选择一天的短期目标，完成后逐渐拓展为 1 周、1 个月、1 季度、1 年、5 年、10 年……我们每个人都必须有确定的目标，可以无限延伸的目标。因为只有确定的创业人生目标才会时时在潜意识中提醒我们前进与努力的方向，使我们能够“看到”目标完成时的情景，从而促使我们把这一目标内化为自己强烈的愿望，并敦促我们不再拖延观望而是付诸行动，这才是真正意义上的创业意识。

（二）敏锐的商业意识

创业者需要有前瞻性意识。创业者创办一个新的企业，必然要考虑企业的未来定位，只有意识超前，才能使创办的企业在未来有一个合理的定位。正是因为具有前瞻性的意识，才能使创业者具有创造性或创新性，才能与众不同，才能使新创企业具有其他企业所不具备的新意，才能使创业者创业成功。

创业者的前瞻性意识集中表现为敏锐的商业意识。商业意识是人们在经营实践中，在获取信息的基础上，把握市场趋向的一种思维活动方式。商业意识的形成及培养，对创业者捕捉商机有着至关重要的作用，也是创业者创业的必备条件之一。商业意识既指经营者在经营活动中要按照商品经济的运行规律来办事的思想观念，也指经营者寻找、创造商业机会的思维活动。

商业意识的形成和发展，需要一定的主客观条件。客观条件主要是指人存在和活动的社会历史条件与客观环境，即一定的社会政治、经济制度，社会生产力和经济发展的状况，科学文化、教育发展的水平，国家的路线、方针、政策等等。社会经济活动是按商品经济和市场经济的运行机制来进行的。任何生产经营活动都要讲求经济效益，在这样的环境中当然会有强烈的商业意识。因此，市场经济和商品经济的运行机制是人们商业意识产生的客观社会经济条件。主观条件主要是指个人对商业活动的关注，并有志于从事生产经营活动以及具备相关的经济知识。这也是商业意识形成的主导因素。例如，一个人有丰富的经济知识和商业知识，但仅仅停留在理论研究上，并不想去创业、去经商，因而也不会形成商业意识。因此。个体应正确认识并充分利用自身优势，发挥主观能动性，积极创造条件，克服不利条件，选准创业与奋斗目标，充分发挥个人的聪明才智，以坚韧不拔的毅力，顽强拼搏，克服困难和挫折，创造优异成绩，还要学会分析自己周围的环境，善于学习他人的长处，不断充实自己，增长才干。商业意识需要后天的培养与锻炼，既可以通过耳闻目睹及书本知识的学习来逐步树立，亦可在具体的实践中不断发展和深化。

怎样培养商业意识呢？

首先，要用心钻研有关知识。只有把注意力集中到所要追求的目标和方向上，意识的形成才会更快、更深。

其次，要善于观察和思考。客观事物是不断发展变化的，只有善于观察分析，善于收集和利用信息，善于思考，才能真正把握事物的本质，发现“无限商机”。商业信息是经营决策的重要依据，其中隐含了大量的商业机遇，是经营者取胜的重要“武器”。对信息的收集、把握和利用程度，也是一个创业者和经营者商业意识程度的反映。可以说，创业者掌握了重要的商业信息就能先人一步地打开创业局面。机会对每个人都是公平、平等地存在着，就看你能否通过观察分析和思考去感知、去把握。案例为乔安娜的晚装租赁业务：

英国时装设计师乔安娜·多尼戈就是个善于捕捉商机的人。有一次，她的朋友要出席皇家宴会，却没有合适的晚装，急得团团转。这使她醒悟到，女士们遇到这种困境是很普遍的。英国社会很注重礼仪，各种社交活动很多。但大多数人收入不高，买不起华贵的服装。假如花较少的钱便能穿上名贵时装出席高层次的活动，那确实是件既省钱又光彩的事，也是多数人的共同心愿。乔安娜意识到这一商业机会后，便确定了开展晚装租赁业务的经营目标。她筹借资金，买回各种款式的欧美名师设计的晚礼服，每套价格数百美元到数千美元不等，并开价每套服装一夜租金为75～300美元，另加收200美元的保证金。结果不出所料，她的租赁生意十分兴旺，业务越做越大，最终成为有名的女富豪。

再次，要积极主动地寻找和创造商业机会。只有积极主动的创业者，才能在实践中不断丰富思想，深化商业意识。大量事实表明，等来的机遇远远少于主动寻找到的机遇。会不会寻找商机，能否创造商机，也是创业者商业意识的一种体现。但是，人对于机遇的认识和把握却各有不同，法国科学家巴斯德说过："机遇只偏爱那些有准备的头脑。"所以，机遇的有无很多时候在于是否去主动创造、积极寻找。案例为大楼出租：

美国有家公司新建了一幢52层的大楼，部分楼层拟出租。公司老板正在考虑如何发布这一消息。而在此时，一群鸽子飞进了新大楼，顿时鸽子粪、羽毛把房间搞得一团糟。老板很生气，但一转念便想出了一条妙计。他马上拨通了"动物保护协会"的电话，请协会迅速派人来协助处理这件保护动物的"大事"。接着又电告各新闻媒体，在新大楼将发生一件有趣而又有意义的捕捉鸽子"事件"。于是电视台、报社等新闻媒体纷纷派出记者现场采访并作报道，结果新大楼随"鸽子事件"而名声远扬，房子很快便租售一空。这一主动寻找、善于利用条件创造机遇的水平可谓达到了顶点，也充分体现了该公司老板深刻独到的商业意识。

（三）科学的经济头脑

在资源条件和市场条件相同的情况下，有的创业者具有丰硕成果，而有的创业者可能只有较小成果，甚至血本无归。造成这种差异的重要原因之一就是创业者是否具有科学的经济头脑。以较小或最小的投入获取较大或最大的成果与产出是科学经济头脑的集中反映，经济头脑是创业者必须具备的创业素质和创业意识之一。

所谓经济头脑，是指人们根据经济运行趋势和经济活动规律，对自己所拥有的经济资源进行投入，以期获得更大的成果并对自己的经济行为能否创造优异效果所做出的分析、判断和决策的一种思维能力。这一概念有着丰富的内涵。具有科学经济头脑的人，不只对经济的局部问题有独到见解，而且对经济的整体运行也能做出大体正确的判断，并能提供有价值的决策参考意见；不仅具有战略眼光，能在某一经济领域或范围内对事物之间的联系进行分析判断，而且能运用所拥有的资源在经济活动中创造和增加价值，实现预定的经济目标；‘般不太注重一时的利益得失，而是将眼前利益和长远利益结合起来加以考虑，更注重长期利益。尤其是在收益与风险并存的情况下，对某种经济利益的放弃或追求更是科学经济头脑的具体表现。科学的经济头脑还包括对某项经济活动事前所作的预测与估算，即对经济活动中投入与产出的较强核算能力。有了这样的经济头脑，创业者就能够根据自身情况与市场情况，对所要进行的经济活动能否产生经济效益进行较为准确的预测，从而决定是否进入市场，何时进入市场，进入何种领域市场等等，它强调的是对市场前景的分析能力，也是从微观的角度去认识行业经济对经济主体的利益影响，侧重于对资金的使用。我们认为，对创业而言，这一点至关重要。

因此，创业者经济头脑的具体表现，就是在实际经济活动中对经济知识的正确和灵活使用。正确使用是指在运用经济知识分析经济、市场情况时，要根据基本的经济理论知识，采用科学的分析方法。如，分析宏观经济形势就需要运用宏观经济学知识；要找出本企业某一时期产品销售的变动特点和规律就需要应用对比方法；要分析微观情况就要运用微观经济学方面的知识，在什么情况下资源得到最佳利用，产量多少时成本最小而利润最大等等。灵活使用是指据实际市场和经济变化情况，打破常规、当机立断，及时调整经营策略，使不利的经济形势向有力的经济形势转变。如价格策略的使用，在供大于求的情况下，多数商家往往采用降价来达到促销目的，而个别企业却反其道而行之，结果销量大大增加。总之，科学经济头脑的形成，除了深厚渊博的经济知识以外，市场实践活动也是其形成的重要途径。

第二节　创业知识

大学生想要创业，只有良好的愿望是不够的。即使具备了创业意识，也只是为创业一实现人生目标与价值提供了指引方向？要真正实现创业目标还得靠真本事，必须要有过硬的本领。其中，专业知识则是创业成功所需知识中最为重要的组成部分。创业者要想成功创业，首先必须具备相应的专业知识。知识经济时代强调创业者的专业化与知识化，但有较高的文化素质和专业水平的人并不一定就是好的创业者。一位优秀的创业者，其知识结构要具有专与博相结合的“T”型结构。当代认知心理学派认为，合理的知识结构有利于同化旧有的知识或概念，形成新的观点和观念。良好的创业知识结构是创业者未来发展的基础，为创业心理与行为提供了一个基本的认知框架和背景。

一、坚实深厚的专业知识

专业知识是指与创业目标直接相关并发挥作用的知识体系，是对本领域研究对象或工作起直接指导作用的理论体系。在形式上表现为某种性质或类别的学科知识，如机械、电子技术、动力工程、航天、管理等自然科学和社会科学方面的知识。专业知识对于创业者确定创业目标有直接作用。要在某一领域开展创业活动，就必须深入了解该领域的活动及发展规律。可以说，专业知识就是对某一领域内事物发展规律的概括和总结。掌握的专业知识越多越深，创业活动就越能有效地开展。综观近年来在高科技领域取得成功的创业者，无一不具有深厚扎实的专业知识。他们中有些人虽然未经过系统的专业教育和培训，但是也在实践中不断摸索总结出事物发展的规律，积累了大量相关知识。20世纪80年代末90年代初，我国掀起了“下海”热，不仅机关干部下海，学校教师下海，文艺界、体育界等人士也下海。然而，真正的创业成功者却寥寥无几。究其原因，就是由于大多数人只凭热情和闯劲而缺乏真正的创业本领、缺乏应有的专业知识之故。例如，有些人连起码的经济、法律基础知识都不具备，这样去“创业”又怎么会成功呢？

艺术生创新创业，专业知识已基本具备。因为大学生在校学习期间已掌握了某一领域的大部分专业知识，但还有个多少和深浅的问题。因此我们一定要充分利用时间、管理好时间以学好专业知识，这是将来开展创业的第一要务。创业不是简单地谋生，而是对确定的创业目标和更高理想的追求。要想到达成功的彼岸，就必须打下坚实的专业知识基础。为此，创业者在构筑自己的知识结构时应特别注意：第一，坚实深厚的专业知识是指形成合理有序的知识结构而非大量系统全面的知识；第二，要注重在创业实践中运用专业知识，将各类知识转化为解决实际问题的能力。大学生必须在创业前和创业实践中不断丰富和发展自己的专业知识。

二、广博稳固的非专业知识

专业知识是创业成功的基本条件，而非专业知识如经营管理知识、综合性知识（社会技能、方法论等方面的知识）等对成功创业也起着至关重要的作用。只有通过广博、稳固的非专业知识的辅助，专业知识的作用才能得以充分发挥。在知识经济时代，“T”型知识结构愈来愈重要，不仅专业方向的知识要深，而且与之相关的知识要广。只深不广，就会由于知识面的狭窄而无法看到事物之间的联系。只广不深，对事物的认识则只能停留在肤浅的表面。不能揭示事物的本质、把握事物发展的规律。只有具备了深厚的专业知识与广博的非专业知识，才能正确分析形势和事物的发展趋势，把握全局，有独到的见解和谋略，才能认清事物的本质和规律，最终实现自己的创业目标。

非专业知识是指创业领域专业知识以外的其他有关知识，既包括经营管理方面的知识，也包括方法论等方面的综合性知识，既包括创业所需的法律知识，又包括相应的商业知识，等等。在市场经济条件下。任何一个创业者的活动，都要与一定的经济利益相联系，都要实现价值增值。因此，对于有志于投身创业的大学生来说，学习与创业相关的商业知识，是必不可少的。此外，每个人在创业过程中都会遇到这样那样的法律问题。具备创业所需的法律知识也是创业成功的前提条件。当今的大学生并不缺乏法律观念，但可能缺少创业者所应有的法律知识。因此，掌握一些基本的法律知识，对于创业活动大有裨益。最后，广博稳固的非专业知识还包括创业所需的其他知识，如社会学知识、营销学知识、广告学知识、人际关系学知识、人类学知识以及心理学知识等等，这些都需要大学生在日常学习中不断加以强化和积累。

第三节　创业能力

创业能力是艺术生创新创业素质的一个重要方面，是创业者顺利完成创业活动所必须具备的心理特征。它总是和创业活动相联系并表现在具体的创业实践之中，是决定创业成功与否的关键因素。创业能力是一种综合能力，与创业的成败直接相关。它既包括专业能力，也包括经营管理能力，既包括创新能力、学习能力、认知能力、信息处理能力，也包括人际沟通能力、社会协调能力、公关能力等等。大量的事实与经验表明，科学合理地配置人、财、物以及时间、空间的能力，发现机会、把握机会、利用机会和创造机会的能力，收集信息、加工处理和分析信息的能力，学习能力，良好的社会公关能力，等等，都是创业者创业能力的具体表现，是创业能否成功的重要影响因素。除了创业必备的专业能力之外，以下应成为艺术生创新创业者着重培养的创业能力的不同方面：

一、开拓创新能力

创新，简言之，就是一种不断破坏旧的、创造新的过程；详言之，是指基于一种新的思想和方法对原有事物进行改造或在这种思想方法指导下进行的创造性活动。创业本身所具有的开创性特征使创新能力成为创业者立业的基础。开拓创新能力亦成为成功创业者最重要的能力之一。由于客观世界是不断发展变化的，事物发展的规律就是新事物不断取代旧事物。随着社会政治、经济、文化等环境因素的变化，原来的基业就会逐渐成为落后于时代的旧事物。艺术生创新创业者要使自己的事业不断发展，就要不断推陈出新。他们必须善于捕捉并发现创业机会、把握原有事物的缺陷、捕捉新事物的萌芽，提出新的切实可行的解决问题的措施和方案。而创业者只有具备开拓创新能力，才能将自己所从事的事业不断更新，使之符合时代的精神，符合事物发展的客观规律。纵观历史上一直延续的老基业，时至今日仍旧生机盎然，其中最主要的原因就在于企业经营者能够随着时代的发展，不断开拓创新，使其事业持续增加新的生命力。海尔集团总裁张瑞敏认为，海尔快速发展的最大诀窍就是不断地开拓创新、不断地进入新领域。

开拓创新是创业的灵魂和赢得竞争优势的关键。一个优秀的创业者必须勇于开拓、敢于创新。如案例罗伯特·斯旺森的开拓创新：

罗伯特-斯旺森在产生想要开办公司、投资生物工程时，年仅 27 岁，当时他对该领域几乎一无所知。通过研读文献，他选定了几位主要的生物工程科学家，但他们几乎一致认为从人体荷尔蒙中分离出第一批微生物至少要 10 年，要拿出有商业价值的产品可能要 20 年。斯旺森听取了旧金山加州大学教授赫布·博耶的意见，他是某些构成生物工程工业基础的专利发明者之一。

赫布·博耶将他们的企业命名为遗传技术研究公司。短短 7 个月后，这家公司即宣布了它的成功，首次用遗传工程方法生产了人脑荷尔蒙——Somatosin。斯旺森说，他们在 7 个月内完成了 10 年的开发过程。正是超凡的开拓创新能力造就了斯旺森的创业成功。

要想成为一个成功的创业者、企业家，非要有一点英雄气概，有不怕困难、勇于开拓创新的勇气和舍我其谁的决心。据研究，那些发展极快的风险企业或骨干企业的创业经营者，都是具有开拓创新能力的“竞争型人才”，他们喜欢变化并热衷于冒险和富有开创性与挑战性的工作。竞争刺激着他们，使他们不断开拓一个又一个新领域；他们敢于冲出传统观念、传统束缚，敢于藐视权威；他们大胆尝试，不怕挫折、勇于进取，敢于走前人没有走过的路，做前人没做过的事；他们是创业者，更是实干家，他们相信努力一定会有结果。

创业能力不是天生的，而是可以培养的。国内外的无数事实已证明。创业实践和教育是培养创业能力的根本途径。我国目前还处于经济高速增长阶段，创业机会较多，但总体上创业能力相对较低。随着我国创业环境的逐步改善，创业者对创业培训提出了新的要求，全国性的大学生创业计划大赛更是对我国创业教育的大检阅。通过参赛，大大锻炼和提高了大学生的创业能力。如今，创业在发达国家已成为人们的普遍要求，它能充分实现自我价值，为发挥个人潜能创造舞台。近几年美国等发达国家一流大学的毕业生一半以上期望自己创业，创业浪潮渐有席卷全球之势。培养创业能力已成为欧美各国各类学校和企业的重头课。哈佛商学院、麻省理工学院、斯坦福大学等管理学院已把创业教育作为发展方向和管理学的至高点。在这种世界潮流的影响下，为适应经济建设的发展需要，我国也必须在当前的素质教育中更加强调和注重创业能力的培养与训练。

二、组织管理能力

在市场经济条件下，市场充满了竞争和风险，创业者要使自己的创业实践活动获得成功，就必须重视经营管理。无论从事哪一行业，都有一个资源的分配和利用问题，要使资源发挥最大效用，就必须掌握管理知识，懂得经济核算，提高经济效益，才能在激烈的竞争中获胜。

（一）组织能力

组织能力是一个创业者应具备的指挥协调能力。其基本含义包括两个方面：一是指组织者对组织成员的指挥、调动、协调以及对非人力资源的集中分配、调度等能力，能否高效、迅捷地指挥调动人力、物力、财力，是一个组织者组织能力的集中反映。二是指组织者对组织结构的设计与再设计工作，表现为对组织机构的设计、人员的配置，如对组织成员职位的任命安排、明确其职责范围等等。组织的实质在于把处于分散状态的各种资源进行有效的集中和分配，使各种资源整体发挥各自的作用，以求得资源的最佳利用效果。为实现企业的既定目标，创业者要把企业各种经营要素进行合理配置和组合，对企业内部各环节和部门之间的关系进行有效的调配，调动各方面的积极因素，进行效率化的分工与协作，使组织成为高效率的运转机体。

（二）管理能力

管理能力是创业者能力在管理上的体现。管理活动贯穿于组织运行过程的每一个环节，不仅是组织正常运行的前提，也是组织生存与发展的基本条件。因此，创业者一定要充分认识到管理的重要性。要学习管理知识、改进管理方法、丰富管理经验，不断开发新的管理资源，努力提高自身的管理能力与水平。管理能力包括多方面的内容，我们认为最主要的表现为以下三个方面：

1.分析判断能力

创业者是否具有分析判断能力，是创业者能否在创业过程中做出正确决策的前提条件。创业过程中不仅要接触经济事务和现象，而且要接触政治、社会和文化事务及现象，而各种事物及现象之间在一定程度上总有这样那样的联系，会对创业者的创业目标产生不同程度的影响，当这些影响力不明朗时，就需创业者通过分析找出这些影响力中有直接影响关系的事物或现象，进而采取措施加以排除，使创业目标尽可能不受其他因素的干扰而健康发展。所以，分析判断能力是创业者应具备的重要管理能力之一。它能帮助创业者找出创业的问题所在以及产生原因，并加以正确分析处理。

2.经营决策能力

经营决策能力是管理者综合能力的表现。决策的实质是选择，即在可供选取的方案中选择出一个最满意的方案，因而要求管理者具有果断的品质。从创业的角度来看，创业决策是指创业者对未来创业实践的方向、目标、原则和方法所做出的慎重选择和决定。创业决策的正确与否及正确程度直接影响决策目标的质量，即影响创业成果的取得。因此，决策前首先要拟订好决策目标，然后视创业条件的具体情况选择和确定决策时机，若条件不成熟就匆忙决定显然是冒险行为，条件成熟却拖延不决又会造成优势消失，因此恰当地做出决策是创业成功之本。

3.抵御风险能力

由于任何创业者做出决策时总是基于当前的基本情况和形式，而所决策的目标又总是在未来或短或长的一段时期内才能实现的。在这一过程中，难以预见的种种因素会对决策目标造成一定的影响或威胁，这就是风险。创业者要能及时果断采取措施，消除这些潜在的或现实的威胁，从而使决策目标达到预期结果。因此，抵御风险的能力，是对创业者管理能力的一种检验。作为一名创业管理人，其负责的是新创立的公司，新型公司要面对风险，必然要求创业者敢于承担风险，具有一定的抵御和化解风险的能力。其中，最大的风险是花费了时间和资金却不能有盈利地售出。发展必然伴随着风险，一般说来，小企业发展越迅速，风险越大。小公司在发展壮大中的风险主要是投资和财产风险。企业投资、新建、扩建项目是否得当，事关小公司成败；财产风险主要是由于社会经济技术的进步造成企业的财产损失。现实中，我们常常看到随着国家宏观政策变化和税制改变等形式发生变化时，很多小公司愁眉不展，关键原因就在于其风险管理机制不健全。因此，小公司在发展壮大中要正确对待风险，既不害怕风险又不盲目冒险，要在风险分析和正确决策的基础上，在公司内部形成协调配合使用风险预防和管理的对策机制，不断提高抵御风险的能力，从而于冒险中避免风险，在任何环境和条件下做到趋利避害，游刃有余。需要特别指出的是，现代企业面临着日益复杂的国内和国际环境，而环境愈复杂风险就愈大，进而发生危机的可能性也就愈大。因此，为了防止危机在企业发生，创业者必须注重培养自身的危机管理能力，即对可能发生或已经发生的危机事件进行预测、监督、控制、协调和处理的能力，以预防为主，防患于未然，强化危机意识，了解企业实施危机管理的重要意义及应付危机的具体步骤、应遵循的原则，并制定出完备细致的危机管理计划等均是十分必要的。创业者对危机的应付与处理能力也是其抵御风险能力的具体表现和重要组成部分。

此外。管理能力的内容及表现还有具体的分类，如财务管理、营销管理等许多内容，创业者可根据需要，具体参阅有关书籍。

管理的实质即在于通过人、财、物等各种资源要素在经营过程中的有机结合，实现管理的最终目标——以最小的投入，产出最大的效益。其中对人力资源的管理和使用应始终成为管理的核心问题。因为在生产力诸要素中，人是最重要、最根本的决定性因素。

为此，创业者在管理和使用人员时，应力求做到“人尽其才，各尽所能”。用人之道，不能要求被用人十全十美，而是要用其所长。历史上，楚汉相争中完全处于劣势的刘邦之所以能打败强大的项羽，一个很重要的原因就在于用人。项羽本人虽然骁勇异常，然而对其属下的头号谋士范增尚且不能从善如流，更不用说重用尚属无名之辈的奇才韩信了。与之相反，刘邦则善于用人：萧何坚强稳重、勤于实干，并善于营运，所以由他来做控制协调、运输粮草的工作；韩信长于预测决断，文武兼备，所以让他攻城掠地；张良不仅足智多谋，而且擅长表达沟通，所以由他负责内外的交流联络工作；刘邦本人虽不具专长，却有非凡的战略眼光和组织才能，所以居于帅位，统帅全局。正因为如此，才使刘邦在战争中立于不败之地。

创业的经营活动亦如此。一个组织是由各个不同岗位组成的，合理分工就在于择人任事，量才使用，让各个成员的才智和兴趣尽可能同所从事的岗位相适应，这样才能提高劳动生产率。此外，搞好资金与物资的管理与使用同样重要。

通常，创业初期，由于公司规模较小，管理上的障碍不大。随着公司的不断发展，管理问题往往成为抑制公司发展的瓶颈。许多创业者在管理企业一段时间后，也认识到这个问题，开始到高校“回炉”，攻读 MBA 等，以提升自己的管理能力。据调查，新创企业中约一半以上在创业的两年内即倒闭，而导致这些创业失败的一个最主要原因就是创业的组织管理问题。因此，组织管理能力应成为艺术生创新创业能力的重要培养和锻炼目标。为了提高管理效率、使管理工作富有成效，大学生要逐步培养自己运用系统化的科学管理知识，对管理上存在的问题设想出正确可行的解决办法，并努力从管理的理论原则和基本方法出发，结合实际，对具体情况作具体分析，以求得问题的妥善解决。

三、人际协调能力

要想创业成功，大学生还需要培养自己的人际协调能力。因为人的问题始终是管理的最核心和最本质问题。人是构成社会的基本单位，社会中的一切活动都是以人为主体进行的。因此，任何活动都离不开人与人之间的交往。创业活动也不例外。企业本身就是要依靠人才能运作起来，单凭创业者一个人是难以成功的。要运作好企业不仅需要协调好企业内部成员的关系，也需要协调好企业与顾客、社区、政府、社会的外部关系。为此，有意识地培养与他人的协作能力是创业者获得他人和社会支持的重要前提条件，对创业者事业成功具有重要的积极作用。我们所从事的创业活动离不开社会，我们每个社会成员都与其他成员有着千丝万缕的联系。因此，创业活动虽然是个体的实践活动，但更是社会性的活动，这种活动是在人与人之间交往、配合和协调中发生发展并取得成功的。所以成功的创业者大都是出色的社会活动家。他们善于与各种人打交道，积极主动地与人交往、交流、合作、互助，并在此过程中取人之长、补己之短，获取各方面信息。大学生在创业中必须摒弃狭隘自私的观念，学会与他人合作，这是一种能设身处地为他人着想、善于理解他人的心理品质，是创业者事业成功的重要支持力量。我们特别强调创业者的人际协调能力与社会交往能力，其潜质就在于培养个体的合作性。这与创业者自身不依附于他人、独立思考、自主行动的独立性心理品质并不矛盾，二者相辅相成、交互作用，在创业实践活动中发挥着重要的调节作用。

在创业活动中，我们必然要与各种各样的人打交道。不仅在公务交涉、业务往来中要与人打交道，而且在各种各样的场合中都会与各种人交往和接触。刚刚走向社会创业的大学生，缺乏社会生活阅历，面对日益激烈的竞争和挑战，更需要获得诸多信息、知识和技巧，也需要更为广泛的人际交往。要想实现自己的创业目标、使创业活动正常进行，就一定要学习人际交往的技巧与知识，提高人际协调能力，这不仅是适应社会生活的需要，也是创业活动中必不可少的基本功，更是创业活动正常进行的必要条件。特别是在现代企业管理中，越来越强调组织内外的人际协作和团队精神的培养和铸造，强调组织与公众、社会之间的双向平衡，因而对创业者的人际协调能力提出了更高更迫切的要求。

为此，创业者要在具体的创业实践中有意识地培养自己的人际交往与沟通能力，学会人际交流和沟通的技巧和艺术，在积极的人际交往中争取他人的合作与支持，获得理想的人际关系效果。

此外，创业的过程必定是与社会不断协调的过程，公共关系作为一种客观存在的社会关系必然与政治、经济、文化、法律关系等一起与企业的生存和发展相伴始终。在众多的社会关系中，公共关系因其以信息传播为特征从而具有强烈的渗透性，即在所有的社会关系中都会有所体现，所以，创业过程中处理企业所处的各种复杂的社会关系的过程也是人际协调能力充分展现的过程和公共关系发挥作用的过程。这就要求创业者在提高人际协调和社会交往能力的同时，还要注意不断提升自身的公关能力，增强公关意识和公关素质。作为中国当代企业家，必须要善于同各种各样的人打交道，学会处理企业内部和外部的各种关系，在千丝万缕的关系网中寻求企业生存发展的途径，这也是文化背景对中国企业家的具体影响和要求。只有这样，才能赢得“天时地利人和”的创业环境。另外，在现代经济生活中，谈判是无处不在、无时不有的，每一项需要的满足，都可能诱发谈判。而创业过程中的各种问题更离不开谈判。如果创业者谈判无术，往往会使自己的事业经营处于劣势地位，发展受到限制。因此，艺术生创新创业者在提高自身的人际协调能力时，特别要注意锻炼与培养自己的谈判策略和语言技巧，以便更好地争取切身利益，达到创业目的。

总之，艺术生创新创业能力是一种多方面的综合能力，除以上三方面能力之外，还包括其他许多方面的能力，这些能力共同构成了创业成功的充分条件。例如，学习能力，是人们获取知识的能力，学习也是我们获取知识的主要途径。可以说，当今的经济活动无一不与知识的获取与运用有关。这就要求人们不断地学习和掌握人类最先进的知识和技能，才能有效地从事各类经济活动。而对于创业者而言，这一点显得更为重要。对于创业的大学生们来说，学习能力的培养更应强调将所获取的知识转化于实践应用方面。强调理论联系实际、学以致用。只有把所学知识不断地转化应用于实践，并在实践中去扩展，才是提高学习能力的重要方法，也才能从根本上提高大学生的创业能力。

第四节　创业心理素质

素质是个人身心条件的综合表现，是个人生理、心理结构及其机能特点的总和。良好的创业心理素质是创业成功的必备条件。所谓心理素质是指人们在心理活动方面的能力，即应付、承受及调节各种心理压力的能力，并主要表现在人们的情绪及其行为的稳定性方面。从某种程度上看，心理素质与人的性格、气质之间是一种相互作用的关系，它是个性心理特征在个体应付外界压力时的具体表现，如紧张、痛苦、胆怯、自卑、害羞、难堪、愤怒、嫉妒、失意、抑郁、孤独、恐怖、误解、渴望等等，都会成为人们可能承受的心理压力。而对于这些压力人们所进行的心理活动，即对于压力的认识，由此认识所产生的情绪，以及经过调节或控制最终付诸行动的表现，恰恰反映着人们的心理素质特点。也正是由于这种心理活动水平的不同，才使得人们在心理素质上有所差异。创业是艰苦的，不仅会遇到各种各样的困难，而且还有失败的可能，所以在创业过程中拥有良好的创业心理素质是必需的。创业者应该能够正确地了解自己，正确地认识社会，认识到创业的艰难，形成谦虚、豁达、坚韧不拔的创业心理素质。

从某种角度上看，影响一个人能否成功的重要因素不仅在于他的学识及能力，也决定于他的心理素质水平。超脱、乐观、开朗、镇定自若，慌乱、束手无策、缩手缩脚，等等，都从不同方面反映了人们心理素质的状况。从中不难发现，心理素质对人的影响。一些美国心理学家的追踪研究表明：成就最大与最小者之间的差异不在于他们的智力水平，而在其心理素质方面的某些特点，如是否有自信心、坚持性、不屈不挠、不自卑等良好的意志、性格品质。确实，心理素质不仅决定着一个人在个性、气质等方面的特点，还将对人在处理各种问题，应变各种事件，以至于事业上的发展，产生重要影响。

艺术生创新创业者创业心理素质的培养与塑造应注重以下几个方面：

一、创业成就动机

动机是激发和维持个体进行活动，并导致该活动朝向某一目标的心理倾向或动力。动机与需要是紧密相联系的。需要在主观上常以意向和愿望被体验着，模糊意识到的、未分化的需要称为意向，明确意识到并想实现的需要叫愿望。如果愿望仅停留在头脑里，不把它付诸实际行动，那么这种需要还不能成为活动的动机。只有当愿望或需要激起人进行活动并维持这种活动时，需要才成为活动的动机。成就动机（achievement motivation）是一个人追求成就的内在动力，是指人们在完成任务的过程中力求获得成功的内在动因，亦即一个人对自己认为重要的、有价值的事情乐意去做并努力达到完善地步的一种内部推动力量。成就动机对个人发展和社会进步都具有重要作用。创业成就动机就是指个体在完成创业任务时力图取得成功的动机。

心理学家麦克莱兰等人对成就动机进行了系统的实验研究，并提出了相应的成就动机理论。他指出，成就动机强的人对学习和工作都非常积极，能够控制自己不受环境影响，并且能善于利用时间。成就动机得分高的人比得分低的人更会取得优良的成绩。麦克莱兰把成就动机看作决定个体行为的根本原因，并且将一个民族的成就动机看作社会经济的决定力量。他的一项研究证实了成就动机高的人比成就动机低的人更有可能成为企业家。研究中他评估了一组成就需要高低不同的人，然后再追踪调查，结果发现：处在企业家职位上的人，83%在成就需要成绩上得高分；相反，在不是企业家的人群中，只有23%的人有高成就需要。心理学研究发现，个体的成就动机中含有两种成分：追求成功的倾向和回避失败的倾向。一般认为，成就动机较高的人喜欢选择富于挑战性的任务，其追求成功的倾向大于回避失败的倾向；成就动机水平较低的人则回避困难任务，表现出更关心回避失败的特点。个体对成果的归因，对自我的认知评价以及目标定向都与其成就动机水平有密不可分的关系。成就归因方面，高成就的人常把以往的成功归因于能力与努力，而把失败归因于缺乏努力；低成就的人则会把以往的失败归因于缺乏能力，而把成功归因于外在原因，如运气。个体对自我的认知评价，主要集中在自身能力的评价上。凡是对自身能力水平评价较高的人，一般也会具有较高的成就动机。个体对目标的定向有两种方式：一种定向以提高自身能力为目的，多选择富于挑战性的任务来做；另一种则以证明自身能力为目的，这种定向会使个体回避挑战性的任务。在成就动机水平上，前者的水平更高一些，具有更多的追求成功的倾向，后者则多为回避失败。一般来讲，成就动机水平较高者都具有以下特征：喜欢中等程度、富于挑战性的任务，并且会全力以赴地获取成功；目标明确，并对之抱有成功的期望；精力充沛，探新求异，富有开拓精神和创新性，他们总是力图将每件事做得尽可能好；选择工作伙伴以高能力为条件，而不是以交往的亲疏关系为前提；有责任心，他们喜欢对自己的行为负责；反馈对高成就动机的人十分重要，因为他们总想知道自己做的结果如何。

成就动机作为一种获得成就的驱动力量，对个人的发展无疑具有积极的推动作用。早期的研究发现，高成就动机的个体在现实生活中多能获得成功，其中表现最为突出的是事业与职业上的成功。因此，创业成就动机应成为艺术生创新创业素质的一个重要方面，提高大学生的创业素质，必须首先增强和培养大学生的创业成就动机。心理学研究表明，成就动机是一种社会性动机，大学生的成就动机差异既不是先天遗传，也不是生理需要，而是在后天教育的影响下，在与他人交往的社会活动过程中逐步形成的，这就为教育培养和训练加强大学生的创业成就动机提供了可能与保证。大学生作为高级人才的后备力量，其创业成就动机的高低直接制约和影响着他们的成功与成才，我们应大力加强后天的培养和教育，充分激发大学生的创业成就动机，使他们以成功创业为目标，在面向现代化、面向世界、面向未来中努力做出更大的成就。

为此，应教育大学生以学业进步、创业成才为奋斗目标，而不应以考试过关为学习目的，以提高和增强其创业成就动机。学校加强大学生成就动机的教育与训练可采取以下两种方法：一是引导个体在预先设定的领域中获得高成就。引导过程中，主要培养个体的特定技能与能力；二二是帮助个体形成追求成就的倾向与态度，具体行为目标由个体自己确定。此外，创业者只有对所从事的创业活动产生浓厚的兴趣，才会激发创业的情绪情感，产生创业的需要，从而转变为创业的自觉行动。日本一位著名经济学家对 80 多位企业家进行调查，结果发现，他们所有人都表现出很高的创业动机和强烈的自我实现欲望。无数创业成功者的实践表明，创业者的创业兴趣不仅能转化为创业动机，而且也能促进创业智能的发展，达到提高创业成效的目的；反之，若创业者对创业没有兴趣，创业对他而言不是一种快乐的事，而是一个沉重的包袱，那他从思想上就会对创业活动产生厌倦感，失去创业的信心与决心，从而放弃对创业成功的执着追求。因此，培养艺术生创新创业者超常的创业欲望与兴趣，也是加强创业成就动机教育的有效途径，应注意形成家庭、学校与社会等环境因素的合力，这一点是至关重要的。

二、创业思维

创业从某种意义上说就是创造财富（物质财富与精神财富），只有适应社会的发展和时代的要求，为社会、为他人创造出更多的财富，满足社会和人们的需要，才能把自己的人生价值转化为财富，才能在这种创造财富的过程中找寻到满足感，达到自我实现。

而人类创造的一切物质财富和精神财富，都是人们在长期实践活动中通过思维活动，特别是创造性思维活动形成和积累起来的。不论从事何种职业，不管是否情愿，当今的时代都对各行各业的人们提出了善于思维的要求，只有做到勤奋加思考，使自己成为一个具有创造性思维能力的人，才能使自己在事业上有所成就。对处于时代浪尖的艺术生创新创业者而言，更要注重加强自己的创业思维训练与培养，不断为创业成功注入新的活力。

（一）思维

思维是一种高级的认识活动，是人脑对客观现实的概括的、间接的反映。人的思维是以感觉和知觉为基础的一种更复杂、更高级的认识过程，它所反映的是客观事物的共同的本质特征和内在联系。借助于思维，人的认识能够从个别中看到一般，从现象中透视本质，从偶然中洞察必然，从现存的事物中推测过去，预见将来。

1.思维的分类

思维可以从不同角度进行分类。

（1）根据思维探索答案的方向，可把思维区分为聚合式思维（convergent thinking）和发散式思维（divergent thinking）

聚合式思维是把问题所提供的各种信息聚合起来得出一个正确的答案（或一个最好的解决方案）。其主要特点是求同。

发散式思维是指从一个目标出发，沿着各种不同途径去思考，探求多种答案的思维。其主要特点是求异。这种思维是无一定方向和范围，不墨守成规，不囿于传统方法，由已知探索未知的思维。流畅性（fluency）（思维敏捷、反应迅速而众多）、变通性（flexibility）（思维灵活、能随机应变，举一反三、触类旁通）、独创性（originality）（对问题能提出超乎寻常的独特见解）是发散式思维的三个主要特征。

（2）根据思维的创新程度，可分为常规性思维和创造性思维

常规性思维是指人们运用已获得的知识经验，按现成的方案和程序，用惯常的方法，固定的模式来解决问题的思维方式。

创造性思维是指以新颖、独创的方式来解决问题的思维，是人类思维的高级过程。许多心理学家认为，创造性思维是多种思维的综合表现。

我们认为，创造性思维是构成创业思维的重要成分，创业作为一种创造活动，是发散式思维和聚合式思维统一的结果。在创业思维活动的过程中，发散式思维与聚合式思维二者相辅相成，是互为前提、互相促进、辩证统一的两个方面。

2.思维过程的特点

思维过程的特点表现在以下几个方面：

（1）思维的深刻性

这是指考虑问题时，善于把握事物的本质。有的人善于提出问题，善于通

过现象揭露事物的本质，善于从个别中看到一般，从偶然中洞察必然，考虑问题深刻；有的人不善于区分主要的东西和次要的东西，不善于区分现象和本质，即不善于提出问题，也不善于思考问题；而更多的人则介于两者之间。

（2）思维的灵活性

这是指善于在各种情况下具体地解决各种具体的问题。有的人善于根据具体情况灵活而迅速地解决问题，有的人拘泥于一种解决方案。

（3）思维的逻辑性

这是指思维过程进行的性质是否符合客观事态的逻辑顺序。有的人思维具有严密的逻辑性，有的人解决问题缺乏逻辑性。

（4）思维的独立性

这是指考虑问题时是否有自己的独立见解。有的人不迷信权威，不易受暗示，能严肃地对待各种意见；有的人易受暗示，人云亦云，无独立的见解。

（二）创造性思维

创造性思维伴随所有创造活动过程的始终，创业活动尤其离不开创业者的创造性思维。对于创造性思维过程的分析，最有影响的理论是沃拉斯（J. Wallas）提出的四阶段理论。他认为与创造活动相联系的创造性思维过程可分为准备期、酝酿期、豁朗期和验证期等四个阶段。与平常人相比较，富有创造力的人的思维具有高度的流畅性、变通性、独特性与敏感性等特征。

创造性思维是在一般思维的基础上发展起来的，它是后天培养与训练的结果。培养大学生的创造性思维应注意改变传统的评定学习成绩的观念，鼓励其创造性行为。要培养大学生的发散思维能力。可从培养其思维的独创性、流畅性和灵活性入手，着重启发学生从不同方面对同一问题进行思考；引导学生参加创造性活动，如组织学生参加创业计划大赛、科技小组、兴趣小组、文艺小组等，均是启发大学生创造性思维、培养其创造力的重要途径。作为创业者，大学生应在实践中有意识地培养和提高自己的思维品质，克服从众心理、突破思维定势，摆脱习惯性思维、权威思维、书本思维以及其他种种思维障碍的束缚，开展有目的、有重点的思维培养和训练，特别是要着力加强创造性思维的训练与培养，在日常生活和教学实践中，注意在发展聚合式思维的同时，加强发散式思维的培养。要善于不断学习、积累和运用知识经验，并熟练掌握逻辑思维和创造性思维方法，注意与他人交换意见，参加集体讨论，以激发和培养自己的创业思维与灵感。

三、创业意志

创业者需要具备并保持旺盛的斗志和充沛的精力与动力，以克服自身的惰性，管理新创企业并推动其成长。因此，是否能够保持旺盛的斗志和充沛的精力，是准备创立企业的人们所必须考虑的问题。这种旺盛的斗志体现了创业者顽强的意志品质和强大的自我控制力。在创业过程中，困难、挫折甚至失败是在所难免的。

能否战胜挫折和困难，是创业者能否取得事业成功的一个重要因素。意志是人们一切行动不可缺少的推动力量，也是人不可或缺的心理素质之一。一个人具有坚强的意志，就能调节自己的行动和精神状态，克服困难、战胜挫折，取得事业的成功；反之，则会一事无成。人们所从事的各种社会实践活动都需要一定的意志努力，越是困难的任务就越需要更多的意志努力。在实践活动中，坚强的意志既有力地推动着人们去组织和控制自己的行动，使人们按照客观需要和事物的规律从事各种活动，又会及时制止那些不符合实际要求的行动，通过克服各种困难和挫折，成功地完成所担负的任务。因此，意志在人的成才、成事中具有极为重要的作用。无论从事什么活动，没有良好的意志品质，都难以获得成功。对于富有挑战性的创业活动而言，更是如此。

（一）意志与意志行动

意志是指一个人自觉地确定目的，并根据目的来支配、调节自己的行动，克服各种困难，从而实现目的的心理过程。人对客观世界的反映并非是消极被动的，而是积极主动的。我们根据对客观事物的认识，先在头脑中确定行动的目的，然后根据这个目的来支配自己的行动，并力求实现此目的，这种心理活动就是意志。由意志支配的行动称为意志行动。意志行动是有目的的行动，是人类所特有的。

1.意志行动的特征

人的行为受到意志的支配，但不是人的一切行动都是意志行动。意志行动具有以下基本特征：

（1）意志行动是有目的的行动

意志行动的目的性特征是人和动物的本质区别。人在活动之前，活动的结果已经作为行动的目的而观念地存在于人脑之中了。在活动中，方法的选择、步骤的安排等始终从属于目的，并以预先所确定的目的作标尺来评价自己活动的结果。因此没有目的就不会有意志行动。人的意志活动和行为始终是在有自觉目的的意志过程支配和调节下进行的，所确定的目的水平高低也与意志行动效应的大小直接有关。

（2）以随意运动为基础

人的各种运动分为随意运动和不随意运动。前者是指受到意识调节和支配的，具有一定目的方向性的或习惯性的运动，例如写字、操作电脑等。后者是指一般不受意识支配的运动，例如心脏跳动、瞳孔反射运动等。意志行动是以随意运动为基础的，否则任何目的都不可能在行动中实现。

（3）与克服困难相联系

在人的活动中只有那些与克服困难相联系而产生的意志行动才是意志行动的重要特征。例如，身体欠佳时仍坚持工作，就是一种意志行动，而饭后散步、闲时聊天等没有明显困难而言，则一般不认为是意志行动。意志行动中遇到的困难通常有两种：内部困难和外部困难。前者是指内存于人脑中的某些不利因素，如消极的情绪、信心不足等。后者是指由客观条件造成的某些不利因素，如环境恶劣、缺乏资金及必要的工作条件、他人的冷嘲热讽等。一个人在实现自觉确立的目的过程中，都有可能遇到内部困难和外部困难，正是在克服各种困难的过程中才能表现出一个人意志力量的强弱。

2.意志行动的过程

此外，意志行动有其发生、发展和完成的过程。这一过程大致可分为两个阶段：采取决定阶段和执行决定阶段。前者是意志行动的开始阶段，它决定意志行动的方向，是意志行动的动因；后者是意志行动的完成阶段，它使内心世界的期望、计划付诸实施，以达到某种目的。

（1）采取决定阶段

一般包含确定目的或目标、制定计划、心理冲突、做出决策等许多环节。目的是人的行动所期望的结果。在行动中，人期望要得到的结果，有时是很明确的，有时则不一定是明确的。有时行动想要达到的结果只有一个，无选择之余地，这时确定目的不会产生内心冲突；有时则有好几个可供选择的目的，确定目的会产生心理冲突，需要做出意志努力。目的确定之后，进一步就要选择达到目的的行动方式和方法，拟订出行动计划。对于行动的方式、方法的选择，也有各种不同情况。有时只要一提出目的、行动的方式、方法便可确定，这毋需意志努力。在通常情况下，达到目的的方式、方法也要进行选择，比较各种方式、方法的优缺点及可能导致的结果。这时也可能产生内心犹豫不决，难以下决心拟订出行动计划，因而在确定行动计划做出决策时也会产生心理冲突，也需做出意志努力。

（2）执行决定阶段

执行决定是意志行动的最重要环节。从做出决定到执行决定，在实践上往往因具体情况的不同而有所不同。有时在作出决定之后就立即过渡到执行决定阶段，有时决定是比较长期的任务或是未来行动的纲领。这样的决定并不立即付诸行动，而只是将来行动的企图。在执行决定的过程中，已确立起来的决心和信心也可能会发生动摇。如在执行决定时遇到困难，要付出大的努力与个体已形成的消极个性品质或兴趣爱好发生矛盾，或在执行决定的过程中可能产生的新期望、新意图和方法与预定目的的矛盾，或在执行决定时遇到新情况、出现新问题而人又缺乏应付和解决的技能和知识等等矛盾，都会妨碍意志行动贯彻到底，只有解决了这些矛盾才能达到预定目的。优良的意志品质，正是在克服困难的实际斗争中锻炼和培养起来的。

（二）意志的作用

意志对人行为的调节作用保证了行为目的的方向性，调节的最终结果表现为预定目的的实现。意志对行动的调节作用具体表现为对人的行为的发动和抑制两个方面。发动表现为推动人去从寄为达到预定目的的行动。如，为了完成某项工作任务，意志推动人去寻找设备、查阅资料等。意志还表现为制止与预定目的相矛盾的愿望和行动。例如，约束自己以战胜外界的诱惑和干扰，不做与目的相违背的事情。意志对行动的发动和抑制作用，在人的实践活动中是互相联系和相互统一的。为了达到预定目的，意志通过发动和抑制这两个方面，克制与预定目的相矛盾的行动，发动与预定目的的实现有关的行动，从而实现着对行动的调节与支配。意志对活动的支配调节作用，不仅限于调节人的外部动作，还可以调节心理状态，包括人的认识活动和情绪状态。例如，当学生专心致志地听课时，就存在着排除干扰的意志对注意、记忆和思维等认识活动的调节；而当运动员在比赛中向自己提出“不要慌、稳定发挥”的要求时，实际上是意志促使其镇定，表现了意志对情绪状态的调节。近年来的医学实践和生理学研究证明，经过生物反馈的训练，可以随意调节那些由自主神经支配的内脏器官的机能，如可在一定程度上调节人的心律、血压、肠胃蠕动，甚至脑电活动的节律等等。这说明意志对植物性神经所支配的内脏活动也有着一定的调节作用。

（三）意志品质及其培养

1.意志品质

俗话说：“人生逆境十有八九。”人在意志行动中，执行已经做出的决定，实现既定的目标，并不是一帆风顺的。因为在实际执行决定过程中常常会遇到这样那样的困难和挫折。此时，人常常会表现出紧张、彷徨、不安和焦虑等心理状态。而一个人的崇高理想、坚定信念和坚定不移的意志努力是有效克服各种困难的重要心理因素。一个人只有当彻底战胜各种内外困难和挫折，有效地改变主观或客观的现实，最后实现预定的目的时其意志行动才能胜利完成。意志行动在不同人的身上表现各有不同。有的人能独立地采取决定，而有的人则易受暗示；有的人处事果断，有的人则优柔寡断等等。构成一个人行为特点的稳定因素的总和就是意志品质。人们的意志品质存在着巨大的个别差异。主要的意志品质有：独立性、果断性、坚韧性和自制力。

（1）独立性

独立性表现为一个人自己有能力作出重要的决定并执行这些决定，有责任并愿意对自己的行为所产生的结果负责，深信这样的行为是切实可行的。它与理智地分析和吸取他人的合理意见是相联系的。具有独立性的人对于自己的决定和执行这些决定是经过理智思考的。

与独立性相反的意志品质是受暗示性，具体表现为盲从、没有主见，很容易受他人的影响。易受暗示性的人的行为动机不是从自己已形成的观点和信念产生的，而是受他人影响的结果。

（2）果断性

果断性表现为善于迅速地辨明是非，能及时地坚决地采取决定和执行决定。果断不同于轻率。它是以充分的根据、经过周密思考为前提的。果断的人对自己的行为目的、方法以及可能的后果，都有深刻的认识和清醒的估计，所以当事态发展到最紧急的关头，能当机立断，及时行动，毫不动摇，毫不退缩。

与果断性相反的意志品质是优柔寡断。优柔寡断者的显著特点是无休止的动机冲突。在采取决定时，迟疑不决，三心二意，到了紧急关头只好不假思索，仓促决定，做出决定后又反悔，甚至开始行动之后还怀疑自己决定的正确性。优柔寡断是缺乏勇气、缺乏主见、意志薄弱的表现。

（3）坚韧性

坚韧性表现为对行动目的的坚持性，并能在行动中保持充沛的精力与毅力。具有坚韧性意志品质的人，不仅善于克服和抵制不符合行动目的的主客观因素的干扰，做到目标专一，始终不渝，直到实现目的；而且能在行动中做到锲而不舍，百折不挠，勇于克服各种困难和挫折。坚韧性是人的重要意志品质，一切有成就的人都具有不屈不挠地向既定目标前进的坚韧意志品质。

与坚韧性相反的意志品质是动摇性和顽固性。动摇性是遇到困难便怀疑预定的目的，不加分析便放弃对预定目的的追求。这种人不善于迫使自己去达到预定的目的，偶遇挫折便望而却步，做事见异思迁，虎头蛇尾。顽固性是指只承认自己的意见或论据，当实践证明其行动是错误时仍固执己见、自以为是、一意孤行，因而往往受到客观规律的惩罚。动摇性和顽固性虽然表现形式不同，其实质都是不能正确对待行动中的困难，都属于消极的意志品质。

（4）自制力

自制力是指在意志行动中能够自觉、灵活地控制自己的情绪，约束自己的动作和言语、思想和行动等方面的品质。它反映着意志的抑制功能。在意志行动中，与目标不相一致的欲望的诱惑、消极的情绪（如厌倦、懒惰、恐惧）等都会干扰人做出决定和执行决定。易冲动、意气用事、不能律己、知过不改等，都是缺乏自制力、意志薄弱的表现。

应该注意的是，意志品质都有其自身的具体内容而不应抽象看待。对于意志品质的评价，应从社会和道德角度与意志品质的具体内容相联系进行。由于上述意志品质之间是相互联系的，因此缺少其中任何一种品质，都会在人的性格上带来某种缺憾。

2.意志品质的培养

优良的意志品质不是先天具有的，而是后天学习、实践、培养和锻炼的结果。我们建议大学生可从以下几方面进行：

（1）树立远大的理想和志向，保持正确的行动目标

人的意志行动是为了实现预定的目的，培养一个人的优良的意志品质，首先就是要树立正确的行动目的。只有高尚的目的、远大的理想和志向，才会使人在行动中克服各种困难险阻。理想和志向是一种巨大的推动力量。要把远近目的有机地结合起来，既要看到近期目的是为了实现远大目标的一个具体步骤，也要看到具体行动的深远社会意义。由于行动自觉性的提高，就会在远大理想的指引下胜不骄、败不馁，再接再厉，以达到最后的目的。艺术生创新创业，必须要有明确的行动目标和投身创业的远大理想和抱负，否则很容易被创业中

的困难、挫折压倒。

（2）积极参加实践活动，在具体工作中实际锻炼

一个人的意志力是在克服困难中表现的，也是在克服困难的过程中不断提高其水平的。在实现所作决定的过程中，总会遇到各种各样的困难，这是对意志品质的实际考验。因此，为了培养一个人优良的意志品质，就要组织好各项实践活动，使其能够在活动中实现意志行动，在具体工作和实际活动中克服困难，并在此过程中取得直接的经验，出色地完成任务。人们在实践活动和具体工作中，从确立目的、制定计划、选择方法，到执行决定、付诸行动，整个过程都有意志的参与。从某种意义上说，人们是在实践活动中实现着意志目的，又在实践活动中锻炼着意志品质。因此，实践活动是意志产生和发展的源泉，对意志品质的提高起着至关重要的作用。

（3）注意加强意志的自我锻炼与培养

归根结底，外因只有通过内因才能起作用。尽管社会环境、教育条件、人际关系、交往活动等对意志的培养都有重要影响，但他们都必须通过自我修养和自我锻炼才能真正起作用。因此，培养优良的意志品质，要特别注意加强意志的自我修养与锻炼。为此，要不断提高自我认识，加强自我监督和自我控制，善于自我激励，通过持续的努力和培养逐步形成自己优良的意志品质。

四、创业个性特征

（一）个性的概念和基本特征

个性是指一个人整个心理面貌和心理方面的特质，是具有一定倾向性的各种心理特征的总和。它是多侧面、多层次、复杂的统一体。个性的心理结构包括个性倾向性和个性心理特征两大部分。前者是人进行活动的基本动力，是个性结构中最活跃的因素。它决定着人对现实的态度，决定着人对认识活动的对象的趋向和选择，被认为是以人的需要为基础的动机系统，主要是在后天的社会化过程中形成的。后者是指一个人身上经常地、稳定地表现出来的心理特点。

它是个性结构中比较稳定的成分。在个体心理发展过程中，这些心理特征较早地形成，并不同程度地受生理因素的影响。一般认为，个性具有如下基本特征：

1.整体性

个性是一个统一的整体结构，是人的整个心理面貌。每个人的个性倾向性和个性特征并不是孤立的，它们相互联系、相互制约，组成一个完整的个性。

2.独特性

俗话说："人心不同，各如其面。"许多心理学家也都强调了个性的独特性。因为个性是在遗传、环境、成长和学习许多因素影响下发展起来的。这些因素和因素之间的相互关系都不可能是完全相同的。

3.稳定性

个性是指一个人的比较稳定的心理倾向和心理特性的总和。人在行为中的偶然表现不能表征他的个性，只有在行为中比较稳定经常表现出来的心理倾向和心理特征才能表征他的个性。例如，一个处事稳重的人，偶然表现出轻率的举动，不能由此说他具有轻率的性格特征。个性具有经常性、稳定性，"江山易改，本性难移"，形象地说明了个性的稳定性。

4.社会性与生物性

人的个性不仅受生物因素的制约，而且受社会因素的制约。在个性形成和发展过程中，既有生物因素的作用，也有社会因素的作用。不能将个性的形成和发展原因归结为一种因素，也不能将这两种因素的作用等量齐观。生物因素只给个性发展提供可能性，社会因素才使这种可能性转化为现实。如果离开人类的社会生活，人的正常心理就无法形成和发展，人在社会交往中，逐渐形成和发展自己的个性。

（二）创业个性特征

无数创业成功者的实例说明，创业不仅与创业者的知识、能力有关，而且和其个性特征息息相关。国外曾有人对著名创业家的个性进行分析，发现他们的个性特征往往与众不同。例如，他们中的多数人都表现出冒险、独断、自信、专心致志、坚韧不拔、富有怀疑和批判精神等个性特征。因此，要成为一个创业者，我们就应充分利用个性的社会性及可塑性特征，通过后天的学习、培养和锻炼，不断塑造自身勤奋、豁达、谦逊、坚毅、自立、自信、自尊、自强、富于首创精神等有助于创业成功的优良个性特征与品质。我们认为，在创业者的个性特征中，自信是影响个体创业成功与否的基本因素，也是其他个性特征形成与发展的前提和基础，更是创业者取之不尽的强大动力之源。自信心对一个人的心理素质发展起着不可估量的作用，它是对心理素质诸多方面具有决定性的因素，因此在个性特征的后天培养和训练中占有十分重要的地位，应着力加以培养和提高。

（三）自信的培养

自信是个体个性心理结构中起驱动作用的一个重要因素，对个体的心理活动与心理发展均有重要作用。自信是个体对自己的积极肯定和确认程度，是对自身能力、价值等作出正向认知与评价的一种相对稳定的个性特征。它是人类心理生活中最基本的内在品质之一，也是持续个体一生的无价之宝。自信不仅是个体心理素质的重要方面，而且也会影响人才创造力及其他素质的发展，是个体成材、成功的必备条件。现代科学及大量的事实证明：自信心是一个人的潜能源源不断得以释放的精神源泉，是人们克服困难取得成功的重要保证。青年大学生是未来国家建设和社会进步的中坚力量，大学阶段是大学生即将就业、步入社会的关键阶段与最后储备期，也是其价值观形成、树立自信、培养健康自我与健全人格的重要时期。这一时期自信能否形成、稳固，直接影响到大学生的创业、就业、生活态度乃至今后整个人生。从这个意义上讲，此阶段比任何时期均更为关键和重要，特别是在强调创新教育、推进大学素质教育的今天，对大学生自信心的培养就更具现实意义。

当前的学校教育可从以下几方面来培养大学生的自信。

1.使大学生形成恰当的自我认知与评价

正确认识自己、对自身做出恰当评价具体表现为个体能够全面辩证地看待自己，有正确的自我认识，既了解自身的优势与长处，又能对自己的缺憾与弱势采取理智态度，以积极方式应对现实。自信建立在充分估价自己的基础之上，认识不到自身的潜力、低估自己或过高估价自己，均不利于自信的形成与确立。合理恰当的自我认识与评价是形成自信的基础与条件。自信的人首先能够正确地认识和评价自己，熟知自身的优势与劣势，能够正视自己的缺点与不足，并提出相应的改进措施，不怨天尤人、听之任之。

个体对自身的看法不但直接影响其行为，而且由于这种看法与其个性特征及心理健康等因素密切相关，因而会对其行为产生广泛的间接影响。能否正确认识自己、恰当地评价自己是个体建立自信的关键，其中的最大障碍还在个体自身。作为当代大学生，我们首先要学会全面认识自己、正确客观地评价自己，因为真正的自信是以真正的自我认识为前提的。一个人只有对自己的能力素质、价值及潜力予以充分认识和挖掘，进行正确估计与评价，才能有进一步发展的机会和可能，才能最终拥有健全的人格和健康的心理生活，最终走上成功之路。大学生是在与现实环境、与他人的相互关系中，在自身的实践活动中，认识自己的。一个心理健康的大学生对自己的认识，应比较接近现实、有“自知之明”，对自己的优点感到欣慰，但又不狂妄自大；对自己的弱点既不回避，也不自暴自弃，而是善于正确地“自我接纳”。客观看待自身的不足，无条件地接受自己、悦纳自己是大学生自我健康发展的必然前提。每个人都是一个独立而特殊的存在，作为有知识、有能力的大学生。更应充分发挥自身的潜能，不断增强信心，充满自信地去迎接挑战。自信心差的人，一般总是抱怨自己的愚蠢、无知与懦弱，总想着自身的缺点而对自己成功的力量和个性中好的品质视而不见。事实上每个人都有缺点和不足，也都有自己的优点与长处。为了培养自信，我们应尽力去改变自身的缺点，同时也要接受那些我们无力改变的不足之处。这是一种基本的自我接受态度，“金无足赤，人无完人”，如果某些缺点是我们无力改变的，那么为什么不安然地接受呢？同时，应学会尽量欣赏自己的长处和自身的良好品质，用赞美和欣赏来增加积极的自我意识、自我接纳程度及自我价值感，这样才会保持和增强自信，助你不断走向成功。

2.多给予正向反馈和肯定评价

从个体心理发展阶段来看，大学生正处于迅速走向成熟而又并未完全成熟的过渡期，其心理成分充满着特殊的矛盾现象，显示出明显的积极与消极心理并存及相互制约和转化的状态。其自我意识有新的发展，对自己各方面的认识大大提高，主动性增强，从着重认识外部世界转而朝向内部认识自己。与此同时，他们的自我认知与评价又并未完全成熟，处于独立性与依赖性的矛盾之中。这就需要教师加以适时引导，特别是大学低年级学生，更需要教师及时的积极肯定与鼓励来建立和稳固其自信心。研究发现：在自我意识的发展过程中，教师（特别是学生的辅导员老师）及时正确的反馈与肯定评价对个体自信的形成具有重要作用。因此，教师应利用一切可能机会与条件，注意发现个体的长处，客观公正、及时准确地评价个体行为。教师的正向反馈与积极肯定是大学生消除自卑、确立自信、形成健全人格的关键所在。事实证明，如果教师对学生有意识地多做肯定评价与正向反馈，个体就会趋向于肯定自我，形成积极的自我概念，由于教师的信任、理解与肯定，学生也会更加悦纳自己、对自己充满自信，在困难和挫折面前认为“我能行”，即使遭受失败，也能进行客观归因，而不会一味地否定自我。反之，教师的不恰当反馈与否定则很容易造成个体对自身的消极评价。因此，大学教师的评价对个体非常重要，特别是对学生起着决定性影响的教师，对个体自信的形成有着不可估量的作用。

为此，教师应重视培养个体形成积极的自我认知与评价，了解自身反馈方式经过个体自我概念折射后所产生的实际作用与意义，采取助于个体健康成长、形成个体健全人格的方略，对学生多给予积极肯定的评价与正向反馈，逐步培养和建立起学生坚强、稳固的自信心。特别要加强高校辅导员与任课教师的密切配合，改变以往“各自为政”的状况，确定统一的目标，针对学生不同特点有目的地进行训练和培养，形成自信开发的“合力”。因此，可以将以学习科研为主的课堂教学活动与发展爱好特长为主的课外兴趣小组等活动有机结合起来，创造更多给学生提供积极反馈与肯定评价的机会，有效加强多边协作，形成多渠道培养大学生自信的合力。

3.进行适度的挫折教育

大学生的心理发展正处于迅速走向成熟阶段，他们具有明确的自我观念，观察分析、解决问题的能力有了较高程度的发展；其自我评价趋于成熟，并意识到自己应该承担一定的社会义务与责任、应将所学的知识贡献给社会；于是他们便通过各种手段观察和分析自己，评价自己的才能、品格以及自己在社会中的价值，将评价结果付诸行动，从而产生一种拼搏的力量，这些特点一定程度上反映了大学生的进取心、自信心以及责任感等积极的心理品质。

与此同时，大学生的思维方式又往往带有片面性和盲目性。一些人自视甚高、盲目自信，自我评价与他人或社会对自己的评价反差很大，由此产生了个体我与社会我、理想我与现实我之间的矛盾，而这些矛盾一出现，他们就很容易烦恼、沮丧、抑郁，甚至形成扭曲的人格特征或人格障碍。现在的大学生多为独生子女，很少受到挫折和失败，加之考取大学所获得的人生成功，使他们相当自信。但是，这种建立存一帆风顺基础上的自信很可能导致狂妄自大、目空一切，使他们难以承受生活的打击。因此，有必要对大学生进行适度的挫折教育。对绝大多数人而言，人生之路绝不会一帆风顺，挫折和失败在所难免，甚至相比之下，逆境还可能更多一些。成功固然有助于自信的确立，但是培养学生自信的目的之一就是为了帮助他们正确地面对挫折与失败，使其在以后的工作和生活中，不致因为一次乃至数次失败而气馁。在顺境中通过体验成功而培养起来的自信,并不一定能保证其经得起人生的种种考验而成为生活的强者。对于那些只能经历成功而不能承受失败的学生来说，仅靠几次成功建立起来的自信心，难免不被以后的失败所击垮，持续顽强的自信是在挫折和失败中磨炼出来的。因而，要使大学生将来有所建树、有所成就，就不仅要让他们体验成功，更要让他们在学习生活中适度承受挫折，特别是对那些相当自信的学生进行一些挫折教育，利于他们以良好的心理素质应付各种挑战。因此，高等教育实践中要创设一定情境，让大学生体味挫折与失败，使他们在不断超越与战胜自我中建立起真正稳固的自信心。适度的挫折教育是大学生建立真正坚实稳固自信的必要条件与保证。

此外，具体的创业实践也是磨炼与提高大学生自信心的重要途径。只有通过现实情境的锻炼而形成的自信心才是真正稳固坚强的自信力。相信创业成功的体验对大学生自信心的强化和稳固作用是任何其他渠道或方式所无法比拟的。

总之，大学生的创业心理素质是可以通过后天的努力培养和提高的。特别应注意的是，社会实践和勤奋努力对创业心理素质的影响是非常积极而重要的。你不仅要意识到这一点，还必须掌握提高创业心理素质的方法，并持之以恒地进行努力，只有这样才能使你感受到心理素质所带来的积极影响：健康的情绪状态与心境、坚强的意志、和谐的生活，充满自信地把握和创造自己的前途与未来。

最后，需要特别指出的是，艺术生创新创业者除了具备良好的心理素质外，还要有健康的体魄——身体素质。身体素质是创业者和现代企业家其他各方面能力的物质载体。健康是“1”，其他一切都是“0”。在拥有健康的前提下，其他愈多，说明人生愈富有；如果没有健康，其他再多，也是无数个零，毫无意义。天将降大任于斯人也，必先苦其心志，劳其筋骨，饿其体肤，空乏其身，行佛乱其所为，所以动心忍性，增益其所不能。创业是劳累、繁重而复杂的，它的性质和特点决定了它对创业者的身体及心理素质的要求比一般人严格得多。由于创业者需要统筹安排一切，因而总是非常忙碌，开始时创业者都凭着一股冲劲在支撑身体，但时间长了就会“透支”，从而引起许多健康方面的问题。例如，失眠、神经衰弱、胃溃疡、偏头痛等都是常见的创业者通病。创业者面临的健康问题主要来自两个方面：一是过度疲劳、体力透支；二是精神压力过大。

工作繁忙，饮食又没有规律，长此以往，再好的身体也会被拖垮；在精神方面，创业者既要应付公司的内外关系，还要处理一些意料之外的事。因此，创业者往往会感到心事重重，特别是在创业之初，各种工作千头万绪常会使创业者心烦意乱，有的甚至在强大的心理压力下陷入精神抑郁之中。因此，创业者应在心理上做好准备的同时，保持充沛的经历和健康的身体，坚持体育锻炼。科学研究表明，运动不仅能使人的整个身心产生愉悦感，而且能使大脑得到真正的休息。所以许多著名的企业家都将运动列为一生中最重要的事情。只有身体健康、精力充沛，才能使你从容应对创业中的困难与挫折、成功与失败，始终保持良好的创业精神与状态，不断迈向成功的创业顶点！

第五节　创业素质测评

一、企业家的素质与类型

企业家需要具备什么样的素质？这一直是社会学家和企业界人士倍加关注和众说纷纭的话题。其中最有影响的说法有以下几种：美国普林斯顿大学教授提出的“十素质论”认为，企业家的素质包括合作精神、决策能力、组织能力、精干授权、善于应变、敢于求新、勇于负责、敢担风险、尊重他人和德高望重；法国有研究者提出，企业家应具备专业性和才干、想象力、创造性，面向世界，具有责任感和义务感、文化适应力、社会环境意识，能洗耳恭听他人意见，具备科技能力、社交能力并要有在国际上取胜的目光。我国著名经济学家厉以宁教授强调，21 世纪的企业家必须树立新型企业家的概念，即要有新的观念、新的决策方法，并善于利用资本市场。

还有人对企业家的典型特征进行研究，归结出了以下几种类型：

（一）个人奋斗型

这种类型的企业家精力充沛、勤奋工作、不知疲倦。他们有梦想，喜欢制定目标、做计划并不择手段地去实现。他们充满责任感，以实现社会与企业理想为己任，并相信命运掌握在自己手中，只有自尊自强才能成功。他们富于牺牲精神，把自己的一切都倾注于事业之中，自我激励、富于挑战、善于启动。他们身先士卒，对企业的大小事情都要过问。此类型的老板有七项主要特征与其事业能否成功紧密相关：不达目的誓不罢休；渴望各种信息与反馈；迫切希望制定目标，形成计划以指导工作；强烈的个人主动性和启动能力；对企业抱有强烈的责任心；相信事在人为；相信只有个人目标而不是其他目标能够引导工作。

（二）专家管理型

这类企业家喜欢承担责任，崇拜权力并乐此不疲；试图通过竞争、决策、激励等正面行为去推动企业，大多充满理性，富于逻辑，长于劝说。他们往往出身于大企业，有丰富的管理经验。喜欢“以大做大”，通过探索企业管理之路达到成功顶点。他们始终相信体系的力量最强大，对许多事情缺乏灵活性，会丧失许多机会，有的会因管理过度而使企业窒息。其特征是：相信权威与组织体系的作用；愿意成为领导者、扮演决策角色；渴望权力；具有极强的竞争力；希望出人头地。

（三）专家集成型

这类企业家大多“科班”出身，受过良好的教育，自己就是专家，有一技之长，通过新产品、新思路、新技术、新市场推动企业的发展。他们富于思想，勇于创新，头脑中从来没有框框，没有一成不变的东西，是典型的理想主义者。他们通过不断创新达到成功的顶点，大多是高新技术企业的老板。但其企业稳定性差，创业风险较高。他们一般是高智商，勤于思考，勇于革新，充满创造力，作风踏实，希望避免风险，相信新产品开发是企业发展的关键。

（四）超级销售型

这类企业家始终认为人的因素是最重要的，并把大量时间和精力花在与人打交道上，所以又被称为人缘型老板。他们很注重他人的感受与反应，非常乐于帮助别人；他们合群，富于合作精神，擅长社会角色与社会工作，“关系”对他们至关重要；他们谋求推销自己与自己的企业以达到成功的顶点。用毕生精力推销自己的想法与自己的产品，并寻求其他专业人员帮助管理企业，以补充自己的不足，用人水平的高低决定其成功与否，他们常常没有原则，企业常常会陷入内部纠纷而降低效率。他们具备良好的感觉与理解能力，希望帮助别人，相信社会程序与体系是至关重要的，希望与他人保持主动良好的关系，相信销售队伍是企业成功的关键。

二、创业素质测验

创业本身是充满成就感与诱惑力的，但并非每个人都适合走创业之路。在开始创业做老板之前，你不妨先看看自己是否适合。美国创业学会设计了一份问卷，可使你在做决定之前先对自己有一个初步的了解。

1.在急需做出决策的时候，你是否在想："让我再考虑一下吧？"

经常（）有时（）很少（）从不（）

2.你是否为自己的优柔寡断找借口说："是应慎重考虑，怎能轻易下结论呢？"

经常（）有时（）很少（）从不（）

3.你是否为避免冒犯某个或某几个有相当实力的客户而有意回避一些关键性的问题并表现得曲意奉承呢？

经常（）有时（）很少（）从不（）

4.你是否无论遇到什么紧急任务，都先处理琐碎的日常事务？

经常（）有时（）很少（）从不（）

5.你非得在巨大的压力下才肯承担重任吗？

经常（）有时（）很少（）从不（）

6.你是否无力抵御或预防妨碍你完成重要任务的干扰与危机？

经常（）有时（）很少（）从不（）

7.你在决定重要的行动计划时常忽视其后果吗？

经常（）有时（）很少（）从不（）

8.当你需要做出可能不得人心的决策时，是否找借口逃避而不敢面对？

经常（）有时（）很少（）从不（）

9.你是否总是在快下班时才发现有要紧事没办，只好晚上回家加班？

经常（）有时（）很少（）从不（）

10.你是否因不愿意承担艰苦任务而寻找各种借口？

经常（）有时（）很少（）从不（）

11.你是否常来不及躲避或预防困难情形的发生？

经常（）有时（）很少（）从不（）

12.你总是拐弯抹角地宣布可能得罪他人的决定？

经常（）有时（）很少（）从不（）

13.你喜欢让别人替你做自己不愿做的事吗？

经常（）有时（）很少（）从不（）

评分标准与计分："经常"4分，"有时"3分，"很少"2分，"从不"1分。然后将所得各题分数累计相加。若得分在15～29分，说明你是一个高效率的决策者和管理者，更是一个成功的创业者；30～39分，说明你大多数情况下充满自信，但有时会犹豫不决，不可一概而论，有时犹豫是成功稳重和深思熟虑的表现；40～49分，说明你不算勤勉，应彻底改变拖沓、效率低的缺点，否则创业只是一句空话；50分以上，说明你目前的个人素质与创业者相去甚远。须用心培养和锻炼。

做了上述测验后，你还可以进行下面的自我分析：

1.你是不是认为，如果没有必要，别有太多的钱，如果有必要，别有太少的钱。

2.你妈妈让你去打酱油，而你半路上发现了自己被吹面人的手艺吸引，把买酱油的钱买了面人，结果回来挨打，但你觉得值得。

3.当你工作时，你是不是说："上帝保佑，又到星期一了。"

4.你是否有白日梦。

5.你去一个小岛上开拓皮鞋市场，当你发现岛上人没有穿鞋习惯时，兴奋地向总部回电："太好了，这个岛上的人还没穿过鞋"而不是"真失望，这里的人不穿鞋。"

6.当你考虑一个问题没有答案时，能不能换个角度，甚至从逆向角度考虑。

7.你能不能像朝鲜战争的志愿军，能抓到一个把自己背回来的俘虏。

8.小时候．你能不能看一天的蚂蚁搬家。

9.你喜不喜欢解决问题，如果不喜欢就别当老板，因为做老板每天都要解决许多非解决不可的问题。

10.你是否会感到孤独，自己的想法常常不能让别人理解。

11.上学时．是否尝试过骑自行车长途旅行。

12.对于一桩生意，绝不会认为来得太晚。

13.你对成功的理解是："试验第32次还没成功是失败，那么成功就是尝试第33次。"

14.是否认为有20%的什么。比100%什么都没有要强得多。

15.你是否受不了别人的管。不想给别人做事。

16.你是否相信，"因为不可能，所以不可能"，常人的不可能，常规的不可能。意味着更多的机会，更大的可能。

17.你是否在做好一件事之前，不考虑做另一件事。

18.你总是相信"车到山前必有路"，而义无反顾地往前走。

19.你是不是总是在看世界上有什么需要做的，然后就开始做。

20. 你想做老板，不仅仅是为了钱，因为你喜欢做这件事。

在你当企业家前可以对照一下，如果具备其中10条以上，而且有1～2条非常突出，这样你可能就比较符合当老板的条件。

当然，以上测验只是为你提供一个参考，没有绝对的含义，更不要以此来给自己"贴标签"。没有人天生就具备创业所需要的全部素质。只要你有心，自身缺乏的某些素质是完全可以通过后天的努力培养起来的。以下素质一般被认为是企业家需要培养的最重要的素质，相信对你会有一些参考和帮助：

◆灵活应用——处理新情况、寻找解决问题的创造性方案的能力；

◆勇于竞争——愿意与别人展开竞争、检验自己的实力；

◆信心十足——无论打算做什么都相信自己能成功；

◆严以律己——能专心致志，遵守时间安排和期限规定；

◆动力无穷——非常想努力实现自己的目标；

◆诚实正直——绝对讲真话、待人公正；

◆擅长组织——能合理安排生活并把任务与材料安排得井井有条；

◆坚持不懈——决不放弃，时刻牢记自己的目标，无论遇到什么障碍和挫折都能继续努力为实现自己的目标而奋斗；

◆善于说服别人——让别人理解你的想法和主张并感兴趣；

◆勇于冒险——敢于承担可能出现的损失；

◆宽宏大量——能够听取他人的意见并同情体谅他人；

◆远见卓识——在为实现自己确定的目标努力奋斗的同时能看到最终的结果是什么。

三、其他相关创业素质测评介绍

（一）创造力自我测验

1.与别人发生意见分歧时，你是（）。

a．立即做出结论付诸行动

b．冷静地从多方面进行考虑

2.你喜欢（）。

a．下围棋和象棋、打桥牌

b．看侦探小说、惊险影片

c．看滑稽有趣的闹剧

3.老师和长者教育你要这样那样之后，你是（）。

a．原封不动地接受

b．有些疑问或想法

c．同自己原有的想法结合起来

4.你对智力游戏（）。

a．不喜欢

b．无所谓

c．很喜欢

5.你买东西回来后（）。

a．总是直接使用（S）

b．常在某个地方稍作改变或加一些什么东西然后使用（N）

6.针对眼前的某件东西（例如烟灰缸）你能想出它还可以有其他新用途？

a．3 个以上（S）

b．10 个以上（N）

C．20 个以上（K）

7.工作学习有困难时，你是（）。

a．放弃初衷（s）

b．请教别人（N）

C．尽量自己解决（K）

8.你的业余生活是（）。

a．喜欢猜谜语和答难题（K）

b．喜欢玩弹子（S）

9.刷牙时发现牙出血，（）。

a．怨牙刷不好（S）

b．担心是牙周炎（N）

C．想办法使牙不出血（K）

10.当有人向你提出没有用的提案时，（）。

a．告诉他这个提案的缺点与错误（S）

b．看看这里还有没有可取之处（N）

C．问他还有没有别的提案，鼓励他多提（K）

评价标准：（K）多是最好的，（N）多也不错，（S）多就说明创造力差些。

（二）发散式思维能力自测题

1.请你写出所有你能想到的带有“土”字的字。写得越多越好。（5 分钟内完成）

2.请你用数字或字母，以各种数学运算形式来完成“1=？”这一等式。写得越多越好。

3.请你用三条直线，一个任意三角形，组成各种有意义的图案，并写出各自的名称。（10 分钟内完成）

4.请你举出包含三角形的各种物品。（5 分钟内完成）

5.请你写出砖的各种可能用途。

（三）自信心测验

下面是一份关于自信心的心理问卷，其中所涉及到的测验项目，都是与自信心有关的实际生活问题。希望借助此问卷来增加我们对自信及其表现的理解和把握。

根据你的实际感觉，在题目后的“像我”或“不像我”栏上画上相应的“对号”，选择无所谓对与错，只要符合你自己的实际感受和实际情况即可。

1.我一般不会遇到麻烦事。像我不像我

2.我觉得在众人面前讲话是很困难的。像我不像我

3.如果可能，我将会改变我自己的许多事情。像我不像我

4.我可以轻而易举地做出决定。像我不像我

5.我有许多开心的事做。像我不像我

6.我在家里常常感到心烦。像我不像我

7.我适应新事物较慢。像我不像我

8.我与我的同龄人相处得很好。像我不像我

9.我家里的人通常很关心我的感情。像我不像我

10.我常常会做出让步。像我不像我

11.我的家庭对我的期望太多。像我不像我

12.我是个很麻烦的人。像我不像我

13.我的生活一团糟。像我不像我

14.别人通常听我的话。像我不像我

15.我对自己的评价不高。像我不像我

16.我有许多次想离家出走。像我不像我

17.我常常觉得我的工作很烦。像我不像我

18.我不像大部分人长得那么漂亮。像我不像我

19.如果我有什么话要说，我通常是说出来的。像我不像我

20. 我的家里人理解我。像我不像我

21.我不像大部分人那样讨人喜欢。像我不像我

22.我常常觉得我的家里人好像是在督促我。像我不像我

23.我常常对我所做的事情感到失望。像我不像我

24.我常常希望我是另外一个人。像我不像我

25.我是不能被依靠的。像我不像我

计分与评分标准：像我，1、4、5、8、9、14、19、20；不像我，2、3、6、7、10、11、12、13、15、16、17、18、21、22、23、24、25。你的选择若与“标准答案”一样，就得1分；不一样，则不计分。然后将你的实际得分相加后再乘以4，这即是你的“自信分”。

第六章　大学生创新创业的组织管理

第一节　创业团队类型与成员选择

华中农业大学“鱼之神”创业团队由来自该校水产学院、经贸学院、文法学院的6名优秀本科生组成。团队成员志同道合、优势互补、精诚团结、纪律严明，在发展中逐步形成了团结、执着、创新、奋进的团队精神，使得团队具有很强的凝聚力和很高的办事效率。创业团队以香鱼的繁养殖和深加工为技术依托，以“致力于为我们的顾客创造卓越的生活”为宗旨。大力推进农业科技成果产业化，发展绿色科技，向社会提供绿色优质水产品，改善与优化水产品消费结构，提高人们的生活品位。

香鱼是一种生于太平洋沿岸的名贵小型经济鱼类，因其背脊有香脂腺散发出香味而闻名，乃公认的食用鱼之珍品，日本谓之“淡水鱼之王”，在海内外享有极高的声誉。但香鱼的天然资源已近枯竭，且该鱼生态条件苛刻，繁养殖技术难度大，目前国内仅有2～3家生产单位且不具规模，国内绝大部分市场处于空白状态，因此颇具市场前景。

“鱼之神”创业团队全面论证了该产品开发的可行性，拟组建“鱼之神”绿色科技开发有限责任公司。该公司主要进行香鱼的繁养殖、休闲渔业、农业科技推广等项目的开发。主体项目建在位于湖北荆门具有较好交通及生态条件的湖北省最大水库——漳河水库。公司由创业团队、风险投资商、漳河水库管理处三方参股，由“鱼之神”创业团队负责经营管理工作。公司拟在3～5年内逐渐成为中国香鱼开发的龙头企业，在5～15年内将“鱼之神”塑造成中国绿色水产品知名品牌。

艺术生创新创业热潮滚滚，但在这份涌动的背后，有些数字却值得后来人警醒。一份统计数据显示，创业成功率只有1/5，新成立的企业只有1/5能生存

5 年或更长的时间。另一份统计显示：35%的新企业在当年就失败了，活过 5 年的只有 30%，生存 10 年的仅为 10%。创业企业失败的原因很多，最常见的有三方面：一是资金；是团队；三是运营模式。而一般的创业都是有了一个好的想法或者运营模式、看好了一个项目才开始创业。有了这些以后，首要的问题就是有一个好的创业团队，进行资金筹集使用、产品研发、市场开拓以及企业内部管理，因此，团队的组织设计尤显重要。

一、大学生创业团队的类型

一般说来，创业团队大体上可以分为三种：星状创业团队（star team）、网状创业团队和从网状创业团队中演化来的虚拟星状创业团队（virtual star team）。

（一）星状创业团队

一般在团队中有一个核心主导人物（core leader），充当了领军的角色。这种团队在形成之前，一般是核心主导人物有了创业的想法，然后根据自己的设想进行创业团队的组织。因此，在团队形成之前，核心主导人物已经就团队组成进行过仔细思考，根据自己的想法选择相应的人物加入团队，这些加入创业团队的成员也许是核心主导人物以前熟悉的人，也有可能是不熟悉的人，但其他的团队成员在企业中更多时候是支持者角色（supporter）。

这种创业团队有几个明显的特点：

◆组织结构紧密，向心力强，主导人物在组织中的行为对其他个体影响巨大。

◆决策程序相对简单，组织效率较高。

◆容易形成权利过分集中的局面，从而使决策失误的风险加大。

◆当其他团队成员和主导人物发生冲突时，因为核心主导人物的特殊权威，使其他团队成员在冲突发生时往往处于被动地位，在冲突较严重时，一般都会选择离开团队，因而对组织的影响较大。

这种组织的典型例子比如：太阳微系统公司（Sun Microsystern）创业当初就是由维诺德·科尔斯勒确立了多用途开放工作站的概念，接着他找了 Joy 和 Bechtolsheim 两位分别在软件和硬件方面的专家，和一位具有实际制造经验和人际技巧的麦克尼里（McNeary），于是，组成了 SUN 的创业团队。

（二）网状创业团队

这种创业团队的成员一般在创业之前都有密切的关系，比如同学、亲友、同事、朋友等。一般都是在交往过程中，共同认可某一创业想法，并就创业达成了共识以后，开始共同进行创业。在创业团队组成时，没有明确的核心人物，大家根据各自的特点进行自发的组织角色定位。因此，在企业初创时期，各位成员基本上扮演的是协作者或者伙伴角色（Partner）。

这种创业团队有几个明显的特点：

◆团队没有明显的核心，整体结构较为松散。

◆组织决策时，一般采取集体决策的方式，通过大量的沟通和讨论达成一致意见，因此组织的决策效率相对较低。

◆由于团队成员在团队中的地位相似，因此容易在组织中形成多头领导的局面。

◆成员之间发生冲突时，一般都采取平等协商、积极解决的态度消除冲突。团队成员不会轻易离开。但是一旦团队成员间的冲突升级，使某些团队成员撤出团队，就容易导致整个团队的涣散。

这种创业团队的典型例子：微软的比尔·盖茨和童年玩伴保罗·艾伦，HP 的戴维·帕卡德和他在斯坦福大学的同学比尔·体利特等多家知名企业的创建，多是先由于相识和相融的关系，基于一些互动激发出创业点子，然后合伙创业。这种例子比比皆是。

（三）虚拟星状创业团队

这种创业团队是由网状创业团队演化而来，基本上是前两种的中间形态。在团队中，有一个核心成员，但是该核心成员地位的确立是团队成员协商的结果，因此核心人物某种意义上说是整个团队的代言人，而不是主导型人物，其在团队中的行为必须充分考虑其他团队成员的意见，不像星状创业团队中的核心主导人物那样有权威。

二、大学生创业团队的成员选择

要想获得创业的成功，不管上述何种类型的创业团队，都必须在创业前慎重选择成员。只有适合创业企业的成员才被吸收进入创业团队，进行企业的管理运作。不适合的人不应该被拉进创业团队，否则会给企业的管理以及发展带来巨大的潜在危害性。在团队初始组成时，选择成员必须要注意的问题有：

（一）团队成员加入的目的

根据马斯洛的需求层次理论，我们知道人的需求大体上可以分为 5 个层次：生理需要，安全需要，社交的需要，尊重的需要，自我实现的需要。团队成员基于哪个层次的需要而加入团队，对其在组织中的行为方式起着决定性作用。比如，对一个目前还缺乏基本生活保障的人来说，更注意组织获利能力，更迫切地想赚钱养家糊口，这就有可能导致企业逐利的短期行为；而基于自我实现需要的成员，更注意企业的未来发展，想把事业做大，充分发挥自己的能力，企业对他来说是实现抱负的最好舞台，因此，更注重组织战略目标的确定和执行。

（二）团队成员的知识结构

在一个创业团队中，成员的知识结构越合理，创业的成功性越大。纯粹的技术人员组成的公司容易形成技术为主、产品为导向的情况，从而使产品的研发和市场脱节；全部是市场和销售人员组成的创业团队缺乏对技术的领悟力和敏感性，也容易迷失方向。因此，在创业团队的成员选择上，必须充分注意人员的知识结构——技术、管理、市场、销售等等，充分发挥个人的知识和经验优势。

总之，应建立优势互补的创业团队。“主内”与“主外”的不同人才，耐心的“总管”和具有战略眼光的“领袖”，技术与市场两方面的人才都不可偏废。

（三）团队成员的性格、个性、兴趣

大多数网状创业团队在形成时，都没有注意成员的个性特征。一些因为私交很好而在一起的伙伴，例如朋友、同事、同学、校友、亲戚等，多是由人际关系来寻找共同创业的伙伴，或是有相似的理念和观点，例如具有相近技术研发背景的人，基于对某一技术的狂热而结合。在创业初期，大家同甘苦，共患难，怀着满腔的创业热情而工作，在这种情况下，团队成员在性格上的差异和处理问题的不同态度就容易被掩盖，从而表现出不同的行为方式。而一旦企业发展到某个阶段的时候，由于个性冲突导致的矛盾就会激化，使创业团队出现裂痕，严重地还会导致团队分裂。而如果创业团队里有总能够提出建设性、可行性建议的和一个能不断地发现问题的批判性的成员，对于创业过程将大有效益。

（四）团队成员的价值观念

在一个创业团队中，成员的价值观念和道德品质决定了今后企业文化的形成。甚至可以说，在企业文化最初源头就是企业创始人自身价值观念和道德品质的体现。有的人诚信为本，有的人利益至上；有的人“天下兴亡，匹夫有责”，具有极强的社会责任感；有的人“事不关己，高高挂起”，只求独善其身。一个人的价值观念很难改变，因此，在创业团队形成之前，必须通过深入的交流和充分的了解，价值观念相近、个人素质较高的人在一起组成的团队，创业的成功性更大。

（五）创业激情

作为创业企业核心成员的首席执行官还有一点需要特别注意，那就是一定要选择对项目有热情的人加入团队，并且要使所有人在企业初创就要有每天长时间工作的准备。任何人才，不管他（她）的专业水平多么高，如果对创业事业的信心不足，将无法适应创业的需求，而这样一种消极的因素，对创业团队所有成员产生的负面影响可能是致命的。创业初期整个团队可能需要每天有 16 个小时在不停的工作，甚至在做梦的时候也会梦见工作。

第二节　创业团队组织结构选择

良好的组织是艺术生创新创业团队成功的保障。一家工商企业、一个非营利性机构或者一个公共机关，都要把总体的任务分配给各个成员、各个部门去承担，建立起它们之间相互分工而又相互合作的关系，这种关系就形成了一种框架或结构。组织工作的目的，就是要建立这样一种能产生有效的分工合作关系的结构，即组织结构。

众所周知，在自然科学领域，石墨与钻石都是由碳原子构成的，构成要素一样，但两者的力量和价值简直无法相提并论。钻石为什么会比石墨坚硬？钻石为什么比石墨值钱？造成它们之间差异的根本原因就是原子间结构的差异：石墨的碳原子之间是“层状结构”，而钻石的碳原子之间是独特的“金刚石结构”。同样的道理，性能同等优良的机器零件，由于组装的经验和水平不同，装出的机器在性能上可能相差很大。一队士兵，数量上没有变化，仅仅由于组织和列阵的不同，在战斗力上就会表现出质的差异。社会化大生产中的管理组织也是这样，由于管理系统内部分工协作的不同，所建立起来的管理组织可能发挥很不相同的效能。一个组织如果内部结构很不合理，指挥失灵，人浮于事，内耗丛生，那么这样的组织结构势必难以保证组织使命目标的达成。有位管理学家这样评论，高水平的组织就如同原子核裂变一样，可以放射出像“蘑菇云”一样巨大的能量。由此不难发现组织结构之于企业就如同骨骼系统之于身体一样，是企业生存发展所不可缺少的重要条件。

一般我们认为可以有以下几种组织结构模型可供选择。

一、简单结构

一家小型零售店，一个由白手起家的企业家经营的电子公司。一个新成立的计划生育办公室有哪些共同点？其答案是这些组织都是一种简单的结构。

简单结构的最大特点是它不复杂，部门化程度很低，控制幅度低，权力集中在一个人的手中，正规化程度低。

例如，某个零售店的老板雇用了5个全日制的推销员，1名现金出纳，以及节假日工作的其他员工，经营权集中在其一人手中。这是最传统的部门划分方式。它只是为了管理方便而将完成相同任务的人员划分为几个部分，划归不同的管理者领导，因此并不体现管理的专业化分工思想。例如，军队中常按士兵的人数划分为班、排、连等。医院、消防队、航空公司和炼钢厂的基层作业常采用轮班制方式加以组织，所以将人员划分为早班、中班、夜班。

警卫和清洁工作则更多地按地点来划分人员，如片警、街区清洁队即是。这种部门划分方式考虑的是做工作的人数、时间和地点，而不管这些人做什么和如何做这些工作的内容和方法。

简单结构的优势在于它的简便易行、反应敏捷、费用低廉、责任明确。

简单结构的主要缺点在于风险性：一切都取决于一个人。事实上，一次心脏病的发作就足以破坏整个组织的信息与决策中心。

简单结构主要适用于小型组织。随着组织规模的扩大，高度集权将导致决策集中于上层，组织行动迟缓，甚至停滞，往往导致许多小企业的倒闭。如果一个组织的员工人数在50～100人之间，企业结构还不加以改变，就会失去很多发展的机会。

这种组织结构还可以用于大公司中的分支机构。例如纽考（Nucor）公司采用这种组织结构形式获得了成功。该公司是一家拥有23亿美元资产的钢铁公司，在美国的印第安纳州（Indiana）、阿肯色州（Arkansas）都设有小型工厂。其总部设在北卡罗来纳州的查路特（Charlotte），仅雇用了24个人。公司总裁与员工之间仅有3个组织层次。这种组织形式使纽考公司成为美国利润率最高的钢铁生产企业。

二、职能式组织结构

职能式组织结构是一种根据主要职能活动，如研究开发、制造、营销、生产等设计的结构形式。在同一部门的员工拥有同样的技能，进行同样的活动。

例如，一个典型的制造业的职能分工可以根据管理职能来进行，诸如设计、制造、运输、销售和财务等。也可以按照所用的工序划分职能分工，像冲压、电镀、装配、油漆及检验等。又如，企业中的电子数据处理部门，机械加工生产中的车、铣、磨、钻班组，它们是按工作手段一设备来划分的。机械厂中的铸锻、金加工和装配车间，纺织厂的纺纱、织布和印染车间，以及钢铁企业中的炼铁、炼钢和轧钢这样的分厂，都是按工作（生产）过程的工艺阶段来设置的。各部门都只作为成本花费中心或销售收入中心来运作，只有最高层才对收支相抵后的盈利负责，因此整个企业是一个统一的经营单位。

职能式组织结构的特点是尽可能使重复性的工作任务标准化和常规化，这样管理部门就需要注意例外情况和消除脱节或重叠现象，有时也被称为官僚结构。

职能式组织结构的主要优势在于：它能够充分发挥专业化分工的优势，实现规模经济和高效率；保证人与机器的最低重复设置；同部门的人由于拥有同样的知识背景，易于交流，并易形成良好的人际关系；由于实行标准化操作与高度正规化经营，对中低层管理人员的创新能力、决策能力和工作经验的要求不高。

职能式组织结构的主要不足在于：容易导致各部门产生狭隘的职能眼光和本位主义思想，不利于全面考虑组织的总体利益。我们可以从以下四位主管的对话中得到例证：“你知道，除非我们生产出东西，否则公司就不会存在。”生产部主管说。研究开发部主管反驳说：“不对，要不是我们设计出产品，公司就不可能发展。”“你们说什么？”市场销售主管说：“要不是我们卖掉产品，公司怎么可能生存？”最后，恼怒的财务主管反击道：“你们都无关紧要，要不是我们进行记录，谁也别想知道你们工作得到底如何。”

而且，由于各部门之间协调配合差，高层领导者只得将许多精力花在日常管理事务的处理上，影响了对企业生存发展等重大问题的思考和策划。

职能式组织结构主要适用于比较稳定的环境、中等规模或大型的组织。

职能式组织结构盛行于20世纪50～60年代，像IBM公司、通用电气公司、大众汽车公司、松下公司都曾采用这种结构，但到了90年代，这种组织结构已经过时。批评者认为这种结构对于变革的反应太慢，抑制了员工的创造性和积极性。

但是目前，大多数的公司仍然具有职能式组织结构的基本特点，尤其是专门化与高度的正规化。只是管理幅度有加宽的趋势，集权制正在向分权制转变，规模从大向小分裂。例如，依斯曼·柯达公司已把下属100个生产单位转化成了独立的企业单位。这种单位一般拥有150～260名员工，每个单位有自己独立的经营宗旨和利润目标。

三、事业部组织结构

这是基于工作结果来进行部门化。例如，通用汽车公司是按产品品牌和类别设立了别克事业部、雪佛兰事业部、通用轿车及货车事业部等，美国电话电报公司和麦当劳公司则将自身业务划分为几大地理区域。家具制造公司中的住户家具部和团体购买家具部，商业银行中的商业贷款部、工业贷款部和个人贷款部，以及教育机构中的正规部、夜校部和函授部等，这些都是按顾客来划分部门的实例。按照营销渠道划分部门与按顾客划分部门有类似之处。但两者考虑的重点不同：后者侧重于产品的最终顾客（消费者或用户），前者侧重于将产品分配至顾客所要经过的中间商通路。

美国普莱克斯公司在将职能结构改组为事业部结构时，发现无论是按产品划分部门还是按地区设立部门都未能改善经营状况。后来，不得不将积压下来的肥皂、洗涤剂等产品塞进超级市场和杂货店。经过一番调查研究之后，该公司发觉对这两类营销渠道的推销方法并不一样，遂按营销渠道设立了超级市场事业部和杂货店事业部，结果促进了经营业务的发展。

按产品、地区、顾客或营销渠道进行部门化的结果，可以形成自我包容的准独立性经营单位，其具体表现可以是事业部、分部、分厂或分公司。分公司实际上是一种地区事业部的法律表现形式，它与一般事业部的区别主要是，分公司是个法律概念，其存在得到各国法律的承认。一个公司若在国外或国内异地设立附属性的分支机构，一般都挂上"分公司"的牌子，并在当地工商行政管理部门办理非法人企业注册登记并领取非独立核算单位营业执照。许多国家的税法规定，分公司要在其东道主国（或地区）向税务部门交纳营业流转税，而所得税系由总公司在其所属国家（或地区）统一缴纳。与之对比，事业部是企业内部组织管理方面的概念，在法律上如同分厂一样不被承认。一个公司为扩大经营规模而在其所在地筹建分支机构时，为避免不必要的新单位注册登记和单独纳税问题，往往倾向于采用事业部组织形式。在经营管理权限方面，与传统的职能部门相比，分公司、事业部拥有较大的经营自主权，且内部配备有较完备的职能机构。如果将分公司、事业部从总公司中独立出去，它们可以成为企业性单位运作下去。但只要隶属于总公司内部，总公司对分公司和事业部都是一种行政指挥命令关系。只不过它们与不能独立运作的职能部门相比，通常被要求自主经营、自计盈亏（而不是自负盈亏），即分公司和事业部都可以成为利润中心。与这种利润责任相适应，总公司也对它们实行一种分权的管理方式，将日常经营管理决策权下放给这些单位的负责人去行使（他们与企业最高管理者一样也是综合管理者或称总经理）。

事业部组织结构并不是完全放弃职能式组织结构，而是在不同的组织阶层和不同的组织部门分别使用。例如，通用汽车公司既有雪佛莱、别克和奥尔兹汽车公司等按产品划分的单位，也有诸如公共关系、财政及法律部门等按职能划分的单位，同时各产品分部下层组织同样采用职能划分各个部门。

事业部组织结构的优势在于可以把利润责任落实到每个分部经理的身上，总部可以通过确定利润目标对各分部进行控制，同时也可以根据利润情况来评价每个分部对总利润的贡献。而分部经理可以实现各个职能部门之间的协作，有助于分部的竞争力的提升，也有助于对分部经理的成长，培养其系统地分析与解决问题的能力，可以作为高层管理者的后备力量。

事业部组织结构的不足在于可能造成资源的重复配置，分部间冲突增加，以及总部控制难度增加。

事业部组织结构对某个具有复杂产品和服务的组织而言，可能会更有效一些。例如，某个汽车公司经营许多种产品，若按职能式组织结构划分，其负责销售的副总经理就需要管理所有的产品的销售，而若按分部式组织结构划分各个分部，每个产品都会设置一个销售经理，这时可以减少处理问题的复杂性。

此外，这种结构在环境剧烈变化时，更有吸引力。因为此时，分部管理者可以只需将注意力集中在自己分部所处的环境上面，无需关心复杂多样的各分部的环境，自然可以提高工作效率，增加分部的竞争力。

这里需要说明的是，事业部、分公司和子公司都是对一个企业经营活动中所涉及到的准独立或独立机构的称谓。这些单位都处于本公司的势力范围之内，但它们各自的法律地位和经营管理权限不尽相同。子公司是相对于母公司而言的，是被母公司股权控制的独立法人企业，它严格地说是企业集团的成员，是集团母公司持股的对象，而不是集团总公司内部的组织单位。而分公司则是公司内部的附属机构，不具有独立法人地位，不独自缴纳所得税，也不具有自负盈亏的能力。从这种意义上说，分公司的地位与一般的事业部极为相近，它们在法律上和经济上都不具有完全的独立性，不具有企业法人资格。

四、矩阵式组织结构

矩阵式组织结构是对职能式与分部式的融合，以扬二者之长，避二者之短。在广告公司、航空公司、研究开发实验室、建筑公司、医院、政府机关、大学、管理咨询公司、娱乐服务公司中，都可以看到这种组织结构的存在。

例如，从某管理学院的矩阵结构可以看到，各个系科，如工商管理、管理科学、信息管理等，都是职能性单位，而另外特定的项目则与职能部门相交织。

这样处于矩阵组织中的成员将受到双重任务——职能部门和项目小组的任务。例如，一位负责教授组织行为学的教授就受到人力资源管理研究所所长和本科生部或研究生部部长的多重领导。

矩阵式组织结构的发展要经历几个阶段：第一个阶段是临时工作组，它由上级组织不同部门的代表组成特别工作组来研究问题、提出建议，小组成员保留原有的组织隶属关系，同时也要对此特别工作组的任务负责；第二阶段是围绕特殊的需要和问题成立的永久性的工作组，其成员来自于不同的部门；第三阶段是任命一位项目经理来协调工作，其主要职责是对最终结果负责，主要通过商调或“买入”获得必要的人力资源。

矩阵式组织结构的优势在于：在组织的各种活动比较复杂，又相互依存时，它有助于各种活动的协调；同时各种专家可以通过经常接触，更好地交流，加速信息的传播；可以避免组织成员只顾自己部门的利益而忽视组织的整体目标；便于专家的高效配置。

矩阵式组织结构的不足在于：项目经理需要增加与部门经理的沟通；员工会有较大的压力并容易形成角色模糊。

矩阵式组织结构主要适用于复杂的、动态的环境。在这种环境下，某些问题的处理需要多种专业知识和技术，矩阵式组织结构显然可以帮助管理者有效地处理这类问题。

五、团队式组织结构

现在。团队已成为组织工作活动最流行的方式。

这种结构方式的主要特点是：打破部门界限，并把决策权下放到工作团队员工手中。这种结构形式要求员工既是全才又是专才。

在小型公司中，可以把团队结构作为整个组织形式。例如，新泽西州依迈蒂市的一个 30 人的市场销售公司，是完全按团队来组织的，团队对日常大多数操作性问题和顾客服务问题负全部责任。

在大型组织中，团队结构一般作为典型的官僚结构的补充，这样组织既能得到官僚结构标准化的好处，提高运行效率，又能因团队的存在而增强灵活性。例如，为提高基层员工的生产率，像克莱斯勒汽车公司、土星公司、摩托罗拉公司、施乐公司这样的大型组织都广泛采用自我管理的团队结构。但是，当波音或惠普公司需要设计新产品或协调主要项目时，它们将根据多功能团队来组织活动。

六、网络型结构

网络型组织结构是利用现代信息技术手段建立和发展起来的一种新型组织结构。现代信息技术使企业与外界的联系加强了，利用这一有利条件，企业可以重新考虑自身机构的边界，不断缩小内部生产经营活动的范围，相应地扩大与外部单位之间的分工协作。这就产生了一种基于契约关系的新型组织结构形式，即网络型组织结构。

网络型组织结构是一种只有很精干的中心机构，以契约关系的建立和维持为基础，依靠外部机构进行制造、销售或其他重要业务经营活动的组织结构形式。被联结在这一结构中的两个或两个以上的单位之间并没有正式的资本所有关系和行政隶属关系，但却通过相对松散的契约纽带，透过一种互惠互利、相互协作、相互信任和支持的机制来进行密切的合作。卡西欧是世界有名的制造手表和袖珍型计算器的公司，却一直只是一家设计、营销和装配公司，在生产设施和销售渠道方面投资很少。IBM 公司 20 世纪 80 年代初在不到一年的时间内开发 PC 机成功，依靠的是微软公司为其提供软件，英特尔公司为其提供机芯。网络型结构使企业可以利用社会上现有的资源使自己快速发展壮大起来，目前已经成为国际上流行的一种新形式的组织设计。网络型组织结构是小型组织的一种可行的选择，也是大型企业在联结集团松散层单位时通常采用的组织结构形式。采用网络型结构的组织，它们所做的就是创设一个“关系”的网络，与独立的制造商、销售代理商及其他机构达成长期协作协议，使它们按照契约要求执行相应的生产经营功能。由于网络型组织的大部分活动都是外包、外协的，因此，公司的管理机构就只是一个精干的经理班子，负责监管公司内部开展的活动，同时协调和控制与外部协作机构之间的关系。

第三节　创业团队组织设计分析

一、确定目标和实现目标所必需的活动

艺术生创新创业团队首先需要了解目标并确定实现目标所必需的活动。可以通过回答如下两个问题来确定实现组织（企业）目标需要开展哪些活动：为了达到企业的目标，必须在什么领域有出色的表现？什么领域的表现不佳将会影响企业的成绩。甚至影响到企业的存在？这些问题的回答可以帮助确定对实现艺术生创新创业团队的目标贡献最大的关键性活动。例如，美国国际商用机器公司（IBM）在电子计算机发展的早期，认为产品销售和市场营销是企业的关键活动，为此配备了规模庞大的销售服务队伍；进入 20 世纪 80 年代后，面对计算机行业市场环境的日益复杂多变，产品开发尤其是软件开发就愈为重要，为此，IBM 公司在加强对研究开发投入的同时，也密切了销售部门与开发部门之间的联系。企业关键活动领域的确定，将决定这一企业是单纯生产型企业，还是经营型企业，或是科工贸一体化企业。

对艺术生创新创业团队而言，对其生存发展影响重大的关键性活动，应该成为组织设计工作关注的焦点。其他的各种次要活动应该围绕主要的关键活动来配置，以达到次要活动服从、服务和配合于主要活动，确保企业使命目标的实现，从而确保组织的发展。

二、分工与分组

（一）建立适当的分工体系

初创企业往往因为规模较小，在最初的时期分工模糊：有了事情，大家通力合作，一起解决，再有了新任务，大家又一起参与处理。这样就产生了一个问题——分工的不明确会导致各人定位的模糊，进而导致个体角色认知陷入迷茫状态。团队失败的一个重要原因并非因为害怕、恐惧和不信任他人，而是因为成员对自己在其中所担任的角色感到十分的迷茫：他们的具体任务是什么？是否有权处理认为需要做的事情？

如果个体角色认知和团队的整体角色定位有较大的偏差，则容易出现个体扮演的角色失当、找不到位置的情况。举个例子来说：在一个初创企业中，一个缺乏市场开拓经验和企业管理经验但是技术研发高手的成员，对管理兴趣浓厚，把自己定位于企业战略制订者和企业 CEO，认为凭借自己的技术才能以及从书本中学到的管理理论就可以统驭全局。这个角色认知就会影响到这个成员的行为方式：也许对于团队制订的战略方向怀疑抵制，也许对团队领军人物的做法不断抱怨，这就对团队的整体绩效产生了巨大的阻碍作用。

因此，在艺术生创新创业团队的组织设计中必须有一个适当的分工。刚开始时，通常需要借助于沟通，来实现各自的良好定位，并在实际工作中加以不断的调整适应变化。而当创业企业发展到正规化阶段以后，就需要通过工作分析与工作设计来确定整体的分工与协调。

1.工作分析

工作分析即对职位进行分析，说明其应该承担的工作，以及适合怎样的人来做。

工作分析的结果通常形成工作说明书与工作描述。

（1）工作说明书

工作说明书就是对每个职务应当做些什么工作做出限定，其事项包括：

◆职务名称与代号；

◆承担此职务的员工数；

◆所属部门名称及直属主管姓名；

◆待遇情况及所处级别；

◆职务概要，包括工作的性质、范围和目的等；

◆职务开展，包括工作的具体内容、对象、方法和步骤。每项工作所花费的时间及所要达到的标准，工作所需使用的物料、工具与设备，工作的环境条件与疲劳程度，等等。

（2）工作描述

工作描述则进一步指明某个职务适合配备什么资格或条件的人员来担任，这部分内容亦称作雇佣规范，其事项包括：

◆任该职务应接受的教育程度及工作经验；

◆任职者应拥有的生理状况、个性、行为特征、智商程度和技能等。

2.工作设计

工作设计是指将若干工作任务组合起来构成一项完整的工作，使员工能够感受到工作内在的激励，从而使员工更加努力地工作。现实中，有些工作是常规性的、经常重复的，另一些工作则是非常规性的；有些要求大量变化多样的技能，另一些只要求范围狭窄的技能；有些工作限定员工遵循非常严格的程序，另一些则对员工如何开展工作给予充分的自由；有些工作以一组员工按团队的方式进行可取得更好的效果，另一些工作让个人单独作业可以做得更好。我们的观点是：工作设计应因任务组合的方式不同而各异，而这些不同的组合则形成了多种工作设计方案，具体有如下几种：

（1）工作专门化

工作专门化指管理者设法将其组织中各个工作的任务设计得尽可能简单、细小、易做。亚当·斯密曾这样描述过一家大头针制造厂的劳动分工情形：一个人抽钢丝，另一人拉直，第三人切割，第四人削尖，第五人磨顶以便接上钉头；而钉头的制作又需要两三项单独的作业；接上钉头又是另一项作业。如此将大头针的制造划分为各种独特的、专业化的操作，分别由专门的人员来承担，使得这家企业劳动生产率比不进行这种劳动分工（即一个人从头到尾负责制作整根大头针）的企业提高了200多倍。这就是工作专业化设计的巨大吸引力。时至今日，分工专业化原则继续指导着许多工作的设计。比如，生产工人是在装配流水线上从事简单、重复的工作，办公室职员坐在计算机终端前执行范围狭窄的、标准化的任务，甚至护士、会计及其他职业人员也发现他们的许多任务都只是专业化的劳动。

专业化能带来许多有利之处，如有利于提高人员的工作熟练程度，有利于减少因工作变换而损失的时间，有利于使用专用设备减少员工培训要求，以及扩展企业招工对象的来源范围和降低生产的劳动成本等。但工作设计过于专业化也可能带来负面影响，如造成工作之间的协调成本上升，并使工作人员的积极性受到影响。不少人无法忍受每天在流水线上旋紧螺栓上千次，这种枯燥、单调、乏味导致了员工的厌烦和不满情绪，同时也影响工作的质量和总体效率。如果说专业化分工在经济发展的早期有利于取得规模经济和高效率，那么到了后期就容易产生工作协调和人员激励方面的问题。

（2）工作扩大化

工作扩大化是与工作专业化相对立的一种设计思想。它不是将工作划分为细小的部分，使每个人单独承担其中某一部分的活动，而是相反地，把若干活动合并为一件工作，扩大工作的广度和范围。以装配收音机为例，原先由每个人只负责一两项简单的操作，如将某个电容器插在焊孔上，现在则改由每个员工装配一个部件，甚至由单个员工装配整台收音机。这样，专业化分工的程度就降低了，员工的工作变得多样化，也就有意思得多了。另一种相似的做法是，让员工有次序地从一项工作更换到另一项工作上去，此称为岗位轮换。

（3）工作丰富化

如果说工作扩大化是指在同一级别上的工作横向扩展，那么工作丰富化则是从纵向上充实和丰富工作内容，也即从增加员工对工作的自主性和责任心的角度，使其体验工作的内在意义、挑战性和成就感。在强调劳动分工的时代，许多人主张在管理人员和作业人员之间进行明确的职责划分，使管理者专门从事计划和控制这类思考工作，而生产工人只是按管理者的吩咐去做执行性工作。对工作进行丰富化设计，就是要将部分管理权限下放给下级人员，使其在完成任务过程中也有参与做决定的权力。美国国际电话电报公司曾经成功地采用这种工作丰富化设计方法激励了打字员。以前，公司将 8 个打字员放在一个没有自主权的小组里，负责打印顾客的订货单。这种小组工作效率很低，人员思想也不稳定。后来改建为工作团队形式，小组长直接由打字员担任，并授予该小组计划和控制其工作质量与进度的权力，这样大家的责任心大大加强了，工作效率和工作满足感随之提高。

以上工作分析与工作设计方法，说明在工作设计时不仅要考虑工作分析所规定的任务与资格，同时要考虑到人的需要和潜能，才能使组织的每个职位都能在适当的时候配备上适当数量和素质的人员，确保组织任务目标的完成。

（二）分组

所谓分组，指的是组织单位的划分和组合。对活动进行分组。就是要考虑企业中哪些活动应该合并在一起，哪些活动应该分开。

1.分组原则

（1）贡献相似原则

贡献相似原则是指贡献相同或相似的活动应该归并在一起，由一个单位或部门来承担。例如，产品销售和市场营销活动可以合并在一个单位内；库存控制和采购职能，以及质量检验和质量管理工作，都可以结合在一起。

（2）关系相近原则

关系相近原则是指在进行部门分合时还应该考虑尽可能地使一项活动对其他活动的联系距离保持最短。例如，企业中的各项计划工作通常是归并在计划部门中进行的，但其中的生产计划工作却可能例外，它不是归在计划部门中，而是归入到制造部门，使生产的计划同生产的组织和控制活动距离更近些，将生产计划置于接近制造现场处有利于减少不必要的跨系统联系。

不论按照什么原则进行活动的分组，都可以采取两种方法。一种是从小而大的组合法，即先将实现企业目标所必需的活动分为各项工作，然后将若干工作项目归类形成各种工作岗位或职位，再按一定的方式将某些工作岗位或职位组合成相对独立的部门，并根据管理幅度的要求设置各个管理层次；另一种是由大而小的划分法，即先确定管理的各个层次，再确定每个层次上应设置哪些部门，然后将每个部门所承担的工作任务分解为各个职位的工作。以上两种方法在艺术生创新创业团队的分组过程中通常是结合起来使用的。

2.管理层次与管理幅度的设计

管理幅度是指一位管理人员直接指挥和监督的下属人数。管理幅度是影响组织内部各单位规模大小的重要决定因素。在一个单位内，究竟能将多少相近或相关的工作职位或职务组合在一起，主要取决于该单位主管人员的有效管理幅度。一个人受其注意力范围的限制，能直接有效管理下属的数量总是有限的，这就是把管理幅度作为组织设计的一条基本原则的缘由。

在一定规模的情况下，管理幅度的大小与管理层次数目多少成反比。管理幅度增大，管理层次数就可减少；反之，管理层次数目就增多。以一家有 4 096 名作业人员的企业为例，如果按管理幅度分别为 4、8 和 16 对其进行组织设计（这里假设各层次的管理幅度相同），那么其相应的管理层次依次为 6、4 和 3，所需的管理人员数分别为 1 365、585 和 273 名。

在组织中作业人员数量一定的情况下，管理幅度越窄。组织层次的设置就越多，从而组织就表现为高而瘦的结构特征，因此称这种组织为高耸型组织；反之，管理幅度越宽，组织层次就越少，从而该组织就成为扁平型组织。管理幅度的改变将对组织形态和组织活动产生显著的影响。在高耸型组织中，窄幅度的监督控制可能使管理更为周密，但由于管理层次多，不仅加长了信息的传递渠道，影响信息传递的速度和组织活动的效率，而且还使管理人员配备数量增多，从而造成管理费用上升。相比之下，宽幅度的监督控制可以克服窄幅度管理的缺陷，但却会降低管理的效能，使管理者对下属不能进行密切监督和有效的控制。

虽然扁平式结构现在非常流行，但是在条件不具备的情况下，随意扩大管理幅度将造成管理失控。艺术生创新创业团队在进行设计时，要注意有效的管理幅度是随主管人员的能力、下属人员的素质、工作的性质和条件，以及外部环境等因素而权变的。比如，下属人员的素质和自主协调控制能力高可以促进管理幅度的扩大，完善对工作过程和工作成果的标准化可减少主管人员直接监督下属的需要，从而有利于拓宽管理幅度。另外，工作地点相近，工作职能相同或相似，工作任务简单、少变且与其他工作关联性小，这些情况都允许管理人员保持较宽的管理幅度。管理人员自身的能力强，配备有助手及先进的信息联络手段，或者主管人员从事决策与计划工作以及非管理性工作的时间和精力消耗较少，那么其有效的管理幅度范围也可相应增大。这些说明有效管理幅度既是受限制的，又是可以改变的，这些都取决于影响管理幅度的各种权变因素的作用和变化。

三、配备人员，确定每个职务的职责与权限

（一）配备人员的原则

（1）因人设岗与因事设岗相结合

该原则要求工作和人员相匹配，职位和能力相适应，也即“人与事相结合”，这是组织设计和人员配备工作中必须考虑的一个重要原则。只有做到这一点，才能确保所配备的人员切实地承担起为该职位或职务所规定的工作任务。为此，在职务设计时必须保持工作适当的广度和深度，以便满足人的内在需要和发挥人的潜在能力；同时，配备人员必须考虑其现有或经过培训后可能具备的素质、能力是否适合所设定职务的要求，以使人员得到最为妥当的配置。

（2）职责与职权对等

该原则要求职务和职责权限保持一致。换句话说，分派某人去承担某项工作，必须明确赋予他完成该工作任务的职责，同时相应地授予他履行该项职务的职权。而决策任务的分析是确定各管理层次、各管理部门的职责和职权的重要依据。其基本要求是：决策权限应该下放到尽可能低的组织层次并尽可能使

其接近于活动现场，同时应注意使所有受到影响的活动和目标都得到充分考虑。这一要求的前一方面讲的是做出一项决策的权限应该下放到什么层次，后一方面则是讲决策权限可能放到哪个层次以及需要向哪些人通报这些决策。将这两个方面结合起来，就可以明确某项决策权安排在什么位置上最为合理，由此确定组织的集权与分权体制。

（二）集权与分权的设计

集权与分权反映组织的纵向职权关系，是指组织中决策权限的集中与分散程度。所谓分权，就是在组织中将决策的权限分配给中下层组织单位的一种倾向。

组织中没有绝对的集权与分权存在。如果组织生产经营活动的所有决策权限都集中在企业最高领导手中，这样的组织无疑是高度集权的，但这样做会使最高领导负担过重，其他管理职位难以发挥作用；如果高层管理者将他们的职权全部下放，完全由下属做出各种决策，这样的组织无疑是高度的分权的，但这样做会使他们自己作为管理人员的必要就不复存在，相应的职位就可以取消。因此，集权和分权作为两种倾向，它们所体现的只是权力分散程度上的差别，而不是两种截然相反的极端。实际中的组织都是处于一定程度的集权与分权状态之中。

1.集权与分权程度的判断

一般说来，分权化程度较大的组织，其低层次的管理人员有较大的权力自主处理问题或做出决策。但如何判明一个组织的集权或分权程度究竟多大呢？有如下几方面的标志：

（1）不同类型决策的集中程度

首先，如果组织中的低层管理者可自主做决定的事项数目越多，则分权程度越大。其次，如果低层管理者所作的决策越具重要性，则分权程度也就越大。例如，在不请示任何上级的情况下，可以自主决定购买价值在50万元的设备，要比限制于5万元内的决策权限更显分权化。再次，低层管理者所作决策的影响范围越广，则分权程度越大。例如，允许分部做出生产、财务及人事方面决策的公司，要比那些仅允许分部拥有生产方面决策权的公司分权程度大。

（2）整个决策过程的集中程度

决策应是个全过程，而不仅仅是作决定这一步骤。如果有不同的部门参与了决策信息的收集（如生产部门、销售部门），或者决策方案的拟订（如计划部门、财务部门），决策方案的评价（如专家委员会），决策方案的选择（某主管人员）和决策执行过程的监督（如下级或下属某部门），那么，这样的决策权限就是相对分散的。如果所有这些决策步骤都由某主管一人承担，则决策是较为集权的。决策之后、付诸执行之前，如果必须报请上级批准，那么分权程度就降低。被请示的人越多且其所处层次越高，则分权程度越小。

（3）下属决策受控制的程度

如果组织制定出许多细致的政策、程序、规则来对成员的决策行为施加影响。那么分权程度就会降低。相传 1961 年英国有个商人叫霍布森，他去卖马的时候，说可以让顾客任意挑选，但必须符合一个条件，即只允许挑靠门旁边的那一匹（这个例子过于极端化）。这样，他事先预定的这个先决条件实际上就等于不让挑选了。这是通过规则来限制决策权的例子。如果主管人员对下属的工作监督和控制的密度越高，则分权程度越低。

2.艺术生创新创业团队集权与分权程度的设计

一个组织的分权化程度宜高还是宜低。并没有绝对的结论。分权程度低，也即集权程度高，主要好处是便于从整个组织目标出发处理问题，避免局部利益行为，可使组织的有限资源得到更有效的利用，并有助于确保组织政策和行动的一致性，提高组织的控制力。过分集权的主要弊端是：可能降低决策的质量和速度，影响组织的应变能力，并容易挫伤低层人员的积极性和主动性，同时高层管理者也难以集中精力处理重大的问题。分权程度提高，虽然可以克服集权的弊端，但相应地也丧失了集权的好处。因此，集权和分权的程度应该多大，企业需根据具体情况来确定。例如，组织规模大、地理分布广、经营领域宽的企业，宜实行分权化管理。经营环境稳定，生产技术连续性强，以及主要以内部发展方式成长起来的企业，则倾向于采取集权化的管理方式。

对艺术生创新创业团队而言，团队决策的模式比较适用。这里所讲的团队决策与一般意义上的群体决策是有区别的。一般意义上的群体决策是群体中所有成员共同参与决策。这样难免陷入“木桶原理”的误区。“木桶原理”告诉我们，一只木桶的装水量由其最短的一块木板决定，由此可知，群体决策水平会被群体中水平最低的成员所限制。而艺术生创新创业团队中则是属于异质型的群体，每个人都有所擅长，也有所不擅长，如果每个问题的解决都需要通过全体团队成员的协商通过，甚至用一种少数服从多数的方式通过，难免影响到最终的决策质量。因而，在艺术生创新创业团队中，可以采用团队决策模式，即将问题交给最具有解决这个问题的能力的几个成员去解决。因而，在艺术生创新创业团队中，要擅长授权。

3.授权

授权是组织纵向职权关系赖以形成的根本性的组织运作问题。所谓授权，就是上级把手中的权力部分委让给下级的这样一个过程。授权过程包括三个方面的内容：

（1）分派职责

在接受任务时，人们必然对接受的任务负有执行的责任，这种与职务及所进行的工作活动相联系的责任被称为职责。职责的分派可以是领导吩咐下级去准备一份报告，也可以是指派某人负责一个为时半年的任务小组，等等。完成一项确定任务所必须履行的义务就是职责。

（2）赋予职权

伴随着职责的分派，个人也应该得到从事该项工作所应有的合法权利，如负责起草报告的下属应该被应允从保密的档案中取阅有关的资料，任务小组负责人应该有权调配从各职能部门抽调来的工作人员，等等。领导者在对下属授权过程中，必须遵循“职权与职资对等”原则。任何一个组织成员，假如没有完成任务的充分职权，他就无法履行自己的职责；反之，若职权大于其承担的职责，又会造成权力滥用的现象。权责对等是授权过程的必然要求。

（3）下属尽责

“尽责”则是“对上”而言的，所以常将授权与尽责对应地称作“向下授权”与“向上负责”。所谓负责或尽责，就是指下级对履行职责和运用职权的结果负责。在授权的过程中同时规定下级要对上级负责，可以确保每一个被指派去执行某项工作的人能切实不折不扣地完成工作任务，否则就要接受一定的惩罚。

与职权和职责可以下授不同，尽责则必须遵从“责任绝对性”原则。也即任何上级管理者都不能因为已授权下属人员去执行某项工作，自己就不再负该项工作完成好坏的责任。从下级管理者或作业人员的角度来看，由于其职责是上级指派的，职权也是上级授予的，因而必须向其上级汇报完成工作的情况并接受相应的奖惩。再从上级管理者的角度来看，他授权下级执行某些职责，并不意味着他对该项职责的落实情况就不再负有任何责任。实际上，授权的对象是他确定的，而且在授权下去的工作的执行过程中。他还负有检查、监督的义务。因此，上级管理者责无旁贷地要对下级的工作结果好坏负最终责任。对上级管理者来说，不论某项任务是由自己还是授权他人去执行，其最终责任都是不可下授的。以这种责任绝对性原则确立责任关系，就可以沿着组织等级链从下向上延伸“尽责”，从而逐级保证组织目标的顺利实现。

四、设置各层次、各部门之间纵向与横向联系的手段

如果说组织设计的前几个步骤重点在于把整个企业的活动分解为各个组成部分（各层次、各部门、各职位），那么这一步骤就是要把各组成部分联结成一个整体，以使整个组织能够协调一致地实现企业的总体目标。可以说，分化与整合，或者说分工与协调，是组织工作的两个核心内容。组织分化达到什么样的程度，相应的整合手段也应该达到同等程度的协调功能。

（一）通过组织等级链进行直接监督

组织随着劳动者人数的增加和劳动分工协作关系的发生，通常需要推出一

个人来负责统一指挥和监督其他各个人的活动，以达到行动上的配合一致。这个独立于作业活动而存在的指挥和监督人员，就是组织中脑力劳动与体力劳动开始分离后出现的第一个管理者。随着组织规模的扩大，在最高管理者与作业人员之间往往又产生若干层次的中间管理者，这样就形成了指挥监督管理的等级链体系。

例如，一个海运公司设有装货和卸货两个小组，它们同时使用一个码头。为了增进相互间的配合，就需要在这两个小组之上配备一个专门的管理人员来协调装货与卸货工作。这种通过等级链进行的直接监督，是组织实现整合和协调的常用手段。

（二）通过程序规则使工作过程标准化

随着组织规模的进一步扩大，单纯依靠等级链上的各层次管理者来进行监督和协调已不能满足需要。为减轻等级链的负担，可以把所要进行工作的内容、过程制定成详细的程序和规则，也即通过规定标准的工作方法来达到各方面行动的协调配合。例如，汽车装配线生产就是通过工作程序的标准化来达到上下左右各工种作业的协调配合的。再如，码头的货物装运可以制定这样的规则，要求卡车装运先于火车装运，在完成卡车的装运任务后，货运小组和所有装运吊车都要服从火车货运的需要。这样，各有关的人员就可以有条不紊地开展工作，以保证各种类型装运活动的协调进行。关于等级链与标准程序的关系，它们就像交响乐团的指挥与乐谱的关系一样，两者都是有效地协调工作活动的必要手段。

为了避免创业团队在今后的组织行为中因为利益分配、企业决策等方面产生分歧，在创业团队形成之初，必须通过公司章程或者协议的方式，确定公司发展目标、业务领域、出资及退股原则、利润分配方法、分歧解决原则等等。尤为重要的是：创业团队要有好的“分赃制度”，不仅充分照顾到现有团队成员的利益，还要考虑吸收新的成员或者员工时的股份再分配。另外，绩效考核制度及成员退出机制也要逐渐建立。

（三）通过计划安排使工作成果标准化

工作过程标准化适用于那些简单、常规的工作。如果某项工作的过程不易分解，无法规定标准化的工作内容和程序，这时需要改变控制工作过程为控制工作产出，即对工作过程的产出成果做出标准化的规定。不管作业者按照怎样的程序从事自己的工作，只要产出的成果达到既定的标准要求，就能保证前后工序的活动顺利衔接。例如，一台由几百上千种元器件组装成的彩色电视机，只要对每个部门生产的零部件的规格大小、技术要求、质量标准及出产数量和进度等做出明文规定并严加审核、把关，那么，零部件制造与最后总装配之间的协调配合就有了基本的保障。

（四）通过教育培训使工作技能标准化

如果工作过程和产出的成果都无法预先规定出妥当的标准，这时只能通过工作者技能素质的控制来确保工作的协调进行。这种方式就是对从事某一工作所必须具备的知识、能力、经验等“投入”要素做出标准化的规定，在招收、聘用人员时予以贯彻，并在任职之中定期地加以检查、考评和培训，由此来保证工作活动达到统一要求。例如，医院中的外科手术，其主刀医生、麻醉师和护士之间的不用言语的默契配合，就是通过他们各自的多年职业教育和训练取得的。因为他们都经过专门培训，心中明白在该项专业工作进行中彼此应该做些什么，因此，工作知识与技能投入的标准化实际上是对工作过程标准化的一种内化和替代，是组织实现控制协调的一个间接机制。

（五）通过直接接触相互调整

这是下级工作人员之间通过直接接触和沟通而主动调整各自的行动，以取得彼此的协调配合。例如，两人同划一条船，他们可以通过手势、面部表情和简单的语言沟通而密切配合地把船划向远方。再如，企业中生产作业与物资供应两个系统之间，如果让作业管理人员直接与物资供应站联系供货事宜，要比通过两个系统共同的主管来进行监督和调节省时间。在许多情况下，横向的调整和协调可以对纵向的监督、控制与协调起到一定的补充甚至替代作用。

组织的整合手段和协调方式是由简单到复杂不断演化和发展的。随着企业规模的扩大、工作复杂性的提高和劳动分工的细化，企业的整合和协调机制也在不断发生变化。

大学生在创业初期，简单的协作可以通过工作者之间的直接接触和相互调整来取得。随着企业人员的增加，劳动分工和工作协调日趋复杂化，只依靠个人之间的相互调整已不足以满足需要，必须有一名或多名管理者来对全体工作人员的行动进行统一的指挥和监督。当企业规模进一步扩大后，管理层次明显增多，组织等级链延长，通过逐级的直接监督来协调下层人员的活动就很容易使等级链上的管理人员负荷超重。为了减轻直线管理人员的负担，企业管理队伍中逐渐分化出专门从事标准操作方法研究、产出计划和控制、人员招聘和培训等辅助管理工作的职能人员，由他们帮助推进工作过程、成果和技能的标准化。而标准化协调方式因为缺乏灵活性，难以应付可能出现的复杂多变局面，这时，具有高度应变能力的相互调整机制可能重新成为组织协调的一种重要机制。不过，最初的相互调整主要是依靠简单的直接接触来进行协调，现代企业已经衍生出了联络职位、任务小组、团队乃至项目小组这些正规设置的结构性横向协调机制。举例来说，新产品开发、成本和质量改进活动以及建立计算机管理信息系统等，这些任务的开展需要从各层次、各部门中抽调有关人员组成一个临时性的小组，在工作过程中相互磋商、密切配合，共同完成所设定的任务。

第七章　大学生创新创业的财务管理

第一节　创业融资方式

艺术生创新创业者如何解决好融资问题是企业能否立足发展的基础。创业融资的方法多种多样，从大的方面来说，主要有直接融资与间接融资两种形式。

一、直接融资

（一）股权融资

股权融资是指资金不通过金融中介机构，融资方通过出让企业股权获取融资的一种方式。对于缺乏经验的艺术生创新创业者来说，选择股权融资这种方式，需要注意的是股权出让比例。股权出让比例过大，可能失去对企业的控制权；股权出让比例不够，则又可能让资金提供方不满，导致融资失败，这需要统筹考虑，平衡处理。

（二）债权融资

债权融资是指企业通过举债筹措资金，资金供给者作为债权人享有到期收回本息的融资方式。

（三）企业内部集资

企业内部集资是指企业为了自身的经营资金需要，在企业内部以债券、内部股等形式筹集资金的借贷行为，是较为直接、较为迅速简便的一种融资方式，但要严格遵守金融监管机构的相关规定。

（四）融资租赁

这是一种创新的融资形式，也称金融租赁或资本性租赁，是以融通资金为目的的租赁，具体来讲，是由出租方融通资金，为承租方提供所需设备，具有融资和融物双重职能的租赁交易。它主要涉及出租方、承租方和供货方三方当事人。出租方将购买的设备租给承租方使用，在租赁期内，由承租方按合同规定分期向出租方支付租金。租赁期满承租方按合同规定选择留购、续租或退回出租方。承租人采用融资租赁方式，可以通过融物而达到融资的目的。

对于缺乏资金的新创企业来说，融资租赁的主要好处是：付款安排灵活，例如延期支付、递增或递减支付，使承租用户能够根据自己的资金安排来定制付款额；全部费用在租期内以租金方式逐期支付，减少一次性固定资产投资，大大简化了财务管理及支付手续；承租方还可享受由租赁所带来的税务上的好处。

（五）风险投资

风险投资是指投资人将风险资本投向刚刚成立或快速成长的未上市新兴公司（主要是高科技公司），在承担很大风险的基础上为融资人提供长期股权投资和增值服务，培育企业快速增长，数年后再通过上市、兼并或其他股权转让方式撤出投资，取得高额投资回报的一种投资方式。

现在，风险投资在国内得到了很大的发展，国内几乎每一个成功的互联网企业的背后，都可以看见风险投资的身影。对于创业者来说，尤其是对于高科技领域的创业者，寻求风险投资的帮助，是一种值得认真考虑的途径。

二、间接融资

间接融资主要是指银行贷款。银行的钱不好借，这谁都知道，对创业者更是如此。但在有抵押物或能够获得贷款担保的情况下，银行还是乐意将钱借给创业者的。较适合艺术生创新创业者的银行贷款形式主要有抵押贷款、担保贷款和买方贷款。

（一）抵押贷款

抵押贷款是指借款人以其所拥有的财产作抵押，作为获得银行贷款的担保。在抵押期间，借款人可以继续使用其用于抵押的财产。当借款人不按合同约定按时还款时，贷款人有权依照有关法规将该财产折价或者拍卖、变卖后，用所得钱款优先得到偿还。

较适合于艺术生创新创业者的有动产抵押贷款、不动产抵押贷款、无形资产抵押贷款等。

1.动产抵押贷款

以股票、国债、企业债券等银行承认的有价证券，以及金银珠宝首饰等动产作抵押，向银行获取贷款。

2.不动产抵押贷款

以土地、房屋等不动产作抵押，向银行获取贷款。

如创业需要购置沿街商业房，可以以拟购房子作抵押，向银行申请商用房贷款，贷款金额一般不超过拟购商业用房评估价值的60%，贷款期限最长不超过10年。

3.无形资产抵押贷款

这是一种创新的抵押贷款形式，适用于拥有专利技术、专利产品的创业者。创业者可以专利权、著作权等无形资产向银行作抵押或质押，获取银行贷款。

（二）担保贷款

担保贷款是指借款方向银行提供符合法定条件的第三方保证人作为还款保证，借款方不能履约还款时，银行有权按约定要求保证人履行或承担清偿贷款连带责任的借款方式。其中，较适合艺术生创新创业者的担保贷款形式有：

1.自然人担保贷款

自然人担保可采取抵押、权利质押、抵押加保证三种方式。如果借款人未能按期偿还全部贷款本息或发生其他违约事项，银行将要求担保人履行担保义务。

2.专业担保公司担保贷款

目前各地有许多由政府或民间组织的专业担保公司，可以为包括初创企业在内的中小企业提供融资担保。北京中关村担保公司、首创担保公司等属于政府性质担保公司。目前在全国（不包括港、澳、台地区）31个省、直辖市、自治区中，已有100多个城市建立了此类性质的担保机构，为中小企业提供融资服务。这些担保机构大多实行会员制管理的形式，属于公共服务性、行业自律性、自身非营利性组织。创业者可以积极申请，成为这些机构的会员，以后向银行借款时，可以由这些机构提供担保。与银行相比，担保公司对抵押品的要求则显得更为灵活。担保公司为了保障自己的利益，往往会要求企业提供反担保措施，有时会派员到企业监控资金流动情况。

3.托管担保贷款

这是一种创新的担保贷款形式。对于一些草创阶段企业，虽然土地、厂房皆为租赁而来，现在也可以通过将租来的厂房、土地，经社会资产评估，约请托管公司托管的办法获取银行贷款。如上海百业兴资产管理公司就可以接受企业委托，对企业的季节性库存原料、成品库进行评估、托管，然后以这些物资的价值为基础，为企业获取银行贷款提供相应价值的担保。通过这种方法，企业既可以将暂时用不着的“死”资产盘活，又可以获得一定量银行资金的支持，缓解资金压力，是一件一举两得的好事。

（三）买方贷款

除上述几种形式之外，可供艺术生创新创业者选择的贷款方式还有买方贷款。如果企业产品销路很好，而企业自身资金不足，那么，可以要求银行按照销售合同，对企业产品的购买方提供贷款支持。企业可以向产品的购买方收取一定比例的预付款，以解决生产过程中的资金困难，或者由买方签发银行承兑汇票，卖方持汇票到银行贴现，这就是买方贷款。

1.项目开发贷款

如果企业拥有具有重大价值的科技成果转化项目，初始投入资金数额比较大，企业自有资本难以承受，企业可以向银行申请项目开发贷款，银行还可以视情况，为企业提供一部分流动资金贷款。此类贷款较适合高科技创业企业。

2.出口创汇贷款

对于出口导向性企业，如果一开始就拥有订单，那么，可以要求银行根据企业的出口合同或进口方提供的信用签证，提供打包贷款。对有现汇账户的企业，银行还可以提供外汇抵押贷款。对有外汇收入来源的企业，可以凭结汇凭证取得人民币贷款。

3.票据贴现贷款

这是指票据持有人将商业票据转让给银行，取得扣除贴现利息后的资金。在我国，商业票据主要是指银行承兑汇票和商业承兑汇票。这种融资方式的好处之一是，银行不按照企业的资产规模来放款，而是依据市场情况（销售合同）来贷款。企业收到票据至票据到期兑现之日，往往是少则几十天，多则300天，资金在这段时间处于闲置状态。企业如果能充分利用票据贴现融资，远比申请贷款手续简便，而且融资成本很低。对于企业来说，这等于是“用明天的钱赚后天的钱”。

三、其他融资方式

（一）创业投资基金

创业投资基金是一种特殊形式的投资基金，是指一种利益共享、风险共担的集合投资方式，即通过发行基金单位，集中投资者的资金，由基金托管人托管，由基金管理人管理和运用资金，从事股票、债券、外汇、货币等金融工具投资，以获得投资收益和资本增值。

创业投资基金作为一种特殊的产业投资基金，它的主要投资者是机构投资者，投资方向是针对快速增长的新兴行业，投资形式采用权益性投资。

（二）科技型中小企业创新基金

科技型中小企业技术创新基金是经国务院批准设立，用于支持科技型中小企业技术创新的政府专项基金。通过拨款资助、贷款贴息和资本金投入等方式扶持和引导科技型中小企业的技术创新活动，促进科技成果的转化，培育一批具有中国特色的科技型中小企业。

创新基金重点支持产业化初期（种子期和初创期）、技术含量高、市场前景好、风险较大、商业性资金进入尚不具备条件、最需要由政府支持的科技型中小企业项目，并将为其进入产业化扩张和商业性资本的介入起到铺垫和引导的作用。

1.重点支持方向

◆支持具有自主创新、技术含量高、竞争力强、市场前景好的研究开发项目，如软件、生物、医药等，努力培育具有自主知识产权的高新技术产业群；

◆支持科技成果的转化项目，特别是“863”计划、攻关计划的产业化项目；

◆支持利用高新技术改造传统产业，特别是我国具有传统优势，加入 WTO 后能带来更多市场机遇的项目；

◆支持具有一定技术含量，在国际市场有较强竞争力，以出口为导向的项目；

◆支持科研院所的转制，特别是原国务院各部门的研究院所转制为企业的项目；

◆支持科技人员，特别是海外留学人员回国创办科技型中小企业的项目。

2.支持方式

（1）贷款贴息

对已具有一定水平、规模和效益的创新项目，原则上采取贴息方式支持其使用银行贷款，以扩大生产规模。一般按贷款额年利息的 50%～100%给予补贴，贴息总额一般不超过 100 万元，个别重大项目可不超过 200 万元。

（2）无偿资助

主要用于中小企业技术创新中产品的研究、开发及中试阶段的必要补助，科研人员携带科技成果创办企业进行成果转化的补助，资助额一般不超过 100 万元。

（3）资本金投入

对少数起点高，具有较广创新内涵、较高创新水平并有后续创新潜力，预计投产后有较大市场，有望形成新兴产业的项目，可采取成本投入方式。

（三）大学生科技创业基金

上海市大学生科技创业基金启动规模为每年 5 000 万元，每个项目资助金额为 30 万元以内。暂定首期计划为期 3 年，资金总规模为 1.5 亿元。基金主要用于资助高校毕业生（含毕业阶段在校生和离校应届毕业生）以其科研成果或专利发明创办的企业。

1.申请对象

◆身体健康，品学兼优，具有一定的组织协调能力；

◆按时完成学业，取得毕业证书和学位证书；

◆具有科技开发价值的项目，拥有科技创新能力；

◆经基会管理机构拼行制、培训，并获得相关结业证书：

◆无不良信用和违法纪录。

2.申请程序

第一，毕业生申请基金首先要参加基金日常管理机构举办的创业培训，并获得创业培训的相关结业证书。

第二，申请人提出申请，并需同时递交以下材料：申请书、详细的创业计划书、申请基金投资或担保的额度及使用计划、申请人的投入资金和资源以及相关的证明、其他相关证明。

第三，高校对本校申请天使基金的创业项目进行初步审核，并提交初审的评估意见。基金管理机构对申请人提交的申请材料进行审核，并递交创业专家委员会评估,创业专家委员会根据高校的初审评估意见和创业计划书在 10 个工作日内提交最终评估报告。

第四，对于审批通过的项目，申请人凭审批通过的通知单和所在高校的介绍信于 2 个月内到基金财务委托管理机构办理相关手续，签订孵化资助协议或投资（担保）协议。

（四）创业贷款

创业贷款是指具有一定生产经营能力或已经从事生产经营活动的个人，因创业或再创业提出资金需求申请，经银行认可有效担保后而发放的一种专项贷款。符合条件的借款人，根据个人的资源状况和偿还能力，最高可获得单笔 50 万元的贷款支持；对创业达一定规模或成为再就业明星的，还可提出更高额度的贷款申请。创业贷款的期限一般为 1 年，最长不超过 3 年。

（五）保证贷款

如果创业者没有存单、国债，也没有保单，但创业者的朋友或父母有一份较好的工作，有稳定的收入，这也是绝好的信贷资源。当前银行对高收入阶层情有独钟，律师、医生、公务员、事业单位员工以及金融行业人员均被列为信用贷款的优待对象，这些行业的从业人员只需找一至两个同事担保就可以在中国工商银行、中国建设银行等金融机构获得 10 万元左右的保证贷款，而且这种贷款不用办理抵押、评估等手续。如果创业者有这样的亲属，可以以其名义办理贷款，在准备好各种材料的情况下，当天即能获得批准，从而较快地获取创业资金。

（六）中小企业国际市场开拓资金

这是由中央财政和地方财政共同安排的专门用于支持中小企业开拓国际市场的专项资金。财政部与外经贸部为鼓励中小企业参与国际市场竞争，提高中小企业参与国际市场竞争能力，联合制定了《中小企业国际市场开拓资金管理（试行）办法》，明确规定了中小企业国际市场开拓资金的性质、使用方向、方式及资金管理等基本原则。之后，两部委又根据此办法的原则，联合制定了《中小企业国际市场开拓资金管理办法实施细则》，对这项资金的具体使用条件、申报及审批程序、资金支持内容和比例等具体工作程序做出明确规定。

（七）地方性优惠政策

如早在杭州市创办高科技企业孵化基地时，就规定对通过资格审查进驻基地的企业将提供免 3 年租费的办公场所，并给予一定的创业扶持资金。近年杭州市又提出建设“天堂硅谷”，把发展高科技作为重点工程来抓，与之相配套的措施是杭州市及各区县（市）均建立了“孵化基地”，为有发展前途的高科技人才提供免费的创业园地，并拨出数目相当可观的扶持资金。在全国各地许多地方都有类似的创业优惠和鼓励政策，如上海的张江高科技园区、北京的中关村高科技园区等。艺术生创新创业者要学会充分利用相关政策。

（八）借外力筹措创业资金

上海浦东发展银行与联华便利合作，推出面向创业者的“投资 7 万元，做个小老板”的特许免担保贷款业务，由联华便利为创业者提供集体担保，浦发银行向通过资格审查的申请者提供 7 万元的创业贷款，建立联华便利加盟店，许多缺乏资金的创业者因此得以圆创业梦。像联华便利一样，现在很多公司为迅速扩大市场份额，常会采取连锁加盟或结盟代理等方式，推出一系列优惠待遇给加盟者或代理商，如免收加盟费、赠送设备、在一段时间内免费赠送原材料，对代理商先货后款、延后结款赊购赊销等等，虽然不是直接的资金扶持，但对缺乏资金的创业者来说，等于获得了一笔难得的资金。

艺术生创新创业者要善于利用一些政府扶持政策，从政府方面获得融资支持，巧妙地利用这些政策和政府扶持，可以达到事半功倍的效果。

四、创业融资误区及其规避

初出茅庐的大学生在初次创业的道路上除了面临社会经验、管理能力等方面的不足外，在创业融资方面容易走入以下一些误区，最终使自己的努力功败垂成：

误区一：急于得到企业启动或周转资金，给小钱让大股份，贱卖技术或创意。有不少核心技术拥有者在公司运营一段时间后，对当初的投资协议深感不满并提出毁约，而这样做的后果只能是在资本市场上臭名昭著。

误区二：即便投资人不能提供增值性服务和指导，仍与其捆绑在一起。

误区三：对风险投资不负责任的使用，烧别人的钱圆自己的梦。每一轮融资中的投资者都将影响后续融资的可行性和价值评估。因此，对于尚处早期的创业公司来说，应引入一些真正有实力、能提供增值性服务、与创业者理念统一的投资者，哪怕这意味着暂时放弃一些眼前的利益。

资金作为公司的血脉，必不可少，而融资问题对新创企业来说又显得尤为重要。初出茅庐的大学生们要想凭借自己的技术获得应有回报，在融资的过程中要注意以下几点：

第一，在制订融资方案之前要准确评估自己的有形和无形资产的价值，不要妄自菲薄，低估了自己的价值。例如，网易公司经过多轮融资和上市，目前丁磊还拥有超过60%的股份，这说明丁磊在每轮融资的过程中用了少量的股份就达到了自己的目标。

第二，融资过程中要做好融资方案的选择。尽管国内的融资渠道还不是很健全，但方式比较多，主要有：合资、合作、外资企业融资；银行及金融机构贷款；政府贷款；风险投资；发行债券；发行股票；转让经营权；BTO融资等。多渠道的比较与选择可以有效降低融资成本，提高效率。通过上述途径可得到两类发展资金：资本金和债务资金。债务资金（如银行贷款等）不会稀释创业者股权，而且可以有效分担创业者的投资风险，推荐优先使用。

第三，如果采用出让股权的方式进行融资，则必须做好投资人的选择。只有同自己经营理念相近，其业务或能力能够为投资项目提供渠道或指导的投资才能有效支撑企业的成长。目前的关键问题是，大学生很难找到融资对象，找到一个就像发现了救命稻草一样，根本就没有讨价还价的余地，这样的融资肯定会给后续工作带来很多麻烦。出现这种问题的主要原因是信息不对称，因此，艺术生创新创业者一定要加强对融资市场的信息收集与整理，在掌握大量的情报资料的前提下做出最优的选择。

第四，创业不仅是实现理想的过程，更是使投资者（股东）的投资保值增值的过程。创业者和投资者是一个事物的两个方面，大家只有通过企业这个载体才能达到双赢的目标。“烧投资者的钱圆自己的梦”的问题说到底是企业家的信用问题，怀抱这种思想的人不会成为一个成功的创业者。能为股东创造价值的企业家才能得到更多的融资机会和成长机会。因此艺术生创新创业者不仅要加强自身的技术能力，还需要培养企业家的道德风范。

金钱不是万能，没有金钱万万不能。艺术生创新创业者只有解决好了融资问题，才能将自己的技术和创意转化为盈利的工具，才能在激烈的市场竞争中立于不败之地。拓宽融资渠道，对投资人负责，才能使自己的企业茁壮成长。

第二节　风险资本投入

一、风险投资

风险投资在我国是一个陌生而又熟悉的概念。在短短的几年中，它从一个人们还很生疏的名词，成为新闻焦点。风险投资在科学技术向实际生产力转化中所起的无可替代的作用，它的高收益、高风险、高成长潜力的特点受到越来越多的青睐。风险投资目前很热，各级政府、高新技术开发区、大型企业以及金融机构已经开始研究，实施风险投资。全国许多地方已经成立了风险投资公司。在此，我们有必要对“风险投资”这一概念深入理解。

凡是投资活动都存在风险。风险投资，除了一般意义上的投资内涵外，还泛指一些具有高风险和潜在高收益的投资行为，是投资者出资协助没有资金创业者创业，并承担创业阶段的失败风险。根据美国风险投资协会的定义，风险投资是指由职业金融家投入到新兴的、迅速发展的、有巨大竞争潜力的企业中的一种权益资本。而根据“风险投资进入中国研讨会”上被誉为我国“风险投资之父”的成思危的定义，风险投资，是把资金投向蕴藏着失败风险的高技术及其产品的研究开发领域，旨在促进新技术尽快商品化，以及取得高资本收益的投资行为。我们通常所讲的风险投资，是指将资金投向具有巨大增长潜力但同时在技术、市场等各方面存在巨大失败风险的高新技术产业，以促使金融、产业、科研相结合的一种投融资行为。

如华中理工大学新闻专业三年级学生李玲玲依靠她的两项发明专利注册了属于自己的“武汉天行健科技发展有限公司”。她注册的 10 万元资金不是自己挣的，也不是父母资助的，而是由武汉世博投资公司资助的，她因此而成为全国第一位接受风险投资的在校大学生。由此可见，风险投资同其他投资一样，目的也是追求资本的增值，只是投资方式不同。

风险投资的特征包括：

◆投资对象多为处于创业期的高新技术中小企业；

◆投资期限至少3～5年，投资方式一般为股权投资；

◆投资决策建立在高度专业化和程序化的基础上；

◆风险投资人一般积极参与被投资企业的经营管理，提供增值服务；

◆风险投资人一般会通过上市、收购兼并或其他股权转让方式撤出资本，实现增值。

二、风险投资要素

风险资本、风险投资人、投资目的、投资期限、投资对象和投资方式构成了风险投资的六要素。

（一）风险资本

风险资本是指由专业投资人提供给快速成长并且具有很大升值潜力的新兴公司的一种资本。风险资本通过购买股权、提供贷款或既购买股权又提供贷款的方式进入这些企业。按投资方式分，风险资本分为直接投资资金和担保资金两类。前者以购买股权的方式进入被投资企业，多为私人资本；而后者以提供融资担保的方式对被投资企业进行扶助，并且多为政府资金。

（二）风险投资人

风险投资人是指风险投资过程中的投资实体，主要包括风险资本家、风险投资公司、产业附属投资公司和天使投资人。

1.风险资本家

风险资本家是向其他企业投资的企业家，他们拥有所投入资本的所有权，通过直接的投资来获取利润。他们的投资意向是建立在自己丰富的实践经验和准确的判断力上的，是经过深思熟虑才得以确定的。

2.风险投资公司

这是现在最普遍的投资方式，它主要是通过风险投资基金来进行投资，这些基金一般以有限合伙制为组织形式，其合伙人分为有限合伙人和一般合伙人两种。

每个风险投资公司都有自己具体的运作程序，但总的来说包括初审、风险投资家之间的交流、邀创业者面谈、责任审查、条款清单、签订合同、投资生效后的监管几个步骤。

3.产业附属投资公司

这类投资公司往往是一些非金融性实业公司下属的独立风险投资机构，他们代表母公司的利益进行投资。这类投资人通常主要将资金投向一些特定的行业。和传统风险投资一样，产业附属投资公司也同样要对被投资企业递交的投资建议书进行评估，深入企业作尽职调查并期待得到较高的回报。

4.天使投资人

这类投资人通常投资于非常年轻的公司，以帮助这些公司迅速启动。在风险投资领域，“天使投资人”这个词指的是企业的第一批投资人，这些投资人在公司产品和业务成型之前就把资金投入进来。

天使投资虽是创业融资市场上的“新面孔”，但由于门槛比一般的风险投资低许多而备受创业者的青睐，成为创业融资的新渠道。

（1）天使投资的特征

①高科技

投资对象多为处于种子期和初创期的中小型高新技术企业，投资目的不是项目本身，而是高新技术背后所潜在的巨额利润。

②高风险

从投入到退资一般需经过3～7年，因而具有较大的投资风险。

③高回报

每年的投资回报率约在30%左右。

（2）天使投资与一般风险投资的比较

天使投资虽是风险投资家族的一员，但与常规意义上的风险投资相比，又有着以下几点不同之处：

①投资者不同

天使投资人一般以个体形式存在。目前国内的天使投资人主要有三类：第一类是外国公司在中国的代表或管理者，如“微软”副总裁李开复博士、“微软”中国研究院张亚勤博士，他们曾投资清华大学的学生创业团队“东方博远”；第二类是对中国市场感兴趣的外国人和海外华侨，如投资“亚信”的刘耀伦先生、投资“搜狐”的美国麻省理工学院尼古拉·庞帝教授；第三类是国内成功的民营企业家。

②投资金额不同

天使投资的投资额相对较少，在中国，每笔投资额约为5万美元到50万美元。

③投资审查程序不同

天使投资对创业项目的审查不太严格，大多都是基于投资人的主观判断或喜好而决定，手续简便，而且投资人一般不参与管理。

（三）投资目的

风险投资虽然是一种股权投资，但投资的目的并不是为了获得企业的所有权，不是为了控股，更不是为了经营企业，而是通过投资和提供增值服务把投资企业做大做强，然后通过公开上市（IPO）、兼并收购或其他方式退出，在产权流动中实现投资回报。

（四）投资期限

风险投资人帮助企业成长，但他们最终寻求渠道将投资撤出，以实现增值。风险资本从投入被投资企业起到撤出投资为止所间隔的时间长短就称为风险投资的投资期限。作为股权投资的一种，风险投资的期限一般较长。其中，创业期风险投资通常在7～10年内进入成熟期，而后续投资大多只有几年的期限。

（五）投资对象

风险投资的产业领域主要是高新技术产业，如电脑、软件业，医疗保健业，通信产业，生物科技产业等。

（六）投资方式

从投资性质看，风险投资的方式有三种：一是直接投资；二是提供贷款或贷款担保；三是提供一部分贷款或担保资金，同时投入一部分风险资本购买被投资企业的股权。但不管哪种投资方式，风险投资人一般都附带提供增值服务。

从进入方式看，风险投资有两种不同的进入方式：一是将风险资本分期分批投入被投资企业，这种情况比较常见，既可以降低投资风险，又有利于加速资金周转；二是一次性投入。这种方式不常见，一般风险资本家和天使投资人可能采取这种方式，一次投入后，很难也不愿提供后续资金支持。

三、大学生创业企业如何吸引风险投资

（一）化解风险吸引投资

艺术生创新创业企业面临巨大的风险，如技术开发风险、生产风险、市场风险、信用风险、管理风险、竞争风险等。当然，在伴随着高风险的同时，新创企业也潜在着巨大的高收益。但艺术生创新创业家的原始资金往往不足以满足做研发、市场推广工作的资金需求，因此需要从外面引入资金。

艺术生创新创业家的资金需求主要受制于：资本的潜在供给量；是否符合资本的规范要求原则；以及在平衡风险与收益后，资本投入带来的经济利润是否大于当时资金平均利润率。传统的融资方式，如银行借贷、民间借贷；一般在风险和收益的平衡中更注意风险的大小，以安全性作为借贷的首要条件，同时借贷利息无法与所承受的高风险相对称，因此，两者无法成为风险资本的提供者；而股市融资一般有较高的门槛，大学生新创的企业一般无法达到其要求；此外，民间直接融资一般资金供给量小，且风险抗击力差。所以，传统的投融资形式无法满足新创企业尤其是高新技术企业的资金要求，不能成为风险投资的资本供给主体。

那么，新创企业如何降低风险，吸引风险资本的投入呢？假定资本与创业企业分别为两个独立的经济主体，都是为了追求利润的最大化。资本为了降低风险，有几个途径：

第一，聘请一些专业的技术、财务、管理专家对新创企业拟上项目进行评估、筛选；对已投资企业进行监控、参与企业管理、战略规划。因为资金与创

业企业间存在信息不对称、知识鸿沟，创业企业一般由技术开发者拥有，技术开发人员缺乏管理与资本运营的知识和经验。通过专家的介入，在资本与创业企业中形成一条纽带，提高了创业企业的成功概率，并维护了双方的利益，自然就降低了风险。

第二，通过基金募集的方式筹措资本，这样使得资金的原始供给者多元化，分散了风险。

第三，通过资金的组合投资，分别投资于风险差异的企业来分散风险，风险的差异来自企业所属的行业、企业所处的不同阶段。

第四，采用分期投入的方式来降低风险。

第五，通过有限合伙制的组织形式来激励与约束专家队伍。

以上措施的采用，一般可以有效的降低新创企业的风险、提高收益。当大学生新创企业经过风险调整和修正后相应的投资收益率大于相同时期资本市场平均利润率时，资本就会作为一种权益资本奔向新创企业的怀抱。

（二）吸引天使投资

天使投资人通常投资于非常年轻的公司以帮助这些公司迅速启动。由于门槛比风险投资低许多而备受创业者的青睐，成功的吸引天使投资也不失为艺术生创新创业融资的可行渠道。

据了解，我国民营企业经过改革开放20多年的发展，已积累了大量的资本。初步估计，目前中国的民间资本已达到10万亿元人民币。这大笔的民间资本迫切需要寻找投资方向，以便在新一轮发展中抢占先机，而天使投资正是为民间资本所普遍看好的投资新领域。但天使投资的成功率并不高，投资者对其投资行为依旧十分谨慎。

据了解，天使投资者对投资项目的评判标准主要有以下几点：

◆是否有足够的吸引力；

◆是否有独特技术；

◆是否具有成本优势；

◆能否创造新市场；

◆能否迅速占领市场份额；

◆财务状况是否稳定，能否获得 5～10 倍于原投资额的潜在投资回报率；

◆是否具有盈利经历；

◆能否创造利润；

◆是否具有良好的创业管理团队；

◆是否有一个明确的投资退出渠道等。

因此，天使资金与风险投资一样，不会轻易从天上掉下来，而是有的放矢。对此，对于艺术生创新创业者来说，要想获得天使投资的青睐，首先要注意自身所拥有技术的商业化程度；其次，要注意项目技术发展的持续性和竞争性，要注意产品进入市场的反应，而不要等技术完全成熟后再考虑全面进入市场；再者，艺术生创新创业者要提供一份思路清晰、论证充分、观点鲜明的商业计划书，并能给出 10～20 倍回报或在 5 年内提供 5 倍回报的“甜头”，这样才能在众多的申请案例中吸引天使投资者的“眼球”。

四、专家建议：大学生创业的备战原则

（一）别把鸡蛋放一个篮子里

俗语有云：破釜沉舟，置于死地而后生。但通过大量的调研发现，这对于初次创业者是不可行的，不管是已经创业成功的人士还是相关专家，都不赞成大学生在创业初期就投入自己所有的资金积蓄，甚至大肆举债。

他们认为，由于大学生自身市场经验、管理能力等方面的不足，初次创业的成功几率只有 20%～30%，很大程度上这是他们自我摸索和学习的一个阶段，如果过多过大的投入，一旦失败，会对今后的发展产生巨大影响。对于那些没有开始创业，就整天想着从哪里获得更多的贷款，甚至寻求风险投资机构帮助的举动，是不值得提倡的。

首先，作为创业学生从这些渠道获得资金的概率非常小，投资专家是不会轻易把钱投在那些初出茅庐的人身上，哪怕你自认为有非常好的项目和机会。

其次，过多的投入很可能一开始就把事情放在了自己不能掌控的地步。使风险加大。

专家建议：尽量将创业资金数额减到最低。选择那些只需要少许现金，并能充分实现个人才华和专长的事业做起，给自己一个经验积累和资本累积的过程。

（二）好的选址是成功的一半

刘小姐在毕业后自己开了一家服装店，自己采购和进货，不卖品牌卖个性。最初，她把店址选在上海一条非常有名的高档商业街，开张后生意还算不错，但半年后，刘小姐发现自己几乎没有赚到钱。因为这里的租金很高，再去掉电费、杂费等就所剩无几，而衣服的定位又决定了利润空间。在朋友的建议下，刘小姐决定把店开在人气较旺的浦东某地铁出入口，或者干脆搬到大学附近。这样既节省了一大笔开支又符合小店的定位。

专家建议：工厂、仓储等企业为了减少中间环节，降低生产成本，提高运行效率，可以选在开发区。而公司以交通便利、商务服务完善、租金合理为原则。对于服务性行业，可根据经营内容来选择地址：服装店、小超市要开在人流量大的地方；保健用品商店和老人服务中心，就适宜开在安静但又有固定客源的地方。

对于那些利用电子商务或者与网络有关的，选择面就更广了，可以在不影响邻居的情况下开在居民楼里，甚至开在自己的卧室，这样可以在创业初期节约大笔开支。

第三节　创业财务预算

大学生在踌躇满志地创建自己的企业前，进行切实详细的财务预算是必备的一环。

财务预算是企业全面预算的一个环节。全面预算是一整套用来规划计划期企业全部经济活动和经营成果的预计的财务报表和其他附表，包括日常业务预算、专门决策预算和财务预算三大类。

日常业务预算是反映企业在计划期日常发生的各种具有实质性基本业务活动的预算。主要包括销售预算、生产预算、直接材料采购预算、直接人工预算、制造费用预算、单位生产成本预算、管理费用预算等。

专门决策预算是反映企业不经常发生的长期投资决策项目或一次性专门业务的预算，它实际上是对中选方案的进一步规划。

财务预算作为全面预算体系中的最后一个环节，可以从价值方面总括地反映计划期现金收支、经营成果和财务状况的预算。日常业务预算和专门决策预算最终都可以折成金额反映在财务预算中，财务预算因此也称为总预算，其他预算也可称为分预算。财务预算主要包括现金预算表、预计收益表和预计资产负债表三种。

一、财务预算的编制方法

（一）固定预算与弹性预算

固定预算又称静态预算，是指计划期内正常的、可实现的某一业务量水平为唯一基础来编制预算的办法。这是较传统的预算方法，适合于业务量水平较稳定的企业使用。

弹性预算法是指在对成本习性分析的基础上，以业务量、成本和利润之间的依存关系为依据，按照计划期可预见的各种业务量水平，编制能够适应多种情况的预算的方法。

（二）增量预算与零基预算

增量预算是指以基期成本费用水平为基础，结合计划期业务量水平及有关降低成本的措施，通过调整原有费用项目而编制预算的方法。这种方法简单易行，在生产上被广泛采用，但它的编制受原有费用项目的限制，很可能使原来不合理的费用开支延续下来，形成不必要开支的合理化，造成浪费。

零基预算法是在编制成本费用预算时，不考虑以往会计期间发生费用项目或费用数额，以零为起点，一切从需要和可能出发，逐项审议计划期内各项费用的内容及开支标准是否合理，在综合平衡的基础上编制预算费用的一种方法。该方法克服了增量预算的缺陷，但操作起来比较繁琐。企业可根据具体情况将零基预算与增量预算结合起来，认为成本费用会有较大变动时做一次零基预算，以后几年可采用增量预算法。

（三）定期预算与滚动预算

定期预算是指在编制预算时，以不变的会计期间作为预算期的一种预算方法。这种方法是在年初编制全年的计划，因此经常存在预算滞后的问题。为克服定期预算的缺陷，实践中出现了滚动方式编制预算的方法，即滚动预算法。

滚动预算法是指在编制预算时，逐期向后滚动，使计划期永远保持 12 个月的一种编制预算的方法。这种预算方法使预算具有较高的透明度，而且对预算能够进行及时调整，并具备连续性。具体做法是：每过一个季度或月份，立即根据前一个季度或月份的预算执行情况，对以后季度或月份的预算进行修订，并增加一个季度或月份的预算。这样，以逐期向后滚动、连续不断的预算形式规划企业未来的经营活动。

二、日常业务预算

日常业务预算是在科学预测的基础上进行的，目标利润是其编制的主要依据。

（一）销售预算

编制销售预算的根据主要是产品的预计销售数量、产品的销售单价和产品销售的收账条件。预计销售额可通过下面公式计算得出：

预计销售额=预计销售量×预计销售单价

为了给编制现金预算提供资料，销售预算通常还包括现金收入的预算，以反映每个预算期内因销售而收回现金的预计数。

销售预算通常要分产品品种、分月、分区域来编制，然后由公司进行汇总。为了说明预算的编制方法，我们以生产企业为例。

（二）生产预算

生产预算编制的依据主要是销售预算的每季预计销售量以及计划期间每季的期初、期末存货量。

编制方法主要是根据以下公式计算出每季的预计生产量，然后填入预算表中。

（三）直接材料采购预算

直接材料采购预算编制的依据主要是生产预算的每季预计生产量、单位产品的材料消耗定额、计划期间的期初及期末存料量、材料的计划单价、采购材料的付款条件等。

编制方法主要是按材料类别分别根据以下公式计算出预计采购量，然后填入预算表中：

预计购料量=生产需求量+计划期预计存料量-计划期初存料量

（四）直接人工预算

直接人工预算也是以生产预算为基础编制，是对单位产品工时、每小时人工成本及人工总成本所做的预算。直接人工预算比直接材料预算简单，它不需要考虑存货因素，可以直接根据预算生产量所需要的直接工时及每小时人工成本编制。

直接人工总成本（直接人工工资）可以通过下式计算：

直接人工总成本=预计生产量×单位产品工时×每小时人工成本

由于直接人工工资都需要企业以现金支付，所以不需要另外编制现金支出预算，直接人工预算可直接为现金预算提供现金支出资料。

（五）制造费用预算

制造费用预算是对那些为产品生产服务，但不能直接计入产品成本的间接费用所做的预算。与直接材料、直接人工不同，制造费用与产品生产数量并不保持直接的比例关系，有些制造费用随产品生产数量的增减变化而变化，有些制造费用与产品生产数量没有直接关系，如折旧费等。为编制制造费用预算，通常将制造费用按成本性态分为变动制造费用和固定制造费用，并分别对变动费用和固定制造费用编制预算。变动制造费用以生产预算为基础来编制。

变动制造费用=预计生产量×单位产品变动制造费用

固定制造费用与本期生产数量无关，需要按照费用项目逐项

根据每一预算期内实际需要的支付额进行预计。

预算期内预计制造费用=预计变动制造费用+预计固定制造费用

预计现金支出=预计制造费用-不需要以现金支付的制造费用

（六）销售及管理费用预算

销售预算是对销售环节的支出所做的预算。销售费用按照与销售数量之间的储存关系，可分为变动销售费用与固定销售费用。

对变动销售费用的预算应当以销售预算为基础编制：

预算期内变动销售费用=预计销售数量×单位变动销售费用

固定销售费用因不随销售量变动而变动，可以预算的实际开支为基础编制预算。

管理费用是企业管理部门为组织和管理企业所发生的费用，一般与生产数量及销售数量没有直接的联系，属固定费用，可采用增量预算或零基预算的方法进行预算。

销售及管理费用大部分也需要本期支付现金，但应注意，在编制现金支出预算时一些不需要支付现金的销售及管理费用应扣除。

（七）产品成本预算

产品成本预算是对产品的单位成本、总成本的预算。产品成本预算的编制要以直接材料预算、直接人工预算及制造费用预算为基础。

单位产品直接材料费用=单位产品材料消耗量×材料预计单价

单位产品直接人工费用=单位产品工时×预计每小时人工成本

单位产品制造费用=每小时制造费用×单位产品工时

=制造费用总额/产品工时总额×单位产品工时

（八）产品销售成本预算

产品销售成本预算是关于公司年末产品销售成本的预算，是为编制年度利

润表服务的。产品销售预算的编制以产品成本预算及期末产品存货预算为基础。年末预计销售成本可通过以下公式来计算：

预计销售成本= 预计总生产成本+期初存货成本-期末存货成本

其中，期初存货成本是上一年末的期末存货成本；预计生产总成本来自产品成本预算；期末存货成本是期末存货数量与产品单位成本的乘积，期末存货数量资料来自生产预算。

（九）资本支出预算的编制

资本支出预算是对预算期内长期投资项目（回收期超过一年）的未来现金流量进行的估算。主要内容是列示投资方案各年度的用款额度及企业各年需要投入的资金总额，以便据以筹划相应的资金来源。

（十）现金预算

现金预算由四部分组成：现金收入、现金支出、现金溢余或不足、资金筹措和运用。

现金收入部分包括期初现金余额和预期现金收入。期初现金余额是编制预算时预计的，现金收入资料主要来自“销售预算”。

现金支出部分包括预算期内的各项现金支出，其数据主要来自“直接材料预算”“直接人工预算”“制造费用预算”“销售及管理费用预算”“资本支出预算”，此外，还包括所得税预计及预计股利分配等专门预算。值得注意的是，现金支文不包括那些不导致现金支出的费用，如折旧费用、无形资产摊销等。短期借款的利息通常不在该项目中列示，而是放在资金筹措和使用中。

现金溢余或不足部分主要反映现金收入合计与现金总支出需求合计的差额。而现金需求总额包括本期现金支付额与公司政策所要求的最低现金余额之和。最低现金余额是公司为预防以外支出、可接受的最低现金持有量。最低现金余额在确定现金溢余或不足时予以扣除，但在确定预计的期末现金余额时则应加回去，因为最低现金余额在本质上并不是一项现金支出。如果差额为正，现金多余，可用于还债或作投资；如果差额为负，现金不足，需要筹集资金。

第八章　大学生创新创业的市场机会识别

第一节　大学生创新创业的经营战略

艺术生创新创业，需要根据企业在行业中的地位，以及企业的目标、机会和资源，确定一个最有意义的战略，以便企业能在动荡不安的环境中生存、发展。企业进行市场营销管理，也就是企业对市场营销进行管理的过程，即把企业所有的人力、财力、物力科学组织到满足消费者上去，并不断调整，适应市场环境。具体来说，创业营销过程就是对市场进行调查研究、选择目标市场、制定规划营销战略及不断实施的过程。

一、市场竞争研究

市场竞争研究旨在调查、分析企业面临的竞争环境及其竞争力量的状态，明确与这些竞争力量的比较，本企业的优势和劣势。

一般可以用 SWOT 分析确定市场定位：S——strength（优势），是指企业或企业产品与别人相比所具有独特的优点与长处，如服务周到；w——weakness（劣势），是指企业或企业产品与别人相比不同之处，比别人差的地方，如价格高；O——opportunities（机会），是指整个市场环境给你提供哪些机会；T——threats（威胁），是指整个市场环境中对你不利的情况，如竞争将增加，各种力量都有可能进入。

通过将企业或产品在坐标上定位，就可以比较清楚地看出企业或产品所处的情况，之后便可制定出合适的市场推广策略。

影响行业竞争强度的基本力量有五种，即行业内部现有竞争者，潜在加入者，替代品的生产者，讨价还价的购买者，讨价还价的供应者。

二、创业组织营销战略核心

创业营销战略是指对创业产品和服务的目标市场选择，市场定位以及营销策略制定作出全面的规划和布置，以最有效地分配企业资源，满足公众需求和企业利益双重目标。制定创业企业营销战略的关键步骤如下：

（一）明确企业的目标和方向

企业的主旨决定着营销战略的方向，营销战略应当为企业整体发展战略服务，应当与企业的整体战略目标相一致。

（二）明确市场的定位

创业产品和服务市场可以划分一定的细分市场，企业要在哪一个细分市场中进行发展，是创业营销战略应当明确的问题。由于创业市场有自身的特点，所以传统的4P营销理论（产品、渠道、价格、促销）可能不太适用，整合营销理论正在逐步替代4P营销理论。整合营销理论强调4C（消费者，消费者需求及需求的成本，消费者购买的便利性，以及沟通）。生产商不再强调卖能制造的产品，而是卖消费者想买的产品，营销传播重点是由“公众请注意”转变成“请注意公众”，公众成为创业市场的主角。买点和卖点、购买价值的体现是研究重点。

三、公众价值视角下的创业营销

（一）顾客价值

顾客价值是营销领域中的核心概念，即顾客期望从某特定产品或服务中取得一组利益，或者是让顾客从购买过程中得到效用，全面、细致服务与价格公平。

（二）顾客让渡价值

所谓顾客让渡价值，就是顾客价值与顾客成本（顾客价格）之差。顾客成本是获得和使用该产品或服务时引起的顾客费用或成本。“顾客让渡价值”概念是为了解释价格高的产品不一定在市场受到欢迎这一现象，也就是说，顾客在考虑到产品或服务较高的价值时，也会同时考虑其获得商品或服务要付出的代价。亚当·斯密说过："任何东西的真实价格就是获得它的辛劳和麻烦。""辛劳和麻烦"支付得太多，必然让一些消费者知难而退，退而求其次。

在创业营销中，产品价值是指公众购买创业各种产品的实质价值；服务价值是指艺术生创新创业所能提供各种服务以及满足公众内心需要、欲望的价值，人员价值和形象价值是指艺术生创新创业人员素质水平以及企业形象，品牌、品牌效用大小。

（三）创业营销核心是公众满意

科特勒认为："满意是指一个人通过对一个产品的高感知的效果（或结果）与他的期望值比较后，所形成的愉快或失望的感觉状态。"

艺术生创新创业需将为公众服务、提高公众满意度放在经营目标的首位，我们相信，艺术生创新创业的主要目标既非利润。也非竞争，而是要通过实用、创新符合市场，符合公众需求服务产品，来增加所有公众的满意度。

由于在创业过程中得到良好的服务，公众就会记得企业好处，成为企业业务支持者，会较少关心和注重其他竞争企业的广告和宣传，一有机会还会选择满意的企业。

第二节　营销环境扫描

创业市场营销环境分析在创业营销中地位是非常重要的，国内市场需求的把握以及整个市场营销过程都会受到它的影响和制约。

分析市场营销环境有多种方法，通常包括宏观环境和微观环境分析。

微观环境主要是影响到创业产品或服务进入目标市场的能力，一般是由供应者、竞争者、中介机构、顾客和公众组成。

宏观环境因素主要包括人口、经济、文化等诸因素。对于宏观环境，创业营销机构应当主动去研究，对其特点和变化趋势进行预测，及时采取各种措施去适应它。

一、创业营销环境分析

（一）创业营销服务的微观环境

艺术生创新创业的营销管理者不仅要注重目标市场需求，而且要了解企业营销的所有微观环境因素，即企业、供应者、营销中介机构、顾客、竞争者和公众等因素。

1.企业

企业是一个完整系统，而市场营销部门是这一系统中重要因素。

2.供应商

供应商是指为艺术生创新创业供应材料、物品、能源、燃料、资金等生产资源的企业或个人。

3.营销中介

营销中介的作用是促进销售，以及尽快把各种创业产品最终送到需求者，这个过程就需涉及到中间者，包括营销服务机构（广告公司、咨询公司）、金融中间人（银行、保险）等，这些是创业市场营销不可缺少的中间环节，创业的营销活动需要中介机构协同，才能顺利进行。

4.顾客

创业营销企业必须与供应商和中介机构合作，以最有效提供其目标市场的产品和服务。

5.竞争者

艺术生创新创业在市场营销过程中，常常会碰到好多对手即竞争者，一般分成六种。

6.公众

企业的行为会影响其他人和群体的利益，这些人和群体就成为有意义的公众，企业在寻找目标市场过程中，必须知道受益的广大公众赞同或不赞同其经营模式。

公众是指对艺术生创新创业经营过程具有实际或潜在利害关系和影响力的

一切团体和个人。

（二）创业开发和服务企业的宏观环境

创业开发和服务企业的宏观环境包括自然、土地、人口、经济、文化、技术环境等要素。任何企业及其所处的微观环境都处于这些宏观环境因素之中，不可避免地受其影响和制约。这些宏观环境可以给企业提供机会，也可以造成威胁。

二、分析创业营销环境的手段和方法

企业内部与外部环境共同形成了一个大系统，企业内部与外部环境是这一个系统中的两个子系统。两者必须相互配合，才能产生系统效应。外部环境这个子系统时刻处于变动之中，企业是不能控制的，因此企业必须经常对自身系统进行调整，才能适应外部环境的变化。“适者生存，优胜劣汰”的原则，每一个企业都必须遵守。

1.市场吸引力/企业优势分析矩阵

这种矩阵是由美国通用电气（GE）公司所创，又称计划方格法。

2.环境威胁分析规律

对于环境威胁，可以按它的潜在严重性和它成为现实的可能性大小列成威胁分析矩阵进行分析。

对于第 1 象限威胁，企业应处于高度警惕状态，并制定相应的措施，尽量避免损失或使损失降低到最少，因为出现概率高和潜在严重性高。

对于第Ⅱ、Ⅲ象限，企业也不能掉以轻心，要给予充分重视，制订好各种应对方案。

对于第Ⅳ象限威胁，企业要经常注重其变化，一旦发现其趋势转移时应制定政策，一般说来有三种对策可用：第一种是反攻策略，即试图限制或扭转不利因素的发展，如促使政府通过其法令或政策，达成协议，或改变形势环境的威胁；第二种是减轻策略，即通过企业改变营销战略，来达到减轻“环境威胁”的程度；第三种是转移策略，即将商品转移到其他市场，或转移到其他盈利更多的产品行业，采取多元化经营方针。

第三节　市场研究与预测

现代企业面临多种多样、变动的需求，经营风险越来越大，对企业决策的要求越来越高，对企业销售技术的要求也越来越高，而决策质量的提高有赖于足够和可靠的信息，所以企业必须善于收集信息进行市场研究和预测。

一、营销调研

营销调研是系统地设计、收集、分析和提出数据资料，分析并最后提出公司面临特定营销状况的调查研究结果。

对于创业营销调研，就是要调查各种创业产品的销售状况，对顾客来源分布，购买产品，特别是高档产品资料进行收集分析。同时也必须了解创业服务中客户满意程度和期望，了解企业服务、成本、沟通、渠道等在公众中反应以及各种营销战略的反应结果。具体说，创业产品和服务营销调研主要包括三方面内容：一是宏观环境信息，如国家政策、法规、经济、文化、技术、社会发展等方面的信息；二是有关微观环境的信息，行业竞争者情况、对顾客创业心理文化研究和企业在公众中的形象；三是企业相关策略的效果如何以及客户期望值是否得到满足，如没有满足，如何改进，满足了，又该如何提高等。

（一）创业营销调研方法

研究创业产品和服务市场情况的调研方法有很多，通常，依据调查方式不同，可分为四种，即询问调研法、观察调研法、实验调研法和资料分析法。

（二）创业营销调研的步骤

1.确定问题和研究目标

2.制订调研计划

在调查方法中，将调查表设计得周密、理想是最为重要的一环，任何一个问题只要在措辞、语气上稍有不妥，所得到的结果往往与事实相去甚远，所以，设计调查表的程序和应注意的问题是：

（1）决定调查方式

调查人员运用访问调查、电话调查或通讯调查时，对于调查表内容设计都不一样。目前，创业产品和服务市场缺乏市场调查，因此，如果能在调查前事先设计出有一定针对性的调查表，并且经过长期、系统的累计整理，就可以比较方便地获取有关信息和数据，结果也会有一定的实用价值。

（2）决定采用调查问题的设计方式

调查问题的设计方式有很多种。针对不同的目的，有不同的问题设计方式。一般采用多种选择、自由作答等。其关键是在于调查人员希望了解什么样的市场信息。

（3）设计调查表的问题时应注意的事项

◆问题力求简单明了，使被调查人一看就能回答问题；

◆同一问题不能有两个以上主题或内容；

◆问题的字里行间避免使用有引导性的问句，不能含有任何暗示。

3.收集资料

资料有两种：一种是调研得到的原始资料（一手资料），另一种是经过别人整理后得到的二手资料。原始资料最为客观，真实调查所得到的反馈信息就是宝贵的一手资料。但是，一手资料费时耗物，一般情况下，对已有二手资料进行收集、整理、分析，也是一种有效的信息收集途径。

4.整理与分析资料

从被调查者处收集来的资料千差万别，在编制调研报告之前，必须先对资料进行编辑整理。

编辑的目的是发现并剔除调查资料中的错误部分，如调查人员主观偏见，答复者有意敷衍，不精确回答或矛盾答复等。

5.得出结论，完成调研报告

进行市场调查之后，必须制作调研报告，供领导决策参考与应用。报告必须详尽，概要且属实。将调研的结论组织成目标明确、有条不紊、主次分明的报告书，就能够使决策者在短时间内得到一个总体印象。

美国营销协会拟订了一份市场报告蓝本，可作为参考：

1.导言

（1）标题、扉页

（2）前言

报告根据

调查目的与范围

使用方法

致谢

（3）目录表

2.报告主体

详细目的

详细的解释方法

调查结果的描述与解释

调查结果与结论的摘要

建议

3.附件

样本的分配

图表

附录

二、创业市场需求预测

预测就是根据历史资料、过去的经验和科学判断来推测将来。一种产品的市场需求是在一定营销环境中和一定营销开支水平下的市场需求量。市场需求～方面受到许多不可控环境因素的影响，如人口统计因素、经济技术因素、政治文化因素等，另一方面也受到可控因素的影响，即受行业一定水平营销开支的影响，包括价格水平以及产品改良、分销和促销等方面的开支。大部分市场需求是有弹性的，开支较大，需求也较大。

市场潜力可以定义为：在一定环境下，行业营销开支达到最大限度时，市场需求所能达到的最高限量。“一定环境”这个条件极重要，在不同环境条件下市场潜力是不一样的。一般而言，在经济高速发展期的市场潜力大于经济增长呆滞期的市场潜力。

公司需求可以通过有关企业的市场需求份额表示：

公司需求=市场需求总量×公司市场占有率

影响市场需求的因素也影响公司需求，公司需求还受影响公司市场占有率的因素的影响，关于什么因素影响公司市场占有率，一般的说法是公司市场占有率与公司营销开支成正比例，如下式：

甲公司市场占有率=甲公司营销开支/所有公司营销开支之和

企业在进行市场预测时，主要是预测有关的市场潜力和公司潜力，即在一定营销环境下，行业或企业经过最大努力所能达到的最高限量。一个企业在打算进入一个市场或生产一种新产品时必须考虑市场潜力及增长前景，以便决定是否值得进入或生产。

（一）定性预测法

1.客户意见调查法

客户意见调查法是通过电话、文件或直接访问的形式调查各类有代表性的潜在客户的意见及他们的消费和偏好，以此推算需求总量的一种预测方法。采用这一方法，必须了解客户对于创业需求有关因素，以便非常清楚哪些是影响消费需求的因素。

2.集中意见法

这是由企业高层负责召集销售、市场服务、财务部门讨论，做出集中判断的一种预测方法。该方法快速简易，有利于发挥高层管理者的知识，利用他们的判断力，相互启发，作出比较正确的预测。这种方法主观随意性比较大，预测受个人素质和信息影响大，容易导致预测的片面性。

3.德尔菲法

德尔菲法也称专家意见法，是1964年由美国兰德公司首创并推广应用的。德尔菲法是以匿名的方法征求一组专家各自的预测意见，然后将个人意见回集并形成某种统计图表，再反馈给专家个人，以供专家进一步修改自己原来的意见。这样循环往复若干次后，专家的意见趋于一致，最后以此一致意见作为预测结果。

（二）定量预测法

定量预测法主要包括时间序列法。时间序列法是假定某一经济变量与时间相关，将其过去的数量按年或按月顺序加以排列，构成一个统计图表，并建立该经济变量与时间的函数关系，描述其发展趋势，然后求得未来的预测值。时间序列法包括简单移动平均法、指数平滑法和因果法等。

1.简单移动平均法

简单移动平均法是预测对象各个时期的数据，根据时间序列对预测值的影响，取得靠近预测期的一组观察值，计算其平均数，作为下期预测值。简单移动平均法要求历史数据具有精确性和连续性，一旦出现中断或数字失真，就会影响预测结果。此外，跨越期的数值也会影响预测结果。一般而言，如果过去的数据表现为水平型，波动较小，则跨越期可取较大的数值；如果过去的数据表现为趋势型，如呈明显的上升或下降趋势的，则跨越期应取较小的数值。

2.指数平滑法

指数平滑法是1959年美国学者布朗在《库存管理的统计预测》中提出的，是将预测对象全部的历史数据进行加权平均作为预期值的一种预测方法。加权平均的含义是对近期的历史数据加以较大的权数，对远期的历史数据加以较小的权数，权数由近及远，按指数规律递减。移动平均法中假定各期对未来预测值受最近一期实际值的影响最大，时间隔得越长，影响程度越小；而指数平滑法正是考虑了不同时期对预测值的影响程度不同这一实际现象来进行预测的，因而这种这种方法更先进、合理。

3.因果法

因果法是假定某一因素的变化与另一因素有关，运用相关分析，确定相关系数，通过过去的数据资料，建立数学模型，用自变量的变化来预测因变量的变化。因果法包括一元或多元回归分析、投入产出分析等经济计量模型。

回归分析法是因果预测法的主要内容，它是通过大量实际数据的统计分析，研究事物演变规律，对事物的未来作出预测。一元回归分析法是指通过分析预测对象的数据和某一个市场因素的数据之间的线性关系，建立线性模型，并运用线性模型进行预测的方法。它主要包括以下步骤：建立模型、回归显著性检验和利用一元回归方程计算预测值。

当然，在实际利用一元回归方程计算预测值时，一般都是直接将历史数据输入计算机，根据特定的计算机程序或软件包，由计算机计算出结果并建立模型；同时，也可以直接根据计算出来的误差、标准差等进行显著性检验和预测。

第四节　市场消费行为分析

“市场”是一个多义词，其概念是随着商品交换的发展而发展的。人们把市场定义为“商品交流的场所”。这主要是一个空间概念，反映了双方在同一地点进行交易这一经济现象，是一种狭义的市场概念。另一种解释是把市场定义为“市场是商品交换关系的总和”，这实际上是一种理论上的抽象，是广义的市场社会。

一、一般市场与创业市场

从企业角度看，市场就是需求（有支付能力的需求），而需求是由顾客提出来的，所以也可以说市场是由顾客构成的。市场是购买者的需求总和，即人口（P）、购买力（I）和购买动机（D）三要素的综合体现。

顾客构成市场，顾客的需求变化能够创造、发展和淘汰市场，因此，了解和熟悉顾客就成为市场营销工作的出发点和获得成功的基本条件。了解顾客主要指的是了解顾客的需要和购买行为，了解影响其需要和购买行为的种种因素。以及需要和购买行为变化规律。

由于多数消费者对所购买品往往缺乏知识，所以一般情况下消费者购买属于非行家性购买，易受促销环境、他人购买行为或心理的影响。

二、消费者购买行为的内容与模式

（一）消费者购买行为的概念

消费者购买行为是一个行为过程系统，是由谁来买（who）、买什么（what）、怎样买（how）、什么时候买（when）、在什么地方买（where）、根据什么来决定买不买（why）的过程，通常称为5WH过程。消费者购买行为依次通过每一阶段，构成一个需求—动机一选择一活动一反馈的行为系统过程。

（二）消费者购买行为模式

消费者购买行为模式来源于反映人类一般行为的模式，而后发展为专门研究消费者购买行为模式。

1.传统经济学家的消费者经济选择模式

这一模式说明，消费者购买某种产品最重要的支配因素是价格和性能。假设性能相同，必然购买价格低的，以便自己所购商品的边际效用和其他任何商品的边际效用相等。

2.莱文（Lewis）位相区域模式

莱文认为人脑分三个重要区域：第一个区域是一个内部区域，由人们愿望和需求组成，每种需求占据一块具体位置，各有其意义；第二个区域是主管运动区域，是内在因素与环境发生联系的系统，主要进行信息加工；第三个区域是生活空间外部区域，是指周围环境，它影响个体内部因素变化。位相区域模式说明满足消费者某种具体需要可以有多种方式，同时强调消费者个体和环境之间的相互作用。

3.考特勒购买行为模式选择

考特勒从心理学和社会学角度，提出了强调经济和社会两种因素的消费者购买行为选择模式。该模式说明影响购买某种商品的因素，通过企业和环境构成的各种渠道传给消费者，消费者也对这些因素作出不同反应。

4.态度多重属性模式

消费者态度也会影响其购物行为。该模式有两个基本假设：一是作为对客体态度基础是它的多重属性；二是客体的不同属性对消费者的态度可能有不同的影响。客体可以是一种商品，也可以是一类商品，使用时首先要确定该商品有哪些重要属性，并给出它们的重要程度作为加权权数，其次对商品各属性进行主观评分，最后依据模式计算出消费者对该商品总态度值。

5.购买是一种习惯建立的行为

这种模式认为，消费者对商品的偏好是在重复使用中逐步建立起来的，需经过认识过程。因此，把某种商品的信息长时间地、反复地给消费者传递，使得他们产生喜好。同时还认为，消费者的购买行为与刺激反应的强度相关，消费者购买行为是驱使力、刺激物、提示物、反应和强化五种因素相互作用的结果，其中。主要取决于消费者在多次刺激一反应中所形成的习惯强度，这种习惯越强烈，购买动机的诱发就无须建立在对商品的喜欢上。习惯性、重复性购买者就属于此类。行为心理学的创始人沃森建立的“刺激一反应”原理，指出人类的复杂行为可以分解成为两部分：刺激、反应。人类行为是受到刺激后的反应。刺激表现为两方面：身体内部刺激和体外环境的刺激。反应总是随着刺激而呈现的，按照这一合理分析，从营销者角度出发，各个企业的许多市场营销活动可以视作为对购买者行为的刺激，如服务、价格、销售地点和场所、沟通方式等。所有这些，我们称之为“市场营销刺激”，是企业有意安排的、对购买者的外部环境刺激，除此之外，购买者还时时受到其他方面的外部刺激，如心理、经济、文化、技术、政治法律的刺激等等。

所有这些刺激，进入了消费者“暗箱”后，经过一系列心理活动。产生了人们所看到的购买者反应。购买者一旦已决定购买，其反应便通过购买决策过程表现在购买者的选择上，包括对服务产品的选择、商标选择、经销商选择、时间和数量的选择。

购买心理是复杂的、神秘的，但是营销人员可以从影响购买行为的诸多因素中找出普遍性的规律，进一步探研购买行为的形成过程，并预料购买者的下一步反应，自如地应用“市场营销刺激”。

上述几个购买行为模式一般都包括消费者、企业和环境三个变量，而消费者是中心要素，模式把复杂抽象的现象或理论简化为简明、直观的公式或流程框图，但有时缺乏必要的分析，使变量之间的关系过于机械，因而运用时需有严肃的科学态度。购买行为是根据不同“价值角色”的客户——“人”在其价值形成和交换中那些“逐到性的”认知、心理和行为规律，来研究有效、合适的销售行为。

三、影响消费者购买行为的主要因素

消费者购买行为千差万别，但作为一个过程，即购买意图的产生、购买过程及购买评价等，是一个有机的整体，构成消费者行为系统。这个行为系统的运行受到许多因素的影响。

（一）经济因素

经济因素过去是、今后仍将是制约消费行为的一个基本因素。多数购买者是理智的，他们遵循的是“最大边际效用”的原则，也就是说，他们会根据自己的有限收入，根据市场获得的信息，购买对自己最有价值的东西。这里我们讨论一下马斯洛动机理论。马斯洛试图证明有的人为了满足其生存而努力奋斗，而有的人则为了追求别人的尊重而费神。马斯洛认为人类需要可按层次排列，分别为生理需要、安全需要、社会需要、尊重需要和自我实现需要。

一个人总会首先寻求满足最重要的需要，但当他满足了最重要的需要之后，这个需要就不再是一种激励因素了，而转向满足上一个层次的需要。马斯洛理论认为，一名饥饿者（需要满足第一需要）绝不会对艺术界的新鲜事情感兴趣

（第五需要），也不会注意别人对他的看法或对他是否尊重（第三、第四需要），他甚至对自己周围的空气纯净与否也无所谓（第二需要），这个理论可以帮助我们的创业服务人员了解如何才能适应各种潜在消费者的需求。

创业产品购买动机主要是来源于公众的各种层次需求。

（二）心理因素

消费者在购买过程中反映出一系列复杂的心理活动，表现出包括能力、性格、气质在内的个性心理特征差异，是购买动机和购买行为的重要基础. 是影响消费者购买行为的主要心理因素。

（三）文化因素

文化不同，买点和卖点也不同。每个关键人都拥有或可以拥有自己认同的、能最好满足购买需要的看法，我们把这种看法叫做选择标准看法或 VOC（Views Oil Criteria），用公式表示就是：选择标准看法（VOC）=选择点+关联概念

（四）创业单位因素

创业市场主要由创业单位和公众所构成。创业单位作为服务的出售者，它们的服务产品、业务销售活动会直接影响公众的消费心理和行为。直接影响公众心理和行为的有 5 个因素：

◆服务产品因素；

◆声誉因素；

◆价格因素；

◆地点因素；

◆促销因素。

四、消费者购买决策过程

我们知道，消费者在作购买决策时，由于产品性质和重要程度等方面的不同，在不同产品上所花的时间精力也是不同的，有时几秒钟、几分钟就可以决定购买，有时却要花几个月甚至几年的时间。消费者购买过程也是随之而变化的。

经过长期对公众行为的研究，学者们得出一个购买过程模式。这个模式最适合于比较复杂的购买决策过程的分析。它把公众的购买过程分为 5 个阶段：认知问题（唤起需求）、搜集信息、评价选择、购买决策、购后行动。这里强调的是消费者的整个购买过程，而不单单是购买决定。

认知问题、搜集信息和评价选择阶段叫做购买前过程；购买决策阶段叫做购买过程；购后行动叫做购后过程，有时还把“将来决策过程”也包括在购后过程中。这样，消费者的购买决策过程就由购前、购买和购后 3 个过程的 5 个阶段组成。

实际上，消费者并不是购买每件物品都要经过这 5 个阶段，对某些物品的购买过程就非常简单，消费者可能跃进其中的某个阶段或倒置某阶段。这个模式所展示的是消费者面临新的或复杂的购买情况时所进行的一系列考虑和活动，是一个较全面的过程。

认知问题是消费者决策过程的起点，对消费者极为重要。搜集信息和评价选择阶段是消费者搜集决策所必要的情报，并在此基础上，在心里对各种选择作出评价；购买阶段是消费者最终作出决策并实现购买决策的活动；购后行动过程是决策阶段的最后阶段，主要是了解消费者在购买以后有什么反应，这个阶段对于消费者的满意与否和将来的市场营销潜力极为重要，因为消费者从所购买商品的使用中得出经验，又学到了新的东西，为将来购买同类产品提供了评价基础和选择标准，影响将来的购买决策。

第五节　服务产品市场细分与定位

艺术生创新创业在进行营销前要选择自己的服务对象，明确企业主要是为哪些公众服务，满足公众哪些方面的需要，即确定企业的目标市场。为什么要选择企业的目标市场呢？因为尽管整体市场需求很大，但是任何企业受资源条件的限制，都不可能满足整个市场。面对激烈的市场竞争，企业应从实际出发，发挥优势，扬长避短，选择最佳服务对象，将自身优势与社会需要相结合。那么，如何选择企业的目标市场呢？这就需要通过深入市场调研，进行市场细分，市场细分是确定目标市场的前提。

一、创业市场细分

市场细分化是指将一个市场按一定标准分成一些小市场的过程。接价格分，可将市场分为高档创业市场、中档创业市场、低档创业市场 3 个子市场。

（一）市场细分化的基本要点

市场细分化具体包括三个基本要点：第一，市场细分化的基础是消费者需求的差异性或异质性，即细分公众，而不是细分市场。第二，市场细分化的方法是求大同，存小异，即在各个不同的细分市场之间，消费者的需求存在明显的差异，而在每个细分市场内，消费者需求差异最小。第三，市场细分化的目的是选择最有利的市场面作为企业的目标市场，通过市场细分化，有助于发现新的市场机会，对于企业合理利用资源、开展有针对性的营销活动、适应公众的需求、提高竞争力量有积极作用。

（二）创业服务细分市场的方法及其相应的特点

制定营销战略，首先要对市场进行细分。创业服务的市场细分是根据公众及其需求上的差异，将总体市场划分具有相对共同和相关因素的若干个细分市场。一个细分市场就是一个需求大体接近的公众群体。市场细分有利于选择目标市场，有利于创业单位制定营销战略和及时调整营销策略，以适应公众的需求。

二、创业服务产品目标市场的选择

目标市场是企业为满足现有的或潜在的消费者需求而开发的特定市场，是企业在市场细分的基础上，根据企业的本身条件和外在因素，确定创业产品的销售对象。

（一）创业产品目标市场的选择原则

企业在按各个标准将市场细分后，还要运用 SWOT 分析方法，对各个细分市场的发展潜力、增长率、竞争状况以及公司所拥有的资源能力、竞争优势等进行评估，并作出最后的选择。在选择过程中，企业应遵循的原则是：

◆适度原则；

◆协调的原则；

◆相符的原则。

（二）市场覆盖的 5 种模式

公司决定要进入哪几个细分市场，就要考虑可能的市场覆盖模式。一共有 5 种模式可供采用。

三、市场定位

企业一旦选定目标市场之后，接着便要进行市场定位。所谓市场定位，即根据目标市场中顾客需要的特点，使本企业在目标市场上占据一定的位置，而企业在市场上的位置是以服务产品在市场上的位置体现出来的，所以市场定位主要是企业产品在满足市场需要上所处的位置。

如何才能击中消费者的心？有一张获奖照片能给我们启示：在整张照片上布满了挤得密密的牛，这上百只牛形体极其相似，唯有一头却异常引人注目。在其他牛都低头觅食的时候，它却抬着头，瞪着眼，好奇地望着摄影记者，神情趣怪可爱，每个看过这张照片的人无不注目那头牛，并留下难以抹去的印象，而对其他牛则难以留下记忆。这证明了一个道理：有差异的、与众不同的事情才容易吸引人的注意力。同样，要令你的服务产品吸引公众，就要尽力造成差异，追求与众不同，以便公众将其与其他企业品牌、服务产品区别开来，并进而在公众心目中占有一定位置，一旦公众有需要，必然想起该企业。这项工作就叫定位。定位是通过传递组织或品牌的特定信息，与传播对象进行沟通，使其将该组织或品牌与竞争对手区别开来，以占据细分市场空间。

（一）市场定位的作用

1.定位能创造差异

通过消费者传达定位的信息，使差异性清楚凸现于消费者面前，从而引起消费者注意你的企业、品牌、产品，并使其产生联想。若定位与消费者的需要相吻合，那么你的服务或产品就可以留驻消费者心中。

2.定位是基本的营销战略要素

竞争将市场推向定位时代。在营销理论中，市场细分、目标市场与定位都是公司营销战略要素，勘称营销战略的 STP。

3.定位是制定各种营销管理策略的前提和依据

在营销活动中，往往需要回答涉及 4C 各种营销策略的问题，诸如：如何使广告更有效？价格如何确定？如何更好地与公众沟通？

4.定位形成竞争优势

在激烈的竞争时代，关键问题不是对一件服务或产品本身做什么，而应该清楚你的产品或服务在公众心目中占据什么位置，所以一个成功企业的品牌优势往往来源于定位。

（二）开发定位战略

开发定位战略是创业单位根据市场竞争状况和自身资源条件，建立和发展差异化的竞争优势，以使自己的服务或产品在公众心目中形成区别并优于竞争者的服务或产品的独特形象的战略。

第九章　大学生创新创业的营销管理

第一节　消费者策略

一、大学生创业服务产品的界定

产品是能够提供给市场，以满足消费者需要和欲望的东西。

在创业营销活动中，营销者要了解创业服务产品的 5 个层次。

第一个层次（最基本的层次）是核心产品，也叫核心利益，是创业产品购买者所购买的基本利益或核心价值。

第二层次是营销者必须将核心产品转化为基础产品，即产品的基本形状，或者说产品的实体。

第三层次是创业产品的期望部分，即购买者购买创业产品时通常希望和默认的一组属性和条件。

第四层次是创业服务产品的附加部分，即包括增加的服务和利益。

第五个层次是潜在产品，通过创业服务产品购买可能会实现的全部价值，包括目前还没有实现的价值、绿色、信息创业服务的潜在产品价值。

二、创业服务质量概论

（一）服务质量的定义

菲利普·科特勒对服务下的定义为：一项服务是一方为另一方提供的任何一项活动或利益，它本质上是无形的，并且不产生对任何东西的所有权问题。它的生产可能与实际产品有关，也可能无关。服务的特征有：无形性；差异性；不可分离性；不可储存性。

既然服务是服务系统的顾客提供的一种利益，那么服务质量的高低就可以让顾客的满意和程度来表现。顾客对服务质量的满意可以定义为：将对接受的服务的感知与对服务的期望相比较，当感知超过期望时，服务被认为具有特别质量，顾客表示产生出惊讶；当没有达到期望时，服务注定是不可接受的；当期望和感知一致时，顾客是满意的。

（二）服务质量涉及的方面

按照服务质量的定义，可知服务质量不仅与服务结果有关，也与服务过程有关，它包含两个方面的内容：

1.技术性质量

技术性质量是指服务结果的质量，即服务本质的质量标准，环境条件、网点设置以及服务项目、服务时间、是否适应和方便顾客的需要。通常，许多顾客都能比较主观地评价服务结果的技术性质量。

2.功能性质量

功能性质量是指服务过程的质量。服务过程和顾客消费同时发生，服务功能性质量是服务人员的仪态仪表、服务态度、服务程度、服务行为是否满足公众需求，它与公众的个性、态度、文化、行为方式有关，并且顾客对功能性质量的看法也会受其他顾客的消费行为的影响，所以，顾客对功能性质量的评估是比较主观的判断。

对大多数服务企业来说，要取得长期竞争优势，采用优质服务策略更为有效，因此，营销人员不仅应研究本企业应为公众提供什么服务，更应研究本企业如何为公众服务。

（三）顾客眼中的服务质量

按照服务质量的定义可知，服务质量的好坏是由顾客的意见决定的，顾客对服务质量的态度会由于他对产品的更加了解或收入提高而改变。

顾客追求优质服务，但优良的服务质量通常需要购买者付出更多的钱。当价格与服务质量之间的相关程度较少时，顾客往往倾向于选择优质服务；当价格随着服务质量的提高而上涨时，顾客往往倾向于选择花费较少的服务。

（四）服务质量的标准

服务质量管理不能像产品质量管理那样完全采用标准化规章制度，尤其对服务过程的质量管理。无论服务质量管理采用什么样的原则和方法，服务质量标准具有以下特点：

1.从顾客的立场出发制定

每一位员工都应知道“做什么”“怎么做”，尤其应知道“这为什么重要”。

2.可评估

例如：微笑、语言沟通、姿势沟通、书面沟通、欢迎的技能、有专业水准的接待等。

3.在组织内可自上而下实施

将所有的服务行为分解为各个可对服务后果产生影响的部分，让从事这些部分工作的员工在理解工作重要性的基础上认真做好自己的本职工作。要使各项服务达到所定的质量标准，应从人员、设备、方法（程度）、材料器材、环境这 5 个方面进行质量分析。

（五）服务质量的感知

服务质量的高低是由顾客通过对期望的服务和感知的服务差异性的满意来评判的，那么从哪个方面来评判服务质量呢？通常可以从 5 个要素来评判。

1.有形性

这是指有形的设备、设施、人员和沟通材料的外表。

2.可靠性

这是指可靠的、标准的履行服务水准的能力。

3.响应性

这是指帮助顾客并迅速提供服务的愿望。

4.保证性

这是指员工所具有的知识文化、礼节以及表达出自信与自信的能力。

5.移情性

这是指设身处地为顾客着想和对顾客给予特别的关注。

三、产品大类

现代企业里，每一产品大类应由专门的管理人员负责。这些管理人员必须做到两点：一是掌握产品大类中不同项目的销售和盈利情况，并采取相应措施；二是确定本企业现有产品大类与同一市场上的竞争者的产品大类相抗衡。

所谓产品大类（产品线），是指产品类别中具有密切关系的一组产品。

产品项目是指一品牌或产品大类内由尺码、价格、外观及其他属性来区别的具体产品。

一家企业的产品组合，有其一定的宽度、深度与关联性。产品组合的宽度是指企业有多少不同的产品大类，多谓之宽，少谓之窄。产品组合深度是指企业对每一产品大类所提供的平均产品项目，多谓之深，少谓之浅。关联性是指相关程度。

产品组合、产品大类、产品项目与产品组合程度一深度、关联性有密切关系。

四、创业产品寿命周期

每一项产品都有其寿命周期，因此企业面对着两项重大决策：

第一，企业必须了解如何管理其产品寿命周期的每一阶段，即产品寿命周期策略；第二，企业必须能找出一种新产品，用来取代其原有的已经步入衰退期的产品，即新产品开发。企业对于这两个方面都应给予足够重视，不能偏废一方。

企业市场营销战略必须适应产品的寿命周期的发展变化。随着某种产品寿命周期的变化，企业必须相应改变这种产品的市场营销战略。这是企业在动态市场上能否生存和发展的关键。

（一）产品寿命周期的概念

产品寿命周期是指产品在市场上的生存历程，一般而言，新产品一经开发成功，开始上市，便踏上其生命旅程，一直到它在市场上无法立足为止。

典型产品寿命周期是呈“S”型曲线，分为以下 4 个阶段：

◆导入期：产品刚上市，销量少，增加缓慢，由没有利润到渐有利润；

◆成长期：销售是快速增加，利润也相应增加；

◆成熟期：销售量呈顶峰，产品市场达到饱和状态，利润开始下降；

◆衰退期：销售量下降，利润率也不断下降，甚至有亏损现象发生。

产品寿命周期曲线是典型产品的寿命周期。典型产品就是从各种具体产品中抽象出来的有代表性的产品。典型产品的寿命周期凸线是一条理想曲线，在实践中，并不是所有产品的寿命周期都呈现出理想曲线。产品不同，经历的阶段和时间也是不同的。

有些产品投入市场后，由于设计上有缺陷，不能满足人们需求，因而在导入期就夭折了。有些产品原材料供应困难，无法组织批量生产，始终在导入期徘徊，迟迟不能进入生长期。有些产品一推入市场，立即快速成长，越过导入期，跃入成长期，产品生命周期非常长。有些产品并未经过快速成长过程，而在持续缓慢增长中，由导入期直接到达成熟期，因而跳成成长期，并很快就退出市场。还有些产品在经过成熟期以后，销售量又迅速增加，达到第二度的快速成长期，它的曲线好像驼峰，进行生命周期再循环。

（二）产品寿命周期阶段营销战略

对于企业来说，应用产品寿命周期状况主要有三个目的：一是使自己的产品尽快尽早为消费者所接受，缩短产品的市场导入阶段；二是怎样保持和延长产品的成长阶段和成熟阶段；三是尽可能使产品以较慢速度淘汰。

（三）产品寿命周期的判断

正确判断企业产品寿命周期，是一件困难的事情，因为产品寿命周期各阶段的划分并无一定的标准，有较大的随意性和不定性，是一种判断。要正确地划分产品寿命周期，理应等该产品被淘汰、退出市场以后，再根据销售资料计算出来，但此时知晓，对市场营销已无现实意义。目前，判断产品寿命周期各阶段的方法包括：

1.类比法

根据类似产品的发展趋势，来进行对比判断。

2.销售增长率

根据销售增长率制定定量标准，来划分周期各个阶段。

3.收入和销量的关系

五、新产品开发

现代企业通常把创新产品与贯彻营销观念放在同等重要的地位，事实上，创新产品是市场营销观念的核心思想——满足不断变化的需求的体现。市场营销学认为，只要是产品整体概念中任何一部分的创新、变革和改变，都属于新产品。新产品不一定都是新发明的产品。具体地说，新产品可以分为以下四类：

（一）全新产品

全新产品是指在某一时期中市场上从来出现过的，运用新原理、新技术、新工艺、新材料制成的产品。这种新产品一般需经历比较长的时间才出现，它的使用会改变用户或消费者的生产方式或消费方式。

（二）新产品

新产品即部分改造原有产品的结构、功能等形成的产品，亦称换代产品。

（三）改进产品

这种产品不是由于科学技术进步而导致产品的重大革新，而是对现有产品的品质、特点、款式或包装作一些改变，与原有产品差别不大，进入市场，容易被接受。

（四）新牌子产品

对现有产品只作很少改变，突出产品某一方面的特点，使用一种新牌子，就可以成为新产品。有时候，这种新产品是仿制市场上某种畅销的产品，只是标出新牌子，便于竞争。

六、创业服务品牌策略

品牌是一种名称、术语、符号、标记、设计或是它们的组合运用，其目的是用于辨认某个销售者的产品或劳务，并使之同竞争对手的产品和劳务区别开来。创业服务品牌营销就是指大学生通过创业服务产品的创意，创建和树立品牌形象，有利于在商场上竞争。

创业服务产品品牌应该代表艺术生创新创业的无形资产和产品自身的特色价值，由创业服务产品的价格服务水平、创业特色、创业形象的视觉效果、艺术生创新创业在公众心目中的地位、整体形象构成。创业服务产品品牌是艺术生创新创业的服务宗旨、服务理念、经销战略、营销措施、企业精神和特色服务的集中反映，是创业企业文化的具体体现。当然，品牌的背后是现代化的质量特点。在此，服务产品质量是指产品内在所有的实质内容。内容的优劣决定这一品牌的价值高低。

品牌价值（传播角度研究）由品牌知名度、品牌认知度、品牌联想、品牌忠诚度、其他资产构成。

（一）品牌知名度

品牌知名度是消费者在想到某一类别产品时，脑海中能想起某一品牌的程度。

品牌知名度的价值在于：

◆它是品牌联想的代名词；

◆熟悉度引发好感；

◆知名度是一种承诺；

◆它是品牌目录群之一。

品牌知名度可以分为几个层次。

（二）品牌认知度

品牌认知度是指消费者对某一品牌在品质上的整体印象。其内涵主要是：功能、特点、可信任度、耐用度、服务度、高品质的外观。

品牌识别度的价值主要包括：

◆传统购买的理由；

◆差异化定位的基础；

◆高价值的基础；

◆通路的最佳；

◆品牌的延伸性。

通过对品质的承诺、品质文化的追求、消费者讯息的投入、具体的标准、允许创新来建立品牌的认知度。

（三）品牌联想

如果透过品牌而会有的所有联想能组合出一些意义，这个有意义的印象就叫做品牌联想，而品牌形象则是品牌定位沟通的结果。

品牌联想的价值有：

◆差异化；

◆提供购买的理由；

◆创造正面的态度及情感；

◆品牌延伸的根据。

在消费者脑海中建立联想，就是给出某一个具体而有说服力的购买理由（USP），也可以叫做竞争性定位。

（四）品牌忠诚度

品牌忠诚度是指消费者持续购买同一品牌，即使是面对更好的产品特点、更多的方法、更低的价钱也不改变。

品牌忠诚度价值在于：

◆降低营销成本；

◆易于铺货；

◆易吸引新的公众；

◆面对竞争者较大的弹性。

第二节　成本价格策略

价格成本是创业企业作为一种商品固有的属性之一，那么，创业产品是如何确定价格成本的？客观地说，这不单纯是一个定价问题，而应说是一个重要的营销问题，商品价格变化直接影响消费者购买行为，影响生产经营者盈利目标的愿望。本章主要介绍创业产品价格成本、定价目标、定价方法和策略等。

一、创业产品价格概述

价格是商品价值的货币表现，商品不能自己表现自身的价值，只有在交易过程中，一种商品的价值才能用另一种等价交易的商品表现出来。当货币作为一种“一般等价物”出现后，商品通常都要先同货币交换，于是，商品的价值表现为价格。

随着时间的推移，逐渐商品化的创业企业，其价格同样是创业价值的货币表现，或是指凝结在创业商品中的社会必要劳动时间的货币表现。然而，创业服务产品与一般商品有区别，所以价值构成与价格形式与一般商品有一定的差异。

（一）创业产品价格构成

价格形态的价值转化为价格构成的四个要素为：生产成本、流通费用、国家税金和企业利润。

（二）影响商品价格的因素

商品价格的高低，主要是由商品中包含的价值量的大小决定的。但是，从市场营销角度来看，商品的价格除了受价值量的影响之外，还要受以下几种因素的影响和制约：

◆商品成本；

◆消费者需求；

◆商品特征；

◆竞争者行为；

◆市场结构；

◆货币价值；

◆政府干预；

◆社会经济状况。

二、创业服务产品定价目标

艺术生创新创业定价目标是指企业在制定价格时要达到的目的和标准。艺术生创新创业应结合企业自身特点、竞争环境，确定定价目标。

（一）以获取利润为定价目标

获取利润是所有企业的共同愿望，很多企业即使是在面临严峻的价格竞争时，也在争取利润。企业可以通过估计需求和成本，选择一种价格，使之能产生最大的当期利润、现金流量或投资报酬率。如果企业对于某产品的需求函数和成本函数有充分了解，则借助需求函数和成本函数可制定确保当期利润最大化的价格。

（二）以投资收益率为定价目标

这是一种以成本为基础的定价目标，艺术生创新创业根据投资额的一定百分比来确定期望得到的利润。这种定价关键在于如何确定投资收益率。投资收益率定得越高，价格也就越高；反之，则相反。

（三）以保持价格稳定为定价目标

稳定价格一般又称领导者价格，通常是由处于市场领导地位的企业制定，处于市场追随者地位的企业为稳定自己的市场，保持价格稳定，往往采用接近于领导者的价格。采用这一定价目标制定价格，可以避免竞争，减少风险，一般都是市场追随者采用。

（四）产品质量导向的定价目标

这是企业要在市场上树立产品质量领先地位的目标，而在价格上作出的反应。优质优价是一般市场供求准则，研究和开发优质产品必然要支付较高的成本，自然要求以高的价格得以回报。高品质商品自然代表了或反映了商品的质量与其相关的服务质量。采取这一目标的企业必须具备以下两个条件：一是高质的产品；二是优质的服务。如果企业不具备上述两个条件而采取高价，只会吓跑顾客，失去市场。

三、创业服务产品定价方法

定价方法是指企业为在目标市场上实现定价目标而给产品制定一个基本价格或浮动范围的方法。影响价格的因素比较多，然而在指定价格时主要考虑因素是产品成本、市场需求和竞争情况。产品成本规定了价格的最低基数，竞争者的价格和代用品的价格提供了企业在制定其价格时必须考虑的参照点，在实际操作中往往侧重于影响因素中选定若干定价方法，以解决定价问题。

（一）成本导向定价法

成本导向定价法是以成本为中心，按企业意图定价的方法。其主要理论依据是：在定价时，首先要考虑收回企业在生产经营中投入的全部成本，然后考虑获得一定的利润。产品的成本包括企业在生产经营过程中所发生的一切费用。定价中考虑的成本是按照成本习性进行分类和应用的。

以成本为中心的定价方法主要有以下三种：

1.成本加成定价法

在单位产品成本的基础上，加上一定比例的预期利润作为产品的售价。售价与成本之间的差额即为利润（这里的成本中，包含了税金）。由于利润的多少是按一定比例反映的，这种比例习惯上称为“几成”，所以这种方法称为成本加成定价法。其计算公式为：

单价产品价格=单位产品成本×（1+加成率）

式中：加成率即为预期利润占产品成本的百分比。

例：某种产品的单位产品成本为100元，加成率为20%，则：

单位产品价格=100×（1+20%）=120（元）

2.目标收益定价法

这种方法又称目标利润定价法，或投资收益率定价法。它是在成本的基础上，按照目标收益率的高低计算价格的方法。其计算步骤如下：

（1）确定目标收益率

目标收益率可以表现为几种形式，如投资利润率、成本利润率、销售利润率和资金利润率等；

（2）确定目标利润

根据目标收益率表现形式的不同，目标利润的计算也不同。计算公式分别为：

目标利润=总投资额×目标投资利润率

目标利润=总成本×目标成本利润率

目标利润=销售收入×目标销售利润率

目标利润=资金平均占用额×目标资金利润率

（3）计算单价

（二）需求导向定价法

这是一种以需求为中心，以顾客对商品价值的认识为依据的定价方法。

1.认识价值定价法

认识价值定价法与现代产品定位思想很好地结合起来，成为当代一种全新的定价思想和方法，被越来越多的企业所接受。其主要步骤如下：

（1）确定顾客的认识价值

确定顾客对企业产品的性能用途、质量、外观及市场营销组合因素等在其心目中的认识价值。

（2）决定商品的初始价格

根据确定的认识价值，决定商品的初始价格。

（3）预测商品的销售量

在估计的初始价格的条件下，预测可能实现的销售量。

（4）预测目标成本

（5）决策

把预测的目标成本与实际成本进行对比，来确定价格：

第一种情况：当实际成本不高于目标成本时，这说明在初始价格的条件下，目标利润可以保证，因而初始价格就可定为商品的实际价格。

第二种情况：当实际成本高于目标成本时，这说明在初始价格的条件下，目标利润得不到保证。需要进一步作出选择，要么降低目标利润，要么设法进一步降低实际成本，使初始价格仍可付诸实施。否则，只能放弃原有方案。

认识价值定价法的关键是准确地确定消费者对所提供商品价值的认识程度。对自己提供的商品价值产生夸张、自满看法的卖主，会令他们的产品定价过高；对自己产品的消费者认识价值估价过低，定的价格就可能低于他们能够达到的价值。为了建立起市场的认识价值，进行市场调研是必不可少的。正确判断顾客对商品价值的认识程度，目前采用的办法主要有直接评议法、相对评分法（又称直接认识价值评比法）和诊断评议法。

2.差别定价法

这种方法又称区分需求定价法，是指在给产品定价时可根据不同需求强度、不同购买力、不同购买地点和不同购买时间等因素，采取不同的价格。

（1）以顾客为基础的差别定价

这是指对不同的消费者，可以采用不同的价格。例如，对老客户和新客户，采用不同价格，对老客户给一定的优惠；同一产品卖给批发商、零售商或消费者，采用不同的价格；等等。

（2）以产品式样为基础的差别定价

对于不同地区的购买者采用不同的价格；同一地区或城市的影剧院、运动场、球场或游乐场等因地点或位置的不同，要价也不同。

（3）国际市场与国内市场差别定价

国际市场由于弹性比较丰富，所以可以把价格定低一些。国内市场由于弹性不丰富，价格可以定高一些。

采用差别定价法，要具备一定的前提条件。首先是要分析需求差别，搞好市场细分；其次要防止引起顾客反感或不满。

（三）竞争导向定价法

这种方法是指企业为了应付市场竞争的需要而采取的特殊的定价方法。通常包括随行就市定价法、倾销定价法、垄断定价法、保本定价法和变动成本定价法（又称边际贡献定价法）。

四、价格策略

价格竞争是一种十分重要的营销手段。在市场营销活动中，企业为了实现自己的经营战略和目标，经常根据不同的产品、市场制定不同的价格策略，以使其与营销组合中的其他因素更好地结合，促进和扩大销售，提高企业的整体效益。

（一）新产品定价策略

在激烈的市场竞争中，企业开发的新产品能否及时打开销路、占领市场和获得满意的利润，不仅取决于企业适宜的产品策略，而且还取决于其他市场营销手段和策略的协调配合。其中，新产品定价策略就是一种必不可少的营销策略。

1.撇脂定价策略

这是一种高价格策略，是指在新产品上市初期，价格定得很高，以便在较短的时间内获得最大利润。

2.渗透定价策略

这是一种低价格策略，即在新产品投入市场时，价格定得较低，以便消费者容易接受，很快打开和占领市场。

这种方法的优点是：一方面，可以利用低价迅速打开产品销路，占领市场，从多销中增加利润；另一方面，又可以阻止竞争者进入，有利于控制市场。因此，渗透定价策略又戏称“别进来”策略。

3.满意定价策略

这是一种介于撇脂定价策略和渗透定价策略之间的价格策略。所定的价格比撇脂价格低，而比渗透价格要高，是一种中间价格。这种定价策略由于能使生产者和顾客都比较满意而得名。有时又称为“君子价格”或“温和价格”。

由于这种价格介于高价和低价之间，因而比前两种策略的风险小，成功的可能性大。但有时也要根据具体情况进行具体分析。

（二）需求价格弹性不同的商品定价策略

1.需求价格弹性的概念

需求价格弹性是需求弹性中最重要的一种形式。一般来讲，需求弹性就是指需求价格弹性。所谓需求价格弹性，就是指商品的需求量对其价格变动的反应程度。衡量需求价格弹性的大小，或衡量需求量对价格变化的敏感程度的强弱，依弹性系数值的大小来确定。

2.需求价格弹性系数

需求价格弹性系数或称需求弹性系数是商品需求量的变化率与价格变化率的比值。

3.影响需求弹性的因素分析

需求价格弹性的大小主要受以下几个因素的影响：

（1）商品的支出预算中的重要性

在消费者支出预算中越是重要的商品，其需求价格弹性就越小；反之，则越大。

（2）商品的替代性及替代品的数量多少

某种商品的替代品越多、替代程度越接近，它的需求价格弹性就越大；反之，则越小。

（3）商品用途的多少

某种商品越是能成为多种商品的替代品，其用途就越多，需求价格弹性也就越大；反之，则越小。

4.分析需求价格弹性时需注意的两个问题

在分析需求价格弹性时，还应注意以下两点：

（1）需求价格弹性有点弹性和弧弹性之分

点弹性是需求曲线上某一点的弹性，其弹性系数等于需求量的一个无穷小的相对变化与价格的一个无穷小的相对变化之比。

（2）需求曲线的斜率与弹性是两个不同的概念

线性需求曲线上每一点的斜率都相等，可是，线性需求曲线上各点的需求弹性却是不等的。

在需求理论中，需求价格弹性是指在其他影响需求的因素不变时，某一商品的需求量对这种商品自身价格变化的反应程度。但是，就价格而言，某一商品需求量的变化不仅仅受这种商品自身价格变化的影响，还会受相关商品价格变化的影响。所谓需求价格交叉弹性，即需求交叉弹性，是指某种商品需求量对其他某一相关商品价格变动的反应程度。

衡量需求价格交叉弹性的大小或敏感性强弱，可用需求价格交叉弹性系数来衡量。需求价格交叉弹性系数是某种商品需求量的变化率与其他某一相关商品价格变化率的比值。

（三）心理定价策略

这是一种根据消费者心理要求所使用的定价策略，是运用心理学的原理，依据不同类型的消费者在购买商品的不同心理要求

来制定价格，以诱导消费者增加购买，扩大企业销售量。具体策略包括以下：整数定价策略、尾数定价策略、分级定价策略和声望定价策略。

第三节　便利策略

创业服务产品如何方便于公众，营销渠道策略是不可缺少的一个重要策略。企业开发出来的各种服务与产品，只有通过各种营销渠道，才能更好地到达公众的手中。用最有效的方法把创业服务产品转移到公众手中，是便利策略研究的基本内容。

一、创业服务产品渠道概述

营销渠道，也叫销售渠道或分配渠道。美国营销专家菲利普·科特勒教授将营销渠道定义为那些配合起来生产、营销和消费商品或劳务的所有企业和个人，包括资源供应商生产、中间商、辅助商（运输企业、广告代理、市场研究机构等）以及最后的消费者。

创业市场营销渠道的定义与一般商品营销渠道的定义有所区别：

首先，创业营销渠道的起点是创业服务产品的所有者可以是创业产品生产厂家，也可以是创业产品经营者，终点是公众（可以是公众，也可以是使用者），它所包含的是完整创业服务产品流通过程，而决不是流通过程中某一阶段。

其次，创业营销渠道的积极参与者，是创业服务产品流通过程中各种类型的中间商，即创业服务产品中介代理机构。

再次，在创业营销渠道中，创业服务产品所有者向公众、使用者转移创业产品所有权。

二、创业营销渠道的选择

（一）影响创业营销渠道选择的因素

创业产品所有者在选择使用何种营销渠道之前，必须对影响营销渠道的选择各种因素进行分析，然后才能作出决策。影响创业服务产品所有者选择营销渠道的主要因素如下：

1.创业服务产品本身因素

创业产品本身许多因素，如价格、质量、利润，都会影响创业营销渠道的选择。其主要要素是价格和创业产品数量。

2.创业产品市场因素

影响营销渠道的另一个重要因素是市场。

3.艺术生创新创业自身因素

艺术生创新创业规模和品牌，企业的管理能力与水平，控制欲望，营销策略目标。

4.竞争因素

市场竞争越是激烈，那么，一般艺术生创新创业会选择更宽更深的营销渠道，即同时采用直销、中间商代理包销等多种渠道，并在渠道中选择尽可能多的中间商以打开市场。

5.环境因素

各种环境因素及其变化对营销渠道的选择也有很大影响，主要有：政治环境因素、经济环境因素、社会文化环境因素。

（二）创业营销渠道选择策略

选择合适的营销渠道，企业必须对渠道结构、中间商类型与数量、渠道成员的条件等方面进行一系列的定性与定量分析。然后再作出选择。

1.营销渠道选择比较

（1）潜在销售额比较

一般的方法是通过一段时间各营销渠道已完成的销售额用回归方法拟合成回归曲线，求出回归方程，预测出各营销渠道的潜在销售量再进行比较。

（2）营销渠道成本比较

比较成本，重要的是比较不同营销渠道在不同销售额情况下的成本，企业将各个备选的销售渠道在不同销售额水平上的不同渠道成本，拟合成回归曲线，求出回归方程，预测出每个渠道成本后进行比较。

（3）营销渠道收益比较

渠道收益随着销售额变化而变化，与渠道成本比较相同，渠道收益比较也同样需要这样一组动态的数据，拟合成回归曲线，预测出效益，再进行比较。

（4）营销渠道投资报酬比较

当两种营销渠道所可产生的销售额不同，最好通过计算投资报酬率来帮助选择营销渠道。

2.创业营销渠道的选择

创业市场营销渠道的结构有直接营销渠道、间接营销渠道和多渠道营销三种。间接营销渠道和多渠道营销都有中间商的参与，所以创业市场营销渠道选择的本质是在于它要不要中间商参与营销。

不需要中间商的营销渠道就是直接渠道，又叫直销。它的优势明显：艺术生创新创业与公众直接见面，可以准确掌握公众的需求和心理特点，掌握市场的脉搏，从而可以随时根据市场动态和公众需求作出应变的决策。但是，直销也存在销售面窄、企业机构臃肿、运行效率不高等缺陷。

艺术生创新创业委托创业中间商进行销售属于间接营销渠道或多种渠道营销。其优点是效率高，因为中间商有广泛的客户网络、固定的服务销售点和训练有素的销售人员，当然，中间商也可以作为窗口，接触广大消费者，提供市场信息。通过中间商代理销售，将支付一定比例代理费用，不利于降低营销成本，中间商的人员素质对营销影响也较大。

3.创业营销中间商的选择

创业营销中间商是指处于艺术生创新创业和公众之间的参与创业商品流通业务、促使买卖行为发生和实现的公司和个人，包括营销中介机构、经纪人、经销代表等。

（1）创业营销中间商的类型

①创业经销商

创业经销商是指创业商品服务产品代理商，又称创业中介。他不拥有创业商品所有权，仅从事销售业务，满足双方要求，实现交易的成功，并从中获取交易佣金。

②创业代理商

代理商可分为企业代理商和个人代理商两种。其中，个人代理商即经纪人。

创业经纪人的职业要求：第一，客观公正。创业服务产品涉及面广，操作复杂，环节又多，而且政策性特别强，所以创业经纪人应该将创业服务产品信息客观公正地提供给公众，如实介绍各种艺术生创新创业和服务产品。第二，公平独立。创业服务产品经纪人在中介活动中必须保持公平、独立的客观态度，公正地对待艺术生创新创业和公众。第三，促成交易。经纪人要有较强的业务能力，在交易中熟练运用掌握的各种信息、法律知识、谈判技巧，努力去促成交易，实现创业服务产品市场价值。

（2）创业营销中间商数量选择

中间商的数量也是中间商选择策略中要考虑的重要因素，确定中间商数量时，有三种可供选择的策略。

①密集分销策略

密集分销策略是指企业在营销渠道的每一层次选择尽可能多的中间商销售创业产品。这种方法可以使创业产品达到最大的展露度，使公众能够最方便地购买创业产品。

②选择性分销策略

选择性分销策略是指艺术生创新创业在营销渠道上每一层次只挑选几个中间商来完成销售其产品。这种通过对中间商挑选、去掉一些效率不高的中间商的做法，可降低企业的分销成本。

③独家分销策略

独家分销策略是指艺术生创新创业在一定时期内，只选择一家中间商销售其产品。艺术生创新创业如果选择了独家分销，就不能再授权其他中间商。一般说来，这种分销方式对企业的风险较大，如果中间商选择不当，则可能失去部分市场。

第四节　沟通策略

企业市场营销中，必须时刻注意同中间商、客户等公众进行沟通，通过各种媒介进行有效信息传递去说服他们，创造消费和使用该种产品的社会氛围，促进销售的迅速提高。

一、沟通综述

作为一个企业或机构的行销人，首先必须了解沟通是如何运转的。

一般而言，沟通须回答以下问题：

◆由谁传播？

◆传播什么？

◆通过什么渠道？

◆传播给谁？

◆产生什么效果？

沟通一般包含的基本要素是：

◆发讯人：指发送信息的一方（又称信息源）；

◆编码：指把沟通内容编成符号形式的过程；

◆信息：指发讯人发送的一组符号；

◆媒介：指发讯人同交流人传播信息所通过的管道和途径；

◆译码：指发讯人将发讯人发过来的符号转变成具有实际意义的符号的过程；

◆受讯人：指接受发讯人所送信息的人（信息接受者）；

◆反应：指接受者在获得信息后所作出的一系列反应；

◆反馈：指发讯人将其接收到信息后的反应传回到发讯人的过程；

◆噪音：指沟通过程中出现的意外的干扰或歪曲，以使受讯人收受之信息与发讯人发送之信息产生失真或偏差。

二、沟通步骤

建立一项沟通，包括以下几个步骤：

◆确定传播对象；

◆确定传播目标；

◆设计传播信息；

◆选择信息沟通渠道；

◆确定促销费用预算；

◆决定促销组合；

◆管理和协调沟通过程。

（一）确定传播对象

营销信息的传播者必须从一开始起就在心中有明确的传播对象，传播对象包括了解、知晓、喜欢自己企业和自己企业产品的公众和目前尚未使用本公司产品但可能是企业潜在客户的公众，同时也包括对公司服务产品有影响或间接影响的决策者及其他有关方面。这个传播对象可以是个人、家庭、社区团体或一般公众。确定传播对象，可以分两步进行。

第一步：测定传播对象对创业服务产品的熟悉程度。

第二步：测定传播对象对创业服务产品的认可程度。

（二）确定传播目标

当确定传播对象及其特征后，传播者必须确定传播的目标，当然最终目标是传播对象能够大量购买消费本企业的产品，但购买消费行为是公众作出决定的整个过程的最终结果，作为传播者，要懂得如何把其传播对象从目前状态推向购买状态，或如何把其推向大量购买状态。消费者要经过哪几个阶段才能实现购买行为呢？有许多理论描述这个过程，其中，AIDA 和 DIPADA 模式表示消费者要经过知晓、认知、喜爱、偏好、确信和购买等几个阶段。

1.知晓

如果大多数传播对象不知道某一种营销产品的话，那么传播者的任务就是要促使人们知晓它，即认识其名称。这可以通过重复传播这一产品名称的简单信息来达到目的。

2.认知

尽管人们可以通过各种宣传媒介知道一种产品的名称，但是知道名称是不够的，还必须使人们尽可能完整地了解这种产品的特征。

3.喜爱

如果传播对象知晓了产品名称，对产品特征也有了一定程度的认识，那么他们对产品的感觉怎样呢？是喜爱还是不喜爱？为了最终能使人们购买这种产品，在这个阶段就要使人们对产品产生喜爱之感，也就是对产品持肯定态度。

4.偏好

传播对象可能喜爱某一产品，但同时也可能喜爱同类的某些产品，也就是说，他们并不对公司的产品表示特别的偏好，在此情况下，传播者要设法建立购买者偏好，可以通过宣传产品的质量、性能、价格和其他特征，让消费者看出这种产品与同类产品比较在某一方面或几个方面确实具有优势。

5.确信

某一产品可能已为传播对象所喜爱甚至偏好，但尚未发展到购买它的确信阶段。信息传播的工作，就是要帮助传播对象建立这样一种信念——购买这种产品是正确的。

6.购买

有些传播对象对公司产品已经确信无疑了，但尚未作出购买决定，他们可能在等待进一步的信息，计划下一步的行动等等，信息传播者如果不能引导他们迈出最终的一步，最终将“功亏一篑”。因此，信息传播者可以采取给予较低的产品定价、给予商品优惠折扣、在有限的范围提供试用机会等各种方法和手段促使公众作出实际购买行为。

（三）设计传播信息

明确了传播对象，也了解了消费者从知晓到购买的全过程，以及确定了传播目标以后，就要设法设计出一个有效的信息，使传播对象得到这样的信息以后，可以产生一种传播者所期望的反应。

在实践中，要设计出一条使消费者从不知晓到知晓，又从仅仅知晓到认知、喜爱、偏好、确信，最终产生购买行动的万能信息是不可能的，但一条成功的信息，必须引起传播对象的注意，提起他们的兴趣，进而唤起他们的购买欲望，争取越来越多的购买行为的整个过程的某些方面起一定作用。

1.信息内容

为了使传播对象产生一种传播者所希望的购买欲望和购买行为，就须首先决定究竟要对其说什么，这也是消费者作出某项行动的理由，故信息内容又称为销售主题、销售构思。信息内容一旦确定，也就确定了某种利益、动机、认同或传播对象考虑实施购买行为的理由。信息的内容可以分为理性、感情及道义的诉求三种。

2.信息结构

信息结构主要是指信息诉求过程中内容排列组合的结构。它包括了三方面问题：结论形式、论证形式、表述次序。

（1）结论形式

信息传播者向传播对象提出一个明确的结论，还是让传播对象自己得出结论，这两种选择应视不同的信息而灵活掌握。有时，简明扼要，一言中的，把结论推给传播对象，会收到良好的效果。

（2）论证形式

信息传播者可以仅仅赞誉某一产品呢，也可以同时提出其存在的不足或缺点。前者称为单面论证，后则称为双面论证。

（3）表达次序

信息传播可以把最有力的论点最先展示，也可以最后展示。在单方面信息的情况下，一开始提出最有力的论点，有助于引起注意和兴趣，这对其视听群众会不会注意到所有信息的报纸和其他媒体来说尤为重要。

3.信息形式

一个好的信息内容，一个适当的信息结构，还离不开具有吸引力的表达形式。

4.信息源

信息对传播对象产生影响的有效性还取决于信息是由谁发送的，当信息由具有较高信誉的传播者发送时，则会更具有说服力，因此，信息源是信息设计的关键一环。

信息源的可信度受哪些因素影响呢？一般而言，信息源可信度取决于：专门技能、可靠性和性格魅力三个因素。

（1）专门技能

专门技能是信息传播者所显示、所具有的、支持着他们的论点的专业知识和技能。

医生、科学家和教授在他们各自的专门领域里所作出的评价是举足轻重的。比如，医药公司请医生对他们产品的良好效能给予鉴定，会大大增加该产品的可信度。

（2）可靠性

在生活中，身边的亲朋好友向你介绍某一企业或某一产品品牌的优良特性，要比一个陌生或销售人员游说更使你感到可信和容易接受。

（3）性格魅力

性格魅力是指坦率、幽默、诚实、自然的品质。在这方面，一些公众喜爱的明星、著名运动员、影视演员、节目主持人，因其具有特殊魅力而产生明星效应，使其成为最受欢迎也最有效的信息源。

如果某一个人对信息源和信息本身均持肯定态度，或者对两者均持否定态度，即处于一致性状态，那么他得出的结论一定是强化肯定的观点或强化否定的观点。但如果某人对信息源持一种态度，对信息本身又持相反的态度，那又会是怎样一种情形呢？假设一位公众听到她所喜爱、尊敬的知名人士称赞一种她不喜欢的创业用品，调查表明，这位公众不是对这一知名人士的尊敬减少，就是对这一产品开始喜欢了。也就是说，传播对象的态度会朝着两个评价值之间相一致的量增加而发生变化，这个原则称为“一致性原则”。一致性原则告诉我们，信息传播者能利用其良好的形象来减少人们对某一商品所持的反感，但在这个过程中也可能失去一部分传播对象的尊敬。

（四）选择信息沟通渠道

信息传播者必须选择有效的信息沟通渠道来传递经过精心设计的信息。一般而言，信息沟通渠道可分为两大类：一类是人员的信息沟通渠道，另一类是非人员的信息沟通渠道。

人员的信息沟通渠道是指两个或两个以上的人相互之间直接进行信息沟通，并取得信息的反馈。

人员的信息沟通有多种形式，人与人可以通过面对面的沟通，也可以通过电话、电视媒介、互联网、邮寄信函等进行沟通。

人员的信息沟通可以区分为三种不同渠道，即提倡者渠道、专家渠道和社会渠道。

相比之下，提倡者渠道和专家渠道比较正式，但是由于彼此陌生，一定程度上给沟通造成了困难。而社会渠道以其熟悉、亲切、可信度赢得良好的口碑，在许多产品领域都最有说服力，成为最常被采用的一种渠道。

（五）确定促销费用预算

公司面临的最困难的营销决策之一，就是在促销方面应投入多少费用。行业与公司投在促销上的经费大起大落是很平常的一件事。目前，市场上化妆品、保健品促销费用可能达到销售额的30%～50%，而机械制造不足10%。创业行业目前这一部分费用较少，但随着改革力度加大，创业产品促销费用也会增大。促销费用预算有下列几种方法：

1.量入为出法

该法即估量本公司所能承担的能力后安排促销费用。这种方法较为简便易行，只需了解公司财务部门当年能够为销售部门提供多少费用，就可以确定年度促销费用的总额了。但是，这种安排预算的方法完全忽视了促销对销售量的影响，它导致年度促销费用的不确定性，给长期计划带来一定困难。

2.销售百分比法

公司可以一个特定营业额价格的百分比来安排其促销费用。该营业额或销售量是已经达到或现行的，当然也可以是预测的。

3.目标和任务法

目标和任务法要求经营人员明确自己的特定目标，确定达到这一目标必须完成的任务，并在此基础上，估算完成这些任务所需要的费用，费用总和就构成了创业促销费用总额。

4.沟通预算决策模型（销售一反应衰变模型）

该模型是由戴尔和沃尔沃提出的。在模型中，当时间为t时，销售率的变化是四个因素的函数：沟通预算、销售一反应常数、销售饱和水平和销售衰变常数。

（六）决定促销组合

为了达到一个确定的销售水平，可以采用广告、销售促进、公共关系和人员推销四种促销工具，而在大多数情况下，这四种促销工具是相互配合组合使用的。

所谓被动战略或主动战略，如图7—27所示。被动的战略是指使用人员销售和销售促销手段，通过销售渠道推出产品。主动的战略是指使用广告和销售促销等手段，建立公众需求，促进购买。

三、广告决策

（一）广告目标

广告是一种重要的促销手段。广告是指广告者支付一定的费用，采取非人员沟通形式，通过各种媒介把商品传递至广大目标沟通对象，广而告之，促进销售。

1.广告目标的作用

确定广告目标，可以发挥下述作用：

◆协调宗旨的作用；

◆决策准则的作用；

◆评价依据的作用。

2.广告目标的分类

可供企业选择的广告目标很多，大致可分成三类：

◆提供信息；

◆诱导购买；

◆提醒使用。

3.广告战略决策

广告战略决策是根据市场分析、产品分析、消费者分析得到的资料，在广告目标指导下，对开展方式方法、劝说侧重、媒介选择等做出决策。

◆面向总体市场的战略或面向细分市场的战略；

◆满足基本需求的战略或满足选择需求的战略；

◆推出需求战略或拉式需求战略。

拉式需求广告战略把广告当成销售的先锋，如果运用得当，将会促进产品销售。因为先进的广告宣传能让消费者知道新的产品。把消费者心理愿望拉升起来，然后再销售产品。这样的产品销售就不再是盲目的、被动的。

拉式需求广告战略也承担双重风险。由于消费者了解的是广告中的产品。而非市场中的产品，这样，第一，就有可能消费者不喜欢广告中的产品，那么产品一上市就不可能有销路，这样不但花费了一笔广告费，而且影响了营销计划；第二，广告推出和产品推出中间有一定时间差，在这一时间差中，其他竞争对手可能会乘机抢先上市，这无异于广告主企业付钱为其他竞争对手做广告。因此，企业在采用拉式需求广告战略时，必须具备一些条件：

首先，广告主企业本身财力雄厚，经销状况良好，有实力承担风险，也有实力同可能竞争者对抗。

其次，新产品市场比较广泛，潜在消费者或用户多，即使有竞争者涉足这一市场，也不会严重影响广告主企业的营销地位，广告主仍然可以在广告配合下，争取客户。

再次，广告主推出的产品是十分先进的、高科技的、环保型的，其他竞争对手无法马上仿制出来，这样也就无法对广告主企业的新产品构成直接的威胁了。

最后，广告主有能力委托好的广告公司，将广告文本的创造水平提高，在着重宣传产品的同时，突出企业商标、形象。另外，要注意通过广告文本书的说明，使别人只能了解其用途，而无法了解产品的生产制造。

（二）广告媒介

选择广告媒介的目的，在于寻求最佳传送线路，使期望的展露数量到达目标沟通对象。

1.展露的送达率、频率与影响

所谓送达率（R），是指在某一特定时期内，不同的人或家庭至少一次展露在媒介计划下的数目。所谓频率（F），是指在某一特定时期内，一般人或家庭接触信息的次数。所谓影响（f），是指经有特定媒介展露所产生的定性价值。

2.主要媒介种类的选择

当送达率、频率和影响目标确定之后，企业媒介计划人员必须评价各种主要媒介到达目标沟通对象的能力，以便决定采用何种媒介。主要媒介有报纸、杂志、广播、电视、户外广告、网络，这些主要媒介在送达率、频率和影响价值方面互有差异。

3.广告创意的应用理论

（1）魔多理论

最早提出魔多理论的是著名广告人物杰美，他认为创意的产生要经过足够的前期积累，这种积累越丰富，创意的敏感就会越活跃，这是一种基于严密的市场调查的创意方法，只有在这个基础上形成的“创意魔多”才更有针对性，更有冲击力。

（2）万花筒理论

广告专家用万花筒理论来解释创意的组合构成现象。万花筒内有一定数量的彩色玻璃片，同一万花筒中，这些碎片的数量和质量是无穷的、不变的。但只要转动万花筒，使碎片发生新的组合，就会有无穷的新图案和新花样。广告创意与此类似，即将散乱无序的材料赋予独特的艺术表现手段，进行有目的的组合，产生各种各样新的想法。

（3）USP 理论

USP 是 unique selling propositions 的简写，指的是独特的销售主张有三个要点，即：强调产品的具体特殊功效和利益；这种特殊性是竞争对手无法提出的；有强劲的销售力。名广告人大卫·欧格威对此的理解是：“大部分撰稿人的结论是，向消费者讲各种品牌是毫无意义的，于是他们专注于说那些微不足道的不足之处。”这些“微不足道”的提法，看似平凡，却体现了广告创意的独特性。

四、创业市场人员销售策略

由于创业服务业内容广，服务品种多，价值量大，所以一般公众不会随意做出购买决定，因此服务人员销售在创业市场营销中就显得格外重要。

（一）创业市场人员销售的作用和目标

1.创业市场人员销售的作用

寻找目标顾客，发现需求，是创业服务市场人员销售中的一项经常性工作，当然也是其他活动开展的前提。其作用在于：传递各种信息，促成交易，提供各种配套服务，及时反馈信息，进行市场调研。

2.创业市场人员销售的目标

传统观念认为创业市场人员的销售目标就是创业产品。而对创业销售人员的其他方面注意较少，为此，只要求销售人员有销售艺术和技巧，成绩也成为衡量销售人员工作的唯一标准了。然而现代营销观念认为，创业市场人员销售的最终目标是为企业带来最大、长期、稳定的利益及有利的市场地位，这样就不光要求销售人员懂得销售艺术和技巧，还需懂得企业整体营销战略。

3.创业市场人员销售的基本过程

创业市场人员销售可以根据人员销售在创业营销中发挥的作用分为不同阶。

4.创业市场人员销售的规模

创业市场人员销售的规模是指销售人员数量的多少。销售人员数量增加，一方面会对创业服务产品销售量产生有利影响，但另一方面也会增加人员销售的费用。但是，销售量的增加和人员销售费用的增加并不成线线关系，因此，科学合理的销售人员的数量对提高企业的营销效率有直接的影响。

企业销售人员的数量确定通常有几种方法：销售百分比法；分解法；工作量法。

工作量法是根据销售工作的数量来决定销售人员的数量：

◆将顾客按年销售量分成大小差别；

◆确定每类客户所需访问次数（对每顾客每年销售访问次数），这反映与竞争对手相比达到的访问密度是多大；

◆每一位客户数乘上各自所需的访问次数是整个地区的访问工作量，即每年的销售访问次数；

◆确定一个销售员每年可进行的平均访问次数；

◆将总的年访问次数除以每个销售代表的年均访问数即得所需销售代表数。

（二）创业市场人员销售的管理

创业市场人员销售的管理是指艺术生创新创业从选拔到使用销售人员整个过程所进行的系统管理活动。

1.创业销售人员的选拔

艺术生创新创业销售服务队伍的建立，关键要选拔优秀的销售人员，因此，企业必须努力加强销售人员的选拔工作，包括确定选拔标准、招聘和评价考核。

2.创业销售人员的培训

没有天生优秀的销售人员，选拔好以后就必须加强培训。包括设计培训计划、确定培训内容和注意培训的效果反馈。

3.创业销售人员的激励

创业销售人员的工作是富有创造性和挑战性的。其根据销售人员的心理需求（成就的需求、群体的需求、信息的需求、待遇上的需求等）采取行之有效的激励方法，会使销售人员保持旺盛的斗志，发挥自身的潜力，努力去迎接挑战。

创业市场销售人员应将基本推销原理与创业市场实际情况加以结合，并创造出自己的销售准则加以充分发挥，他不仅仅是一个彬彬有礼的公众接待者，而是一个能够进行创业销售导向，能够帮助公众解决问题，并能在销售创业服务产品过程中克服种种障碍的销售人员。

以下是优秀创业销售人员必须掌握的技巧：

◆客户寻找技巧；

◆销售准备技巧；

◆销售人员组合技巧；

◆接近消费者技巧。

第十章　大学生创新创业计划书的制定

第一节　创业计划书的概念

一、创业计划书的定义

创业计划书，也称创业者的“商业计划”，是创业者准备的一份书面计划，用来阐述新企业的背景、历史、产品、市场和营销、制造及营运、组织机构及管理方法和理念，而且要对财务、风险及投资回报做出定性、定量的分析，其主要目的是说服投资者对创办的新企业进行投资。

创业计划书是创业者就某一项具有市场前景的新产品或服务向风险投资家或潜在的投资者游说以取得投资的商业可行性报告。计划书不仅是一种业务构思策划、信息披露和吸引投资者的宣传书，更是以后公司运作的指导书。创业计划对创业者、潜在的投资者、甚至新员工的招聘都很有价值，他们通过创业计划来了解创业企业的目标。创业计划书既是一项新创业活动前期工作的总结，也是一项新创业活动的开始。

在美国，创业计划书起源于“商业包装”，旨在吸引私人投资人和风险投资家进行投资。在今天的美国，商业计划书几乎成了每一个公司实际运作的首要必备文件。

在我国，艺术生创新创业往往在制作创业计划书上会赢得投资人的注意，一个好的创业计划书对于创业者来说是非常重要的，它是创业者起步的通行证。在制定创业计划书的过程中，创业者必须思考和分析创业企业在创建和运行初期的各个方面，并准备有效的策略去应对会出现的不确定性。从某种意义上说，一份好的创业计划书能够帮助创业者避免或减少企业在今后运作中的失败。

二、编制创业计划书的基本原则

要使投资者或潜在的投资者对一个新的创业项目充满信心，并非要创业计划书写得如何复杂，而在于计划书是否能够提供准确的分析、周密的实施方案和步骤、可行的管理办法和技术、理念及管理上的创新点。一般情况下，一个没有创新的、重复别人的经营项目是不会得到投资者关注的。通常，编制创业计划书要遵循以下原则：

（一）立题新颖，富有创意

一个新颖的创业项目立题非常重要，尤其是以大学生为创业主体的创业者，掌握和了解最新技术的发展动态、代表着知识青年的时尚追求。传统经济学存在着一条普遍规律，那就是收益递减规律，即提高资源效率的投资越多，获得的边际效益将越低。21 世纪是知识经济的时代，在知识经济社会也存在着一条重要规律，那就是收益递增规律，即提高智力资源效率的投资越多，获得的边际效益越多。

艺术生创新创业要注意“知识资本”的使用，这是树立新颖的、独树一帜的创业项目的源泉，一个新颖独特的项目往往会更容易引起投资者的注意力。比如，第二届“挑战杯”中国艺术生创新创业计划竞赛的金奖项目是《蓝晶绿色锂电池创业计划书》。这些选题新颖、充满创意的创业计划为赢得创业大赛的奖牌奠定了良好的基础，而一个成功的创业计划往往与新颖的立题是密切相关的。

（二）简明扼要，层次清晰

创业计划书的编制要注意条理清晰、简明扼要，过多赘述、庞大篇幅的创业计划书是不可取的。要达到计划书编制的简明扼要，其最好的方法是将计划书分成几个层次，每个层次中都要有明确描述概括性信息的主题，一些详细的计算过程或分析步骤可以放在计划书的附录中。这样可以使读者能够尽快地掌握创业计划书的基本要点，了解支持创业主题成立的要素。

（三）战略性和战术性决策分析相结合

对于任何一个创业项目，通常都有对创业项目相关背景的详细介绍，也有目标市场和今后应用前景的分析。由于创业计划实质上是创业实践活动的路线图，因此，在创业计划编制时要求针对不同时间段进行不同职能决策分析和实施计划，尤其在市场营销、投资与财务管理、人力资源等方面，既要有战略性的决策分析，又要有战术性的决策分析。

在创业计划书的编制过程中，这些战略战术决策的分析，可以避免使计划书成为一个“内部文件”。从不同的角度对创业计划进行远期和近期、内部和外部、潜在与现实、整体与局部的策划分析，会使读者和投资者感觉到创业计划实施成功的可能性增大，也使创业者能够全面、充分地思考那些阻碍创业成功的问题。

除此之外，艺术生创新创业者要关注政府和行业近期和未来可能的政策导向与发展战略，关心国家和地区的产业结构、经济发展趋势，并将自己的创业计划融入这些大环境，使创业计划获得成功实施。

（四）目标明确，重点突出

创业计划书一般是以某个创业公司为创业主体而撰写的，其主要目的是为潜在的投资者描述一个完整的企业蓝图，使他们对新的风险和企业有所认识，对新创业公司的项目充满信心。

在创业计划书中，应有创业公司明确的经营目标，包括远期和近期的，比如，市场份额、生产和经营规模、投资回报率等财务和非财务指标。企业目标的确定要求创业者对企业类型及竞争环境要有相当充分地了解，目标应该具体、确定，这些目标应该是可度量的，而且是可控制的。

重点突出主要表现在两个层面上：一是指整个创业计划有鲜明的特点，比如产品或服务、市场竞争优势、创业团队的组成和独特的管理方法等等，给投资者留下深刻的印象；二是指创业计划书中的主要构成部分要有明确的重点，使计划书的编写具有分明的层次。

（五）营运评估

通常投资者都是以投资回报或者潜在回报来评价创业计划书的。因此，计划书中的财务决策数据要经过慎重考虑和精心准备。对于特定环境下不确定性导致的营运预算结果，要进行专门的讨论。在营运评估中，不仅要进行财务数据的预测，还要进行非财务数据的预测。

三、创业计划书包括的要素

创业计划书的编制形式有多种，但以下几方面要素是一定要具备的：

（一）人员

指组织和经营创业企业的人，也称创业团队。一份创业计划书应有每位创业企业管理层人员职责的描述，这些管理人员应具备某一方面（技术或管理上）的专长，最好创业团队成员由互补型人员组成，并要求团队成员具备良好的协作精神和对创业公司的高度忠诚。

在创业计划书附录中，最好有创业团队主要成员的基本情况介绍。包括工作经历、接受教育程度、具备的专业特长、在职业和个人素质方面曾取得的成就等等。

（二）机遇

在进行投资项目评估时，投资人最关心的就是创业企业的产品、技术和服务能够在多大程度上解决现实生活中的问题，市场份额为多少，能创造多少利润，成功的可能性有多大，企业的竞争对手是谁，企业控制了什么资源，企业的优势和劣势是什么，等等。计划书中要对以下问题进行回答：准备新开的创业公司的竞争对手是谁，你们可以控制的资源有哪些，你们的优势和劣势是什么，你们对竞争对手采取怎样的应付手段等。

每一个机遇都存在成功或失败的可能性，创业计划书中要实事求是地阐明各种机遇的可能情况，并提出相应的应对措施。

（三）环境

环境是指不可避免发生的周围各种情况变化，但创业者又无法左右的环境因素。比如，法律法规、利率变化、人口发展趋势、通货膨胀以及其他因素等。每份创业计划书中都应包括创业企业所处环境情况的介绍，对不利环境所采取的措施和有利环境的积极作用都应给予详细的说明。

（四）风险和回报

指对任何可能变化因素的评估和创业者团队的应对措施以及对收益进行定量和定性的分析。那些高科技高成长的创业项目，在很大程度上：会获得风险投资家的投资。艺术生创新创业项目中有许多是以科研成果转化为主题的，对可能发生的技术风险、知识产权风险、财务风险和管理风险等都要进行较详细的分析。

对创业项目的投资回报率、项目的回收期和风险投资的退出机制分析是创业计划书必不可少的部分，这往往是投资者和潜在投资者在关注风险之前首先关注的问题。

第二节　创业计划书的格式与内容

通常创业计划书没有固定不变的格式，但创业计划书中一定要包括创业者的创业目的、对创业企业和环境的描述、创业团队的组成、创业项目的风险和回报分析等重要内容。创业计划书可以为潜在的投资者描绘一个完整的创业企业的蓝图，并帮助创业者进一步深化对创业企业经营的思考。

一、创业计划书的格式

创业计划书与投资建议书是有区别的。后者篇幅较短并且较少涉及细节问题；而创业计划书可能长达几十页，甚至几百页。涵盖的内容包括多方面，可以这样说，投资建议书是商业计划书的节略本。

推荐以下几种创业计划书格式供读者参考，在具体编制创业计划书时，读者可以根据自己的选题内容，选择以下适合自己选题的创业计划书格式。另外也可根据实际情况对以下计划书进行前后次序和内容增删的调整。

（一）创业计划书格式类型1（建议适用生产型企业）

1.前言

（1）企业名称和地址

（2）负责人姓名及简介

（3）企业的性质

（4）对所需筹措资金的陈述

（5）报告机密性陈述

2.计划执行概述（对创业计划书进行的概括性综述）

3.行业分析

（1）对将来的展望和发展趋势

（2）竞争者分析

（3）市场划分

（4）行业预测

4.创业企业的描述

（1）产品

（2）服务

（3）企业的规模

（4）办公设备和人员

（5）创业者背景

5.生产计划

（1）制造过程

（2）厂房

（3）机器和设备

（4）原材料供应商情况

6.营销计划

（1）定价

（2）分销

（3）促销

（4）产品预测

（5）控制

7.组织计划

（1）所有权的形式

（2）合作者或主要股权所有者的身份

（3）负责人的权利

（4）管理团队的背景

（5）组织成员的角色和责任

8.风险的估计

（1）企业弱点的评价

（2）新技术

（3）应急计划

9.财务计划

（1）损益表预测

（2）资产负债表预测

（3）现金流量表预测

（4）盈亏平衡分析

（5）成本费用的预测

10.附录（必要补充材料）

（1）市场调查数据

（2）租约或合同

（3）供应商的报价单

（4）相关重要资料

（二）创业计划书格式类型 2（建议适用生产型企业）

1.前言（篇幅不宜过长，对创业计划书进行的概括性综述）

（1）创业公司简介

创业公司经营项目及产品内容、技术来源等，经营团队介绍及所占股权份额情况。

（2）资金需求量预测

公司筹备期间费用、技术转让费用、土地及固定资产占用费用、资金周转占用数量。

（3）投资条件

未来各年报酬率、回收净值、回收期、风险投资推出时间和价值预测。

（4）风险分析

公司内外部环境变化，如技术开发、管理效果和市场变化等情况对投资报酬率的影响。

（5）其他

重大采购和销售合同、营销手段和损益平衡点分析等。

2.创业公司基本资料

（1）创业公司设立背景

（2）创业公司经营业务及内容

（3）预计资本金

（4）创业公司设立程序及其日程表

（5）联络人及地址

3.创业公司组织

（1）创业公司筹建期组织机构

（2）创业公司设立后的组织系统图

（3）拟担任主要负责人的资料

4.创业公司股权结构

（1）无形资产的价值估算

（2）股东出资额及股权结构

（3）董事会和监事会人员名单

5.业务内容

（1）产品市场分析

国内外市场现状及增长率分析，目标市场及增长率分析。

（2）行业竞争状况

（3）营销策略介绍

营销手段、定价策略、分销渠道和重要销售合同，未来3年的销售额预算和营业费用预算。

6.技术与生产

（1）关键技术说明

重大技术来源说明，如自行开发或者购买的价值。

（2）生产与制造

产品的生产流程、主要原材料及供应商情况介绍，厂房设备情况，对生产工人的要求和生产成本预算。

7.财务预算

（1）资金需求预测

（2）未来1年的现金流量预测

（3）投资回收期预测

（4）投资报酬率和净值报酬率计算

（5）未来3年的净现值计算

（6）敏感分析和盈亏平衡分析

8.投资及风险管理

（1）技术和产品开发风险分析

（2）市场风险分析

（3）风险投资的退出机制

（4）创业公司的企业文化

（5）公司的风险控制措施

9.附录（必要补充材料）

（1）未来3年的成本费用预测

（2）市场调查数据分析

（3）未来3年利润表预测

（4）未来3年的资产负债表预测

（5）未来3年的现金流量预测

（6）租约或合同

（三）创业计划书格式类型3（建议适用服务型企业）

1.执行总结（对创业计划书进行的概括性综述，起到创业计划书的摘要作用）

（1）公司概述（对创业公司的目标、任务和关键因素等描述）

（2）市场机会和竞争优势

（3）产品（服务）前景

（4）投资与财务

（5）团队概述

2.公司背景描述

（1）（国内外）发展历史及现状

（2）公司所处的环境及创立背景

（3）创业立项的重要性及必要性分析

（4）创业公司经营业务及内容

（5）创业公司设立程序及其日程表

（6）预计资本金

3.产品服务介绍

（1）产品服务描述（特征、主要客户对象等）

（2）产品服务优势

4.市场调查和分析

（1）市场容量估算

（2）预计市场份额

（3）市场组织结构

5.公司战略

（1）SWOT 分析报告

（2）公司总体战略

（3）公司发展战略

6.营销策略

（1）目标市场

（2）产品和服务

（3）价格的确定

（4）分销渠道

（5）权力和公共关系

（6）政策

7.产品制作管理

（1）工作流程图以及生产工艺流程图

（2）生产设备及要求

（3）质量管理措施及方法

8.管理体系

（1）公司性质及组织形式

（2）部门职能

（3）管理理念及公司文化

（4）团队成员任职及责任

9.投资分析

（1）股本结构与规模

（2）资金来源与运用

（3）投资收益与风险分析（报酬率、回收净值、回收期等计算）

（4）可以引入的其他资本

10.财务分析

（1）财务预算的编制依据分析

（2）未来 3 年的预计会计报表及附表

（3）财务数据分析（主要财务指标分析、敏感分析和盈亏平衡分析等）

11.机遇与风险

（1）机遇分析

（2）外部风险分析

（3）内部风险分析

（4）解决方案和应对措施

12.风险资本的退出

（1）撤出方式

（2）撤出时间

13.附录（必要补充材料）

实际上，创业计划书的格式并不是固定的，最好是根据创业公司的特点编制适合自己公司特征的创业计划书，以上给出的创业计划书格式可供读者们参考。

二、创业计划书编写注意事项

编写创业计划书是获取风险投资或者创业投资成败与否的关键，如果你的创业计划书中所描述的企业给人的感觉只是勉强维持，或者说你对新创企业的论证依据不够充分的话，那你的创业计划也很难获得成功。

创业计划书可以是创业者自己编写，也可以委托他人制订。创业者在自己编写创业计划书时，可以组织创业团队的成员协助起草计划书，由于创业者熟悉自己的任务和职责，又非常了解自己产品和服务的特征，在充分考虑投资环境和外部市场等重要因素的情况下，自己编写出的创业计划书更具有可操作性。如果委托他人制订创业计划书，计划书的编制者要详细了解创业企业的内外部环境，并且要得到创业者的支持。

（一）编写创业计划书时要强调的事项

虽然创业计划书的形式大同小异，但不同形式的计划书中基本都包括创业计划书基本要素。编制创业计划书时要注意以下内容的提示，其目的是能给投资者留下深刻的印象。

1.执行总结或前言

这部分是对计划书的高度概括，通常是在创业计划书完成后编写此部分，这部分内容的主要作用是引起投资者或者读者的兴趣。主要概述是什么、怎么样、为什么、在哪里等问题，篇幅不宜过长，不要超过 2 页。

2.公司基本资料或背景描述

要清楚描述本企业任何独特性或者与众不同的特征，说明创业企业未来的潜力和发展能力。

3.营销策略和市场

明确目标市场、市场定位和市场份额，充分论证何处优于竞争对手，使投资者相信你有能力实现销售计划、有能力应对竞争。

4.管理体系

详细说明创业企业的组织形式，介绍公司管理层关键人物或创业团队主要成员的履历，往往具有丰富阅历和实践经验的管理者以及一支精干的创业团队是创业公司组织机构和人力资源的重要保证，也是投资者关注的重点。

5.投资与财务分析

做出切合实际的资金的需求和使用预测，编制预计财务报表，对投资报酬率、投资回收期等关键财务数据进行预算，这些指标是对将要付诸实施的创业计划的最好支撑。如果有风险投资的话，要说明风险投资的退出方式。

6.风险分析

当外部环境变化时，创业企业所在的行业调整和同业间的竞争可能会出现产品削价、生产和服务成本的提高、不能完成生产计划或销售计划、研发费用的提高等风险。在创业计划书中对上述风险的应对措施或方案应给予预测和分析。

7.风险投资的退出

风险投资退出方案，包括对退出时间、所有权的转移方式、企业战略的延续性和高级领导层的变化做出说明。

（二）编写创业计划书时要注意的事项

通常编写创业计划书可参考上述的格式或者根据具体情况进行适当的调整，以下事项提醒创业计划书的编制者注意。

1.计划书应适当简短

创业计划书除了要求对准备创业计划的目的、过程和结果进行全面描述外。还要求简短．尽量避免长篇幅的赘述。由于创业计划书的读者大都是投资家、金融资产管理者和政府、企业的关键人物，他们都不愿意看到一篇主题不突出的创业计划书。

2.创业计划书的结构要有逻辑性，并需进行适当的包装

创业计划书中的目录、执行摘要、正文、图表和附录等部分要有连贯性和逻辑性，前后内容要相互呼应，不能相互矛盾。计划书的装订要进行适当的包装，体现庄重、大方的风格。

3.计划书中的关键数据要面向未来，避免夸大

计划书应说明创业企业的趋势，指出创业企业未来将实现的数量指标。例如，投资回收期、投资报酬率和风险的预测和计量，而且这些预测数据的提供要有根据，令人信服，防止夸大其词，对重大风险应有足够的估计。

4.提供创业团队取胜的证据

创业团队关键人物的技能和团队人员之间的互补功能对创业企业是否能取胜至关重要。通常，投资家在审查创业计划书时，非常重视创业团队的人员构

成。创业计划书中应提供团队关键人物的能力证明资料，比如，专利发明、获奖证明、工作技能和主要工作经历等。

5.确定目标市场，避免过度多样化

为了说明创业企业产品或者服务的销路，计划书中要明确强调目标市场，充分说明商业机会，避免试图创造多样化的市场或者多种投资。因为，对于一个企业开办初期应首先集中力量开拓明确的目标市场。

6.起草计划书要使用合适的人称

创业计划书可以创业团队自己编，也可以委托咨询公司编制。通常参加创业计划大赛是创业团队亲自参与，使用人称是“我”“我们”口气。如果计划书是委托咨询公司起草，而且该计划书不是以竞赛形式递交，最好以第三人称角度措辞，而使用“他”“他们”等人称。无论使用何种称谓，都要避免使计划书带有个人化色彩，努力做到内容要客观、公正。

三、创业计划书编写要点

以上我们讨论了艺术生创新创业计划书编写的注意事项，一个创业计划通常包括公司介绍、主要产品和服务范围、市场概貌、营销策略、销售计划、市场管理计划、管理者及组织、财务计划、资金需求等情况。以下就编写创业计划书的部分要点问题，概括如下。

（一）摘要（执行总结）

摘要（执行总结）是整个创业计划书的概括性总结，通常计划书的读者在阅读了创业计划书的摘要（执行总结）后，对此份创业计划书是否再有兴趣读下去已做出判断。在摘要（执行总结）中通常要简单回答以下问题：

◆创业企业所处的行业，企业经营的性质和范围；

◆主要产品的内容；

◆创业企业的市场在哪里，谁是新企业的顾客，他们有哪些需求；

◆创业企业的合伙人、投资人是谁；

◆创业企业的竞争对手是谁，竞争对手对企业的发展有何影响。

（二）产品（服务）介绍

在进行投资项目评估时，投资人最关心的问题就是，创业企业的产品、技术或服务在多大程度上能够解决现实生活中的问题，或者，创业企业的产品（服务）能否帮助消费者节约开支，增加收入，能否节约能源。因此，产品（服务）介绍是创业计划书中不可少的内容。

在产品（服务）介绍部分，企业家要对产品（服务）作出详细的说明，说明要准确、通俗易懂，使得非专业型的投资者也能明白。

产品介绍最好附上产品实物照片或其他资料。在产品（服务）介绍中通常要回答以下问题：

◆消费者希望产品（服务）能解决什么问题？消费者从企业的产品（服务）中获得什么好处？

◆与竞争对手相比创业企业的产品有哪些优点？消费者为什么会选择本企业的产品？

◆你为自己的产品（服务）采取了何种保护措施？拥有哪些专利、许可证，或与已经申请专利的厂家达成哪些协议？

◆为什么产品定价可以使创业企业产生足够的利润？为什么消费者会大批量购买本企业的产品？

◆创业企业采用何种方式去改进产品的质量、性能？企业对发展新产品有哪些计划等等。

在产品介绍中，虽然夸奖自己的产品是推销所必需的，但应注意，企业创业计划书中的每一项承诺，都要努力去兑现。

（三）人员及组织结构

组成一支有战斗力的创业管理队伍。这支队伍的组成应该是互补型的，而且要具有团队精神。创业企业通常要求具备以下专业人员：负责产品设计与开发；市场营销；生产作业管理；企业理财；等等。

除此之外，还应对公司的组织结构进行简要介绍，提供公司的组织结构图、各部门的功能与责任、各部门的负责人及主要成员、公司的报酬（分配）体系、公司的股东名单、公司的董事会成员、各位董事的背景资料等等。

（四）市场预测

市场预测是对将来商品的供求发展变化、相互关系以及各种影响因素的变化进行估计和预算。开展市场预测的意义和作用有：市场预测是制定企业发展战略的依据；市场预测是选择目标市场的重要前提；市场预测是提高企业竞争能力和市场反应能力的手段。

市场预测的内容如下：

1.市场需求预测

用专门的手段和方法（通常用统计学的方法），对市场需求、消费品购买力及其投向、商品价格的变动趋势、商品市场的寿命周期、市场的占有率、营销的发展趋势、产品所需的资源等等进行预测。

2.市场预测的程序

确定预测目标（预测的内容、范围、要求、期限等）；拟定预测方案（根据预测目标的内容和要求，编制预测计划和参加人员）；收集整理资料（通过各种调查的方式、收集、整理、筛选、分析与主体有关的资料）；建立预测模型（以上述数据为依据，选择适当的预测方法和评估方法，确定经济参数，分析各种变量之间的关系，建立反映实际的预测模型）；进行分析评估（利用选定的预测模型和方法，对各种变量数据进行具体计算，并将结果进行分析、检验和评价。）

3.预测方法

经验判断预测法（凭借直观、主管经验和综合判断能力、德尔菲法）；时间序列分析预测法；因果分析预测法。

（五）营销策略

影响营销策略的主要因素有消费者的特点；产品的特征；企业自身的状况；市场环境方面的因素。在创业计划书中，营销策略主要包括：市场结构和营销渠道的选择；营销队伍和管理；促销计划和广告策略；价格决策。

（六）（生产）制造计划

创业计划书中的生产制造计划主要包括产品制造和技术设备现状；新产品投产计划；技术提升和设备更新的要求；质量控制和质量改进计划。通常，生产制造计划要求回答以下问题：

◆生产制造所需的厂房、设备情况如何；

◆怎样保证新产品在进入规模生产时的稳定性和可靠性；

◆谁是原材料供应商；

◆生产线的设计与产品组装是怎样的；

◆供货者的前置期和资源的需求量；

◆生产周期标准的制定以及生产作业计划的编制；

◆物料需求计划及其保证措施；

◆质量控制的方法是怎样的；

◆相关的其他问题。

（七）财务计划

财务计划需要花费较多的时间和精力，编制预计财务报表，专业性较强。在财务计划中，通常要回答以下问题：

◆产品在每一个（会计）期间发出量有多少？

◆什么时候开始产品线的扩张？

◆单位产品的生产费用是多少？

◆单位产品的定价是多少？

◆使用什么分销渠道，所预期的成本和利润是多少？

◆需要雇用哪几种类型的人员？雇用何时开始，工资预算是多少？等等。

在计划书的财务计划中还应提供的资料有：创业计划书的条件假设；预期的资产负债表；预期的损益表；现金收支分析；资金的来源与使用分析。

第三节　创业计划书的编写实例

这里提供几种类型的艺术生创新创业计划书的实例，以进一步说明创业计划书的编制技巧，在计划书的编制过程中要注意运用以上的编制原则和注意事项。

一、宇通公司创业计划书

（一）宇通公司创业计划书目录

1.前言

2.创业投资项目公司基本资料

3.公司组织

4.股权结构

5.业务内容

6.技术与生产

7.财务预测

8.投资报酬率分析

9.风险分析与投资管理

（二）宇通公司创业计划书正文

1.前言（不超过两页，供决策者阅读）

（1）创立公司后简介

包括公司经营项目及产品内容，技术来源等，创立后公司经营团队介绍，经营团队所占股权情况。

（2）资金需求与股金预计用途

包括筹备期间费用，技术转让费用，土地及重要固定资产，设备、周转金等。

（3）投资条件

包括投资金额，股款缴纳时间，董、监事席位，非现金出资股东如技术作价，专利作价。资产作价等。

（4）投资者投资报酬率预测

包括回收期间，未来各年投资报酬率，各年净值内部报酬率，以年利率计算的各年度净现值，投资者退出年度股价预测及退出时间内部报酬率。

（5）其他值得介绍的项目

如重大采购或销售合约，损益平衡点，营销手段，产品与市场等。

（6）风险所在

如技术开发风险，产程开发风险，市场变化的风险，集中于经理层的管理风险。

2.创业投资项目公司基本资料

（1）创设公司的缘起

（2）创设新公司的营业内容

（3）预计资本额

（4）设立公司的各项手续及其日程表

（5）联络人及地址

3.公司组织

（1）筹备期间筹备处组织

（2）公司设立后组织系统图

（3）预定担任主要经理人资料

包括主要学（经）历，目前担任其他公司的职务，应聘条件。

4.股权结构（此部分刚草拟时资料较少，在引资过程中会渐渐充实）

（1）技术、资产、专利等作价的安排

（2）现金股股东的权利义务

现金股股东现金出资金额，主要股东预计现金出资金额。

（3）董事会、监事会人员的安排

包括所有股东的董事会名单，监事会人员名单

5.业务内容

（1）产业市场分析

①国内市场现状及其增长率预测

②世界市场现状及其增长率预测

③特殊地区目标市场及其增长率预测

（2）行业的竞争状况

①国内竞争厂商概况

②世界竞争厂商概况

③特殊地区目标市场竞争厂商概况

（3）营销策略介绍

包括营销手段与定价策略，重要销售契约的缔结。

（4）未来 5 年的产品销售收入预测表（包括各项假设）

（5）为拓展业务的营业预算

包括参加国内外展览费用，样品费用，媒体广告预算等。

6.技术与生产

（1）关键技术说明与来源

包括重大技术合作契约，如自行开发时，研究开发经费预算。

（2）生产与制造

①主要产品及生产制造流程

包括进料质量管制流程表、生产流程及质检流程表

②主要产品原料来源及其成本

③工厂员工人数，学（经）历要求，工资水准一览表

④厂房设备

包括预计工厂设置地区，土地与厂房面积，主要机器设备，工厂最大生产能力。以及上述购建经费预算一览表。

7.财务预算

（1）未来 12 个月按月别预测的现金流量表（包括假设条件）

此部分在投资计划书草拟初期可能因资料不齐或不确定因素太多，无法正确草拟，但筹备处成立后就可提供较具体较确切的数据。

（2）未来 5 年按年度预测的现金流量表（包括假设条件）

（3）资金需求汇总

（4）未来 5 年预测损益表（包括假设条件）

（5）未来 5 年预测资产负债表（包括假设条件）

（6）敏感性分析

8.投资报酬率分析

（1）计算投资回收期间

（2）计算各年度预测投资报酬率及净值报酬率

（3）以年利率计算未来 5 年净现值（按各年度分别累计两行并列）

9.风险分析与投资管理

（1）技术开发风险

（2）产品开发风险

（3）市场风险

（4）投资管理，拟请投资者参与的程度

二、蓝晶绿色锂电池创业计划书

（一）执行总结

1.背景

自 20 世纪 80 年代以来，我国通讯行业得到了长足的发展，国内手机电池市场需求和前景都相当看好。

手机电池市场前景广阔，潜在市场可观，但反观我国现在的手机电池生产情况，不能不令人遗憾。与镍氢电池相比，锂离子电池作为一种理想的小型绿色电源以其特有的大容量、高工作电压、安全稳定性能、无记忆效应等优势已得到消费者的认可，正在逐步替换镍氢电池。但多数消费者认为，锂离子电池的价格偏高。如果能有办法降低电池的价格，那么手机价格将有更大的下降空间，从而能促使更多的人购买手机。看到这一市场机遇，以此为切入点，开发低成本、节能环保的“蓝晶绿色锂离子电池”（暂命名）。

2.新型锂离子电池

锂离子电池以其强劲的新技术、环保性、高容量、无记忆效应成为手机电池的后起之秀。可以预见，在未来的5年之内，锂离子电池将全面取代镍氢电池。锂钴氧作为锂离子电池阴极材料，具有良好的综合性能，最成功商品化后将占锂离子电池80%以上的份额。但是锂钴氧电池也存在着一定严重的问题，主要有：（1）污染环境；（2）价格昂贵；（3）安全性差。为克服以上问题，早在20世纪80年代，人们就已开始对锂锰氧化物材料的研究。目前国外应用碳酸锂和二氧化锰研制出了锂锰氧，成功推出了锂锰氧作为阴极材料的商品化锂离子电池。这类电池具有锂钴氧电池的全部优点（惟在60摄氏度以上性能较差），而且完全克服了锂钴氧电池所存在的问题。在国内自20世纪90年代中期以来，已有不少单位开展了对锂锰氧化物的研究，但均未达到产品规模化生产的技术水平。本创业小组所生产的新型锂离子电池采用掺杂的锂锰氧化物替代现占电池成本近70%的锂钴氧化物作为正极材料，在保持锂离子电池综合性能基本不变的前提下，成功地将锂离子电池生产成本降低一半以上。而且，锂锰氧化物作为正极材料使电池有很强的耐过充过放能力，从原理上讲可以不使用保护电路，极大提高了锂离子电池的安全稳定性能。此新型锂锰电池的工业化生产将迅速占领手机电池市场，进一步加速镍氢电池的淘汰，达到日本NEC公司推出锂锰电池后的成功。而考虑到中国国内的实际经济状况，此新型锂离子价格的优势将具有更大的吸引力，完全有可能快速占领市场，从而获得更大的成功。

3.公司的组成及管理

创业小组核心成员有：上海交通大学化学化工学院教授2位，上海交通大学化学化工学院硕士研究生1位。上海交通大学外国语学院硕士生1位。上海交通大学管理学院硕士生2位，上海空间电源研究所硕士生1位。本商业计划目的在于。吸引有意向的投资者对我们进行投资，公司形式将为有限公司，组织结构采用直线职能制。

4.市场

在最初的3年，主要目标是在全国打开市场，同时发展海外市场，预计我们的年销售额为6 000万元左右。

5.营销策略

价格：我们的初期目标市场是中低档手机的生产商，以低价优势立足市场。今后，随着生产规模的扩大，技术的不断完善，将能进一步降低成本，提高产品性能，争取吸引国际著名的高档手机生产商。

促销：作为国内首家真正的锂离子电池生产厂家，我们将召开新闻发布会。宣布我们最新开发的环保锂锰电池，吸引社会焦点，树立企业形象。组织大型的环保主题公园，展示世界电池的发展里程，将“蓝晶绿色电源”的概念灌输给手机生产商和手机用户。通过广告展开宣传攻势，并组织抽奖活动，让中奖的手机用户免费试用我们的新产品。

销售途径：与国内手机生产厂家建立一级供销关系。争取获得国际著名手机生产商的认证，通过它们的销售渠道向用户推荐使用我们的产品。

产品理念：“环保节能——蓝晶电源”。

6.技术壁垒

本新型绿色锂离子电池其材料锂锰氧化物的生产工艺技术最为关键，考虑到部分生产工艺不便于申请专利，因此，这一部分技术、工艺由公司严格保密。只为公司内部生产、技术负责人员及部分研发人员掌握。而关于此新型锂离子电池的一项专利正在申请中。

此外，公司为高新科技公司，员工中大专以上学历的将占总人数的85%，其中，研发人员将占公司总人数近1/3。强大的研发力量，将使公司保持在技术、产品开发中的领先地位。

7.财务分析

总体来看，本项目具有良好的盈利能力，每年的销售额高速上升，成本上升幅度小于销售额上升幅度。投资报酬率保持在50%以上，内部报酬率高达52%。属高回报项目。投资回收期为1.91年（不包括建设期1年）。销售净利率为10.33%，均高于平均水平。财务敏感性分析表明，该项目具有较强的抗风险能力和较高的偿债能力。

8.公司前瞻

宗旨是以新型节能环保的锂离子电池为起点。凭借我们雄厚的技术实力与全方位的营销理念，在市场上打响“蓝晶”这个品牌。最终使“蓝晶”成为我国电源界的一个龙头知名品牌。前3年。利用价格优势，打开国内市场，力争东南亚市场，创立“蓝晶”品牌。运用“蓝晶”的品牌效应，以“蓝晶”手机锂离子电池为主导产品，开发一系列“蓝晶”锂离子电池系列产品，确保在电源界能长期处于领先地位。

（二）公司

1.产品战略

我们的蓝晶绿色锂离子电池最初的产品战略是从中、低档手机电池市场入手，以降低价格为主要手段，增加电池容量、安全稳定性能，提高质量，以替代目前手机使用的镍氢电池，占领较大的市场份额，下一步争取进入手机配套原装市场，为国外的手机和即将在国内成长的手机配套原装化提供国产电池。

2.产品技术

3.公司组成及创业小组成员简介

公司性质为有限责任公司。最高决策部门是董事会，管理权与经营权分离。总经理为首席执行官，下设各个部门。

4.风险

此计划的成功需要以下几个条件：

（1）未来5～10年内，国家GDP以5%以上速度增长，入均收入水平同步提高。

（2）国家制定有利的信息产业政策，扶持信息产业及相关产业的发展，国内手机生产企业稳步发展。

（3）产品按产量能通过国家检测鉴定，并向手机行业推荐，较快度过过渡时期。

（4）产品原材料质量稳定，价格上涨低于物价上涨水平。

（5）产品能及时进行技术更新。保持市场竞争力。

在可见的未来，（1）（2）应能满足，（3）问题不大。所以投资方的资金投入就成为成败的关键因素。

（三）市场分析

1.市场概况

（1）手机电池的市场来源。作为手机的固定配件，在这方面，由于洋品牌手机占了中国市场大半壁江山。而国外手机基本上采取保护政策，均采用自行生产的电池，加上消费者认原装电池，国产手机暂时还拿不到可观的市场份额。（2）前景广阔。上海地区移动通信产业规模仍在不断扩大。

2.目标市场及市场发展战略

目标市场定位——手机电池市场

主要针对国内及进口的中低档手机生产商和经销商，期望与他们的产品捆绑销售。

时至今日，国产手机电池市场主要是在更换市场运作，真正能走上规模化，跟上世界一流水平的，像为诺基亚、摩托罗拉、爱立信等公司的手机进行原装配套的，国内电池生产企业还没有一家。这么一个规模化大批量消费的市场空白，无疑是中国手机电池生产企业的一大遗憾，但同时也留下了巨大的市场空间。考虑到国内手机电池生产企业的成功经验以及市场的实际情况．公司应先进入手机电池更换市场，再进入配套原装市场，为国外的手机和即将在国内成长的手机配套原装化提供国产电池。

第一阶段（1～3 年）——回收投资

面对品牌多、技术含量低、质量差的国内手机电池市场，在消费者方面。

我公司将以极具优势的价格、优良的产品性能、性价比及积极的营销策略吸引顾客；在厂商方面，我们将与国产手机合作，以价格优势帮助他们打开市场，而他们成熟的销售渠道也将有助我们在较短的时间内迅速成长；进口手机商开发中低档手机志在必行，我们也将努力成为其合作伙伴；我们还力争将产品销往东南亚地区，扩大国际知名度。预期3年内在市场上打响并树立“蓝晶”这个品牌，使“蓝晶”成为我国手机电池界的代表品牌；同时以较高的利润率在第三年内回收全部投资成本。

第二阶段（3～6年）——拓展经营

在第一阶段目标成功实现的前提下，进一步降低成本，并用优质的售后服务及技术支持巩固与提升“蓝晶”品牌的知名度与忠诚度；同时运用“蓝晶”的品牌效应，以“蓝晶”手机锂离子电池为主导产品，开发一系列“蓝晶”锂离子电池系列产品（笔记本电脑、游戏机等）或新一代电池产品（如空气锌电池）；在经历了市场开拓期之后，企业进入成长期，我们应采用一切方法开拓融资渠道，可以考虑在金融市场、证券市场等筹措资金以投入企业进一步发展，拓宽经营范围，扩大生产的规模。针对加入WTO后可能的外资进入，我们更要扩大“蓝晶”在世界上的知名度，形成要想进入中国电源界，首选“蓝晶”作为合作伙伴的效果。

第三阶段（6年以后）——进军海外市场

在巩固中低档手机电池市场的基础上，在“蓝晶”品牌公众知名度和美誉度不断提升的基础上，积极进军高档手机电池市场，并不断推出一系列适用于不同产品（如笔记本电脑、掌上游戏机等）的“蓝晶”锂离子电池系列，提高国内市场的占有率。并随着出口业务的发展，力争在技术、规模、销量上与国际知名品牌（如NEC，SONY等）抗衡。预计年销售量将达到1 000万块，占国内品牌手机电池市场的80%，成为“中国电源界的第一品牌”。

（四）竞争分析

随着中国手机用户的迅速增长，市场对手机电池的需求亦越来越旺盛。在过去人们并不注意的手机电池市场上，正在上演着不亚于手机市场的激烈竞争场面。在这场竞争中，名牌国产手机电池日益扮演着一个拨清迷雾、导引市场的角色。在同时面对假冒劣质电池和所谓原装进口手机电池的两个战线上，国产手机电池左冲右突，取得了不俗的战绩。据不完全统计，国内手机电池市场，正牌国产电池的占有比重已超过3成，并且正在迅速上升。不过，国内手机电池市场仍然处于不规范的发展之中，尽管国产名牌电池拼命宣传，也阻止不了假劣电池的泛滥，由于假劣电池利润丰厚至数10倍，依靠名牌企业的市场推广力量，根本无法抑止其非法加工销售。不过，这一局面可能很快就要过去。

综观国内整个锂离子电池生产行业，虽然在近两三年内从无到有并发展迅猛，但是没有几家生产商是自己完全掌握或拥有技术。大部分厂家都是直接购买日本厂商的电芯（已组装好的电池块）再加保护电路及塑料外壳包装后出售。少数生产厂商则在国外的技术支持下做到了电极及电池的组装整套工艺的生产。而只有几家企业（如天津的力神、华光、知己）拥有从电极材料的生产到电极、电池组装整个工艺技术。目前商品化的锂离子电池绝大部分是锂钴材料。由于地壳中钴的含量少，价格昂贵并对环境的污染等因素使长期而广泛的开发受到限制。

1.德赛

德赛能源科技有限公司是由惠州德赛集团有限公司控股创建的中外合资企业，其研发主要依靠国外一些著名企业的支持，在市场上有一定的地位。

2.飞毛腿

飞毛腿集团是国内目前拥有全系列移动电话配件的最大厂商，以“飞毛腿”为品牌的手机充电器、电池、皮套等配件产品已获得中国保护消费者基金会颁发的消费者信得过产品证书。在研发方面该公司并不领先。

3.天津力神

天津力神电池股份有限公司是国内第一家研制、生产锂离子电池并已实现产业化的股份公司，现拥有国内唯一一条锂离子电池芯生产线；成立较早，积累了一定的经验，在研发方面又有天津电源研究所的大力支持，是不可忽视的竞争对手。不过，其在手机电池市场上没有十分先进和明朗的营销策略。

这些手机生产厂商，都已经拥有自己较为成熟的销售网络，但是由于其依靠日本进口的电芯，所以降价空间很小。所以，它们在手机电池市场上势均力敌。它的核心生产技术、营销策略和价格基本相似。因此，在手机电池市场并没有出现一只领头羊，以新的科学技术和新的营销策略来引导该市场的成长。

而且，国内锂离子电池生产厂商90%以上的产品正极为锂钴材料。少数为锂镍氧化物。锂锰正极材料锂电池是手机电池市场的一个盲区，一个尚未开发的市场。我们如果能够迅速打开市场，扩大市场份额，形成规模效益，树立品牌形象，就能在较小的市场压力下取得市场的主导地位。

技术上的领先，带来的是成本大大降低，尽管没有十分健全的销售网络，但是低价将会使我们以很快的速度占领市场，同时运营合理的营销策略，都将巩固我们的领先优势。技术领先加上营销观念的领先是我们蓝晶的制胜法宝。

在全球范围内来分析，在日本和美国，以NEC为代表的一些公司早已成功地推出了商品化的锂锰材料锂离子电池，以低廉的价格和优良性能迅速占领了一定的市场份额。我们将会借鉴他们成功的经验，利用我们自身品牌策略，站稳国内市场，适时进军国际市场。

（五）产品与服务

1.产品

本新型锂离子电池市场定位主要在手机电源。依托上海交通大学化学化工学院的技术力量，我们在进一步的产品开发中。计划将产品扩展到掌上电脑、电子记事本、电动玩具、随身听等领域。产品型号将涉及方形、圆柱形、扣式以及微型电池一系列规格，以满足消费者在不同领域的需求。笔记本所用18650型圆柱锂离子电池现已成功开发，也可进入投产阶段。

公司发展成熟后，我们将把大容量锂锰电池作为产品开发重点。以期将锂锰电池用作电动自行车、电动汽车的驱动电源。

2.服务

我们遵循“以客户为中心”的企业理念和政策，为客户提供技术咨询、技术支持、培训和全面的售后服务。

在产品的技术服务中，我们将主要针对消费者对本新型锂离子电池的不了解。加强对产品性能及使用注意事项的说明。本着“科技以人为本”的精神。使消费者省心轻松地使用本产品，加强消费者对此新型锂离子电池的认同。并且通过销售网点和代理商提供售后服务和技术支持。

为了使用户得到最大的利益，我们必须提供良好的售后服务以及完善的技术支持，尤其是一些配套服务，并要推出不断更新的有个性的差异化产品，为今后“蓝晶”品牌的开拓打下良好的市场基础。

产品差异化：

(1)在产品的包装上采用类似包装策略，即所有产品采用基本相同的包装，这样可以节省成本又可以增加企业声势，还有利于新产品上市；

（2）在电池内部加装充电电路，可不用携带充电器，随时插入220V交流电源进行充电；

（3）在电池上安装照明装置，用于夜间作为手电筒等。

（六）市场营销

1.营销策略

我们的目标是国内手机生产商和中低档手机用户。我们的营销宗旨是依托“价格优势”和“质量保证”，在3年内树立品牌，收回成本，同时不断改进我们的产品和开发新产品；4～7年，吸引国外能源经营者与我们合作，共同开发新环保节能项目。

（1）公共关系：为了突出企业形象及产品的环保性。作为国内首家真正意义的锂离子制造商，可以开新闻发布会，吸引社会焦点。组织大型的环保主题公园，展示世界电池的发展里程，将“蓝晶绿色能源”的概念灌输给手机生产商和手机用户。开展有宣传性的调研活动，既收集市场信息又起广告作用。

（2）广告：为了更好的推荐新产品，采用告示性广告较为适宜，既可以宣传新产品上市，又能让消费者了解熟悉产品，还有助于建立公司形象。

（3）人员推销：吸收高素质的推销人员、采用积极的培训方法建立按客户地区结构和按客户结构复合组织的销售队伍。

（4）销售促进：采取多种方式进行销售促进。

——送货上门、样品免费试用、附赠赠品、特价包装。

——商品相关陈列与示范。

——赠送礼券、折价券。

——组织抽奖活动，让中奖的手机用户免费试用我们的新产品。

2.分销渠道

可能的机会：

（1）国产手机面临着打开市场的艰巨任务，因此可以与其合作。

（2）进口手机面对潜在的广大中低消费者，也有采用我们电池的可能。

选择渠道：采用广泛分销策略，通过代理、批发、零售三级分销渠道。

充分利用中间商：由于初创公司，我们的销售渠道几乎为零，所以我们最好找中间商代理，而中间商的好坏直接影响我们的销售，所以特别注意在初期要让利中间商，开拓分销渠道。

其一，每年度召开产品展览、展销、定货会议，邀请各地区的代理及分销商；

其二，在中间商环节采用销售竞赛、赠品等以激励中间商；

其三，对中间商进行价格折扣，并且相对持久；

其四，在零售商环节可以采取连锁店（柜）方式，有利于产销双方紧密合作。在与国内手机商接触的同时要注意抓住一些移动通信零售商家。

渠道差异化：建立完善的销售渠道，对废旧电池实行厂方或零售点的回收。突出公司形象。

3.价格策略

价格：成本低是我们的绝对优势——用镍氢电池的价格就可以买到优质的“蓝晶”锂离子电池。

定价目标：由于是新创的公司，所以采用利润导向的定价目标。我们在追求利润最大化的同时并不代表我们价格最高，相反由于我们的技术优势使得成本大幅度下降，所以我们所追求的是用低价格打开市场从而使企业整体利润最大化。

定价策略：在初期我们完全有能力采用渗透定价（90 元），也可以根据市场价格（300 元）来定价。权衡之后我们采用满意定价的策略（150 元），这样既有利于我们打开市场又能使我们有所赢利。

4.市场策略

针对不同时期的市场目标，我们制定了不同的市场策略：

OEM 策略——所谓“草船借箭，借船出海”。

在投产初期，我们力争与国内手机生产商合作。国内手机生产商年生产量为 600 万部，其进入手机市场的策略与“蓝晶”进入手机电池市场的策略相同。以价格优势占领市场。但是，由于它们的生产规模不够大，生产管理和研发费用过高，很难在技术上降低手机的生产成本。因此它们对手机零部件的价格非常敏感。

“蓝晶”新型锂锰电池将以此作为与国内手机厂商合作的突破口。使用“蓝晶”新型锂锰电池后，国产手机价格下降 20%之多，这将成为国产手机拓展市场的一把利刃，而“蓝晶”品牌的电池也将因此而迅速占领市场。部分国产手机使用“蓝晶”电池前后的价格比较如下：

通过对国内各个手机生产商的考察和对比，我们拟选择东信、中科健、波导作为我们的 OEM 合作伙伴争取对象。这 3 家国内品牌手机生产商将会是我们主要的客户，与他们的长期合作能保证我们的年销售量，证实我们的技术实力，为“蓝晶”品牌的确立奠定市场基础。

在作为国内手机生产商 OEM 取得一定市场影响力和品牌知名度的基础上，我们将争取成为 SIEMENS 的 OEM。尽管 SIEMENS 不是目前国内手机市场上的巨头，但其发展迅猛，产品以中低档手机为主，平均售价 2 300 元左右。而且，SIEMENS 手机电池主要是从日本进口的，国内尚无其手机电池配套生产商。MOTOROLA，NOKIA 和 ERICSSON 在国内均有自己的国内手机电池配套生产商作为其 OEM。SIEMENS 1999 年国内销售量为 114 万部，已经超过 ERICSSON 的国内销售量（10 万部）。因此，SIEMENS 将是我们全力争取的目标。

通过与中国电信下属的PTAC和PTIC合作，使我们的产品能迅速全面的面向消费者。因为他们拥有成熟的销售网络，其销售网点遍布全国各地，即使在一些偏远的地区，都能找到中国电信的足迹。因此，与PTAC和PTIC合作，是直接进入手机电池替换市场的捷径。

品牌认证：

在打入市场的初期，我们要以优良可靠的性能尽可能地通过国际著名手机生产商的检测，让它们向各自的用户推荐使用我们的产品。通过这种方式，我们可以较快地进入市场，并引起公众的注意。

拓展市场：

我们不仅要在国内市场打开局面，同时为了扩大“蓝晶”品牌的国际知名度和产品的销售渠道，还要在国际市场上有所作为。凭借我们的技术实力和价格优势我们完全有能力将产品出口外销，主要针对一些技术不是十分先进但使用大量电子产品的东南亚国家。

5.营销费用

由于产品处于介绍期，所以我们采用快速渗透的策略（即低价格高促销），期望能迅速占领预期市场份额。

费用估算：

（1）在主要城市营销触及率达到80%左右；

（2）在营销所触及的人群中试用率在10%左右；

（3）试用之后，以品牌、质量及服务吸引顾客，使其成为长期用户和可持续购买者的比例达到20%左右；

（4）考虑原有市场残留效应及增广效应，新产品初期市场份额在1.5%左右；

（5）要使1%的知晓对象对产品留有印象，估计需要重复15次，才会带来10%的试用率；

（6）整体上，营销触及率为80%，每1%要有15次左右的显示，毛评点为1 200；

（7）预计每个毛评点营销费用为 5 000 元，则总营销费用为 600 万元。

（七）投资估算及资金筹措

1.编制依据

本估算表场地、设备等的形式与数量由有关专业根据生产工艺流程的需要确定，并考虑了优惠政策。

工程主要设备的价格按询价计取。

建筑工程中材料及人工的比例按经验值估算。

无形资产按 11 500 000 元计。

固定资产投资方向调节税根据税法按 5%计取。

流动资金中各因素所占比例按经验值计取。

本估算还考虑了不可预见费用 100 000 元。

2.投资估算

厂房为 54×18 平方米三层楼结构，仓库及办公楼与此类似，因此本企业固定资产投资方向调节税按固定资产投资额的 5%缴纳。

固定资产投资方向调节税=（厂房投资+设备投资）×5%=525 400（元）

创业小组入股按照每年超额利润估算为 55 万元。

流动资金按实际所需计算。

3.资金筹措

注册资金 59 993 400 元

4.融资计划

（1）本项目一期拟吸引风险投资 34 014 062 元

（2）公司投产第三年拟进行第二期融资 2 000 万元，用于扩建厂房、购置新设备 10 台和扩招职工。

（3）公司 5 年后拟在二板市场上市，到期拟融资 1 亿元。

（八）财务预算及评价

1.概述

本公司第一年生产能力 200 万只，第二年 400 万只，第三年 1 000 万只以上；建设期 1 年，总生产年限约为 20 年。

本公司销售量逐年增长，5 年后一直保持 5%增长率。

2.财务预算

产品成本费用说明：

（1）折旧按直线法。厂房按 20 年折旧，残值 5%；设备按 10 年折旧，残值 5%。

（2）新建企业生产工人为 200 人。

投产初期拟采用外包生产．第三年开始自己生产。

直接材料的计算：正极材料是锂离子电池正极材料的 1/40，而正极材料占所有材料费用的 70%，则总材料成本为一般材料成本的 32%，一般材料为 50 元左右，则此材料为 14.5 元。

人工成本的计算：一条生产线日产 100 个电池，需 8 个工人，按每日 8 小时计算，则每个电池需 0。64 小时，每小时人工成本 5 元。

变动制造费用包括间接人工、间接材料、修理费、水电费等，单位费用估计为０．３元。

固定制造费用包括修理费、折旧、保险费、财产税等。其中厂房每年折旧额为 277 020 元，设备折旧额为 1 006 240 元。估计总固定费用为 300 万元，则第一年单位固定成本为 1.5 元，第二年为 1.125 元，第三、四年为０．９元，第 5 年约为０．７元。无形资产摊销按 10 年计算。研发费用第一、二年为销售收入的 10%，以后各年为 5%。

3.财务评价

利润趋势分析：

（1）营业收入逐年增加，且增加的速度加快。预计 5 年后销售增长率为 5%。

（2）主营业务成本随收入增加而增加，但增加幅度小于营业收入，这主要是因为本公司产品具有极高的成本优势，在销售局面打开以后，有实力控制成本的增加幅度。

（3）管理费用和营业费用虽每年增加，但增加幅度明显不大，这就使高额利润得到保障。营业费用比管理费用高的原因是公司为打开销路，树立品牌形象，投入大量的宣传和广告费用。

（4）净利润每年呈递增趋势，随着产量的上升，销售额的提高，到第六年销售额预计提高5%，并且以后各年均保持增长水平。

比率分析：

（1）本产品的平均毛利率为64.96%，而一般电池行业的毛利率为30%，本产品大大超过了该水平，是厚利性产品。

（2）本产品免税期间平均净利润率为34%，正常征税期间平均净利润率为30%，而一般电池行业的平均利润率为7%，该产品也大大超过标准，具有很强的盈利能力。

投资比率分析：

投资净利率（免征所得税期间）

投资净利率=平均净利润/投资总额×100%=87.4%

正常年份投资净利率=平均净利润/投资总额×100%=333.88%

该项目投资净利率高达300%以上，1元的投资能换来3元以上的利润。其报酬是诱人的。

投资报酬率

投资报酬率用平均净现金流量除以投资总额，此指标能更客观地反映投资报酬水平。

免征所得税期间投资报酬率=平均净现金流量/投资总额×100%=75.24%

正常年份投资报酬率=平均净现金流量/投资总额×100%=279.99%

投资回收期

投资回收期=1+（59 993 400—30 236 166）/60 045 313=1.5（年）（不包括建设期1年）

注：59 993 400为总投资额，30 236 166为第一年现金流量，60 045 313为第二年现金流量。

4.综合评价

总体来看，本项目具有良好的盈利能力，每年的销售额高速上升，成本上升幅度小于销售额上升幅度。

该项目投资报酬率保持在270%以上，属高回报项目。

该项目具有较高的偿债能力。

该项目风险不大，安全边际率属安全范围。

该项目中，售价的变化最为敏感，然后依次是主营业务成本、销量、建设期投资，风险总体来说不大。

（九）风险投资的退出

我们将以非常负责的态度对待投资者。我们知道，风险投资者并不是要长期地持有投资，而是寻求在适当的时候退出，取得收益。蓝晶公司会把使投资者在退出时得到尽可能大的回报放在十分重要的位置上。

投资者的退出方式有许多种，如IPO（首次公开上市）、收购、公司回购、二次出售、清算、注销等。其中，以IPO形式退出所获得的收益高于其他退出途径。

目前，中国二板市场已具雏形，国内金融制度和机制日臻完善，相信到实施蓝晶公司中期战略时，风险投资实现IPO的外部条件已基本具备。蓝晶公司在创造了尽可能好的业绩和时机成熟的情况下，将选择合适的承销商或投资银行以IPO的方式实现风险投资的退出。

（十）系统分析法总结

1.宏观因素

在未来5～10年内，经过我们的初步调查分析，中国的宏观经济大体应稳定发展，国家将对国内手机生产企业实行政策倾斜。目前信息产业部已着手制定手机产业发展规划，这有利于大幅度提高国产手机在国内市场的占有率。同时根据专家预测，我国手机今后几年的市场需求将以40%以上的速度增长。作为与之配套的锂离子电池的增长率将会高于上述水平，因为除了配套市场以外，还有替换市场，可见锂离子的潜在市场极为可观。

2.内部因素

锂离子电池是一种技术含量相对较高的高科技产品。本创业计划得到上海交通大学化学化工学院和某研究所的大力支持。上海交通大学化学化工学院在锂离子电池的研究领域颇具实力。因此，我们若能有幸获得风险投资商的注资，将处于一种技术领导型企业的有利位置。同时，本创业计划在产品生产能力方面已通过有关专家的可行性论证，具有较高的可操作性。

（十一）后记

现在，以至未来若干年内的中国经济将是全球经济最富活力的增长点之一。中国锂离子电池产业面临着前所未有的时代机遇，我们的“蓝晶绿色锂离子电池”大有可为。我们要深深感谢本次创业大赛的组织者，也深深感谢给予我们大力支持的老师、公司和研究机构。让我们抓住机遇，勇敢面对挑战，做时代的弄潮儿！

第十一章　大学生创新创业的典型案例——以艺术生为例

第一节　影视广告专业学生创新创业成功案例

曹懿南，毕业于传媒动画学院影视广告专业，现为杭州淘婆品牌策划有限公司法人。

从最初一个萌芽的想法，到美院挑战杯获奖到公司的创办仅仅只有半年的时间，或许最初的创业只是一时激情，而去维持和发展一个公司，需要的除了激情还需有更多克服困难的勇气和无限的耐心。

从最开始的一个人到现在的十个人，从最开始的30平方办公面积到现在的300平方，从注册至今，又是半年时间。作为一名在校大学生，除了公司的各种琐事还要应对学校的课程和毕业设计。其中的忙碌和压力，各种心情各种滋味也只有自己能够品味。除了三个给力的合伙人还有学校的老师和热情的学长，都给予“淘婆”强大的成长动力，如今淘婆品牌策划有限公司已经成功入驻阿里巴巴官方“淘女郎”板块，成功参展义乌文博会，成为杭州大创联盟的会员积极参与杭州大学生创业联盟的各项活动建设，并在电子商务设计行业拥有一定的知名度和影响力。

淘婆是做电子商务一站式服务的公司，主要业务包含网店装修、平面设计、电子商务摄影、视频广告等，作为设计服务行业，光会做设计，摄影这些事是远远不够的，需要更多的是对行业的把控能力，策划能力，跟客户良好的沟通能力，并有诚恳的心态，积极的态度。

学校教给的只是工具，怎样去用好你的工具，是每一个想做好设计的学生的必修课，而这个课程也只有在真正接触客户的过程中才能学到。面对各种各样的客户，各种各样的挑剔，要放下自己的架子，一点点接受，一方面锻炼能力一方面也是检验自身，在各种挫折中成长和进步。

在校学生多参加社会实践实习活动，注重培养自己的自信和修养，提升自己的语言表达能力和社交能力。只有过好每一个今天，才会有更好的明天。

第二节　服装设计系学生创新创业成功案例

游露璐，毕业于上海设计学院染织与服装设计系，现为恬素电子商务有限公司董事长。

在上大三时开始创办网店，近三年来，通过自身的努力拼搏，从最初的只有三、四名同学做帮手的小网店，发展成一家拥有员工六百多人，管理人员近百人，年销售收入八千多万元的电子商务公司——杭州恬素电子商务有限公司，成功跻身淘宝网女装十强，公司注册的女装品牌“mimius”也成为具有较大影响力的网络品牌。

大三那时的她就敏锐地感觉到，电子商务将会以迅猛的势头在中国大地发展起来。于是，尝试着在淘宝网注册了一家女装网店，利用自己平时业余时间多次到一些外贸公司参加社会实践，并创造了和这些公司老板比较熟的优势，到他们公司搜罗了一些外贸出口的尾单产品，找了几个本学院平面设计和摄影玩的不错的同学帮忙。没有模特自己秀，拍完片后放到店里卖了一段时间，生意挺好的。那是p图、客服、售后都请不起，就自己一个人兼着没日没夜地干，结果一个月下来竟也赚了七八千元。初战告捷，更坚定了她在新兴的电子商务领域创业的信念。于是，在学校附近租了三居室的商品店，又请了几个平时比较要好的同学一起帮忙，成立了工作室，正式开始做起了淘宝女装生意。

由于自己平时很热衷于参加设计实践活动，寒暑假和课余时间基本都在一些服装公司打工，所以社会经验相对比较丰富，加上自己又是服装设计专业的，有较强的专业能力，而且平时的兴趣爱好比较广泛，涉猎的知识面比较宽，比如各种电脑设计软件、摄影、平面设计等，所有很多做电子商务必需的专业性工作，在创业初期，都可以自己亲力亲为来完成，创业的成本相对就比较低，发展的速度也就比较快，到当年年底店铺就升到了四皇冠，实现月盈利一百多万元。

和传统商业模式相比，电子商务的迅雷不及掩耳之势的发展方式是令人措手不及的。没有核心竞争力的话，将很难在电子商务领域生存。怎么办？2009年春节，对她来说是一个很艰难的春节，经常一个人苦思冥想，思考着我的店铺今后的出路。要避免恶性竞争，走出一条良性发展的道路，唯一的出路就是不再到市场，工厂去拿货，自己设计，自己生产，形成自己的产品风格和特色，降低产品成本。

春节一过，毅然将所挣的一百多万，全部投入到大店铺规模上去，重新租了一栋三百多平方米的别墅做工作室，高薪聘请了三名女装设计师，自己主持起产品设计开发，并成立了采购部，自己采购服装面辅料，外发到加工厂自己生产，实现了产品的设计、采购、生产、销售一条龙。淘宝女装店铺一举实现了销售收入三千多万元，利润突破500万元的业绩，店铺信用等级也达到了五皇冠。

面对战绩，她很清醒，想要自己的事业不断发展壮大，必须走品牌发展战略。之后，果断将工作室从上海搬到杭州，因为这里的服装产业框齐全，更加利于公司的发展。她在杭州萧山注册成立了“恬素电子商务有限公司”，租赁了四百多平方米的厂房和员工宿舍，注册了“mimius”女装生产商标。同时，将所赚五百多万元全部投入到对生产企业的兼并和控股中，后兼并控股了近二十家服装、皮具、皮鞋、牛仔、毛衣、饰品类生产加工企业，拥有生产员工600多人，直接将生产加工控股在自己公司手中。她又制定了发展淘宝商城和开发打造公司自己的电子商务产品的计划，使公司主营的电子商务产品更加宽广，将女装“mimius”品牌做成中国年轻女性的电子商务消费的一线品牌。

第三节　雕塑系学生创新创业成功案例

石洪岭，毕业于继续教育学院雕塑专业，现为杭州国力雕塑艺术有限公司经理。

经过毕业后两年的磨炼，怀揣着自己的梦想，携手美院环境艺术设计专业毕业生高鹏程和雕塑系毕业生宋金聪正式成立杭州国力雕塑艺术有限公司，注册资金 10 万元，固定资产近 18 万元。

杭州国力雕塑艺术有限公司是一家针对城市雕塑、景观小品和旅游工艺品开发的设计与制作、安装为一体的专业性公司。公司依托中国美术学院强大的师资力量和技术力量，以传播城市雕塑艺术、美化人们生活环境、提升城市生活品质为己任，秉承“专业的人做专业的事”的经营理念，努力打造业内品质品牌和服务品牌。公司现有在职技术人员 5 人，兼职 2 人，全部毕业于中国美术学院。

公司自成立以来，诚信经营，遵纪守法，凭借公司团队过强的技术实力出色地完成了几单雕塑业务，同时也获得了社会的认可和一定的社会影响力。公司以母校为平台多次与校友和老师合作，母校成为公司在资源和技术上的主要依托。随着时间的推移，公司声誉逐步在艺术生创新创业团队中突显出来，2010 年，公司被评为“杭州市十佳大学生创业企业”，并且应邀成为上城区儿童教育活动基地。作为上城区大学生创业企业的典型代表，《杭州日报》《钱江晚报》《杭州商报》，杭州明珠频道都做过相关报道。

创意谷杭州市大学生创业园（上城）揭牌仪式上，公司代表园区大学生创业企业发言，市长沈坚、市委书记王金财和各级领导亲临公司询问公司发展状况和存在的问题。公司作为一个刚起步的大学生创业企业受到杭州市政府、上城区人事局、上城区团委、南星街道的大力支持和政策扶持，一站式公司注册、房租补贴和创业项目无偿资助以及上城区和南星街道团委组织的干部培训和学习等。

相信在各级领导的大力关怀和杭州关于大学生创业政策的扶持，杭州国力雕塑艺术有限公司会发展的更快、更稳、更好！

第四节　装饰艺术设计专业学生创新创业成功案例

刘洋，毕业于艺术设计职业技术学院特种工业系装饰艺术设计专业，现为“陶妃”陶瓷首饰工作室设计总监、运营总监。

高考的时候，由于疏忽了文化课，最后离美院的本科线只有几分之差，名落孙山。尽管上了普通院校本科线，她还是选择了美院的职业技术学院。大三面临毕业的时候，她开始思考，一张大专文凭，它的作用最大能发挥多少？她想到了自己创业，但是又很怕，心里很没底。她是家里的独女，从小在杭州长大，没出过远门，尽管性格比较外向，接受能力也比较强，但是一个没经验、初出茅庐的小孩子拿什么跟别人比？父亲建议她先在外面打工一年，有经验了再自己做。但她不想走在别人后面。在大学里，刘洋学的是陶艺，但她自己喜欢的却是首饰设计。所以尽管学了三年的陶艺，但是由于没有太大的兴趣爱好，她没有用心学。创业伊始，她想过做首饰，但是已经没有这么多的时间让她去学。她看到，最近两年，陶艺一行突然有了窜起的苗头。思前想后，决定二者结合，做陶瓷首饰。

首先，她注册了商标“陶妃”，申请了域名，有了自己的品牌和网站。然后开始搜集资料，了解市场。目前在陶瓷首饰市场，几乎都是些随性的、休闲的，不精致、没有内涵的陶瓷首饰。刘洋决定大胆创新，“陶妃”要走陶瓷类精美路线，突出高贵唯美的感觉，做到风格独特，格调高雅，填补现有陶瓷首饰精美领域的市场空白。于是刘洋常常偷跑到首饰设计班，跟着他们学首饰制作，再研究陶土的习性，还去了义乌考察首饰市场。她去了陶瓷之都——景德镇。她觉得要做精品，只有在这个技术成熟的城市，配合自己的设计理念，才能最大化地发挥优势。在她看来，做一套完美的设计必定要做到个性化、人性化、艺术化、自然化、多功能化这几个要点。这些是现代市场上人们对设计的综合需求。于是她开了作坊，开始研究制作精雕细凿的饰品。刘洋很喜欢中国的传统文化，加上陶瓷本来就是国粹，于是设计了很多带有中国古典元素的产品。

陶瓷制作，整个过程需要几十道工序。刘洋为充分节省时间，就带着做好的泥胚，一个窑一个窑地试过来，找到合适的窑。每次开窑都是她最提心吊胆的时候，走到窑厂门口往往腿都软了，就怕一整窑都烧坏。不过通过一段时间的摸索，最后出一窑的“货”成功率能达到75%左右。

鲁迅先生说：“其实地上本没有路，走的人多了，也便成了路。”刘洋回到杭州开始试着打开销路，由于资金紧缺，她想到了杭州的夜市。这是一个人流量较大，租金相对较低的自由市场。第一天，营业额只有300多元，除掉摊位费和成本，几乎没有赚。第二天也一样。从第三天开始，营业额突然上升，比前两天翻了几倍，回头客特别多。接受陶瓷首饰的大多是20~35岁之间的女性，而且文化层次都比较高，对传统文化也很喜欢。她的设计开始得到认可。没做几天，就有好几个摊主主动找她进货。大功告成，刘洋退出了夜市的市场。接下来，她带着产品参加杭州的各种市集活动和博览会，不到20天的时间，多家报纸和电视台都予以刊登报道，客源发展到了深圳、石家庄和海南的部分地区。“忘记了通宵达旦的试验制作，也忘记了曾一遍遍不厌其烦地向顾客介绍和讲解，所有的付出得到回报，内心喜悦让我第一次为了自己的事业流泪！”刘洋的感受几乎无法用文字描述。

刘洋从设计、制作、生产到包装、配件、宣传，再到打开市场，仅仅花了10个月的时间。销售几个月，已经小有盈利，作坊的工人增加到4名，销售人员也有3名。还开出了自己的专营店面。她下一步的创业目标是，做更多的设计、开拓更广的市场，把产品推向更发达的城市，把“陶妃”做成国内知名品牌，让服装搭配有更多的选择性；全力推广陶艺这一绿色产品，让它更人性化地接近人们的日常生活。

年轻一代不需要很多经验和老到的手段，我们用诚恳的心和新的思想观念开拓自己的世界。陶艺最能代表中国风，而杭州这个历史悠久的城市，处处是景，总能激发起我无限的灵感。

第五节　平面设计专业学生创新创业成功案例

费飞，毕业于高职学院平面设计专业，现为杭州觉策堂广告有限公司总经理。

从学校出来时，费飞的目标是非常明确的，就是去创业。他认为办公司是喜欢做自己的事，而同时也是为将来的生活打基础。在学校时他的活动能力就很强，在学校曾任三年团总支书记、两年学生会主席，接触社会也比较早。他在设计专业上也有扎实的功底，不过为了创业，还是用了约一年的时间去“恶补”。先后去了 5、6 家公司，国有公司、大的集团公司、小广告公司，还有图文制作公司都呆过，目的是“偷艺”，就是要了解不同公司的运营操作模式，看人家是怎么赚钱的，怎么管理的，要学的东西实在太多了。

“宇宙间万事万物都是迂回曲折，从来不走直线”（爱默生语）。他最早是与四位大学同学一起创办的公司。当时是一时意气，学生气很重，认为一起拼搏一下就好了。大家都没经验，每个人分工不明确，跟小工作室没什么区别，有项目了做一下，没项目了就空着。这样当然无法维持下去，差不多一年左右就散伙了。他把整个公司盘了过来，然后就跟现在的合伙人开始了新的合作。新的公司也有一个发展过程，起初有点乱，有项目来就做，不管它是几百元还是几万元的。慢慢的，思路清晰起来了。现在的公司定位明确，专门做快消产品（快速消费品），剔除一些不必要的东西，比如不负担广告的制作、印刷等，一般建议客户自己去做，把核心的东西放在策划、市场调研和设计上面。一开始比较困难，因为这样的客户比较少。后来发现只要有实力，接一两个单子，公司基本上就可以存活下来了。

在创业过程中，他逐渐摸索出了一套管理经验。例如在招聘员工时首先看应聘者的人品如何，无德而有才的宁肯不要。同时，还要看应聘者的专业能力以及可开发性如何。作为管理者，要善于发掘员工的长处，要把每个人放到适合他的位置上去。公司的管理，只靠一个人来做是不够的，还需要有一个团队，要有专门的行政管理人员、财务人员等，保障公司的有序运转。

公司现有员工五十余人，有六、七位设计师。广告与调研两块加起来，一年的营业额在一千万左右。他们公司目前是浙江省肯德基与必胜客的供应商，主要为他们做产品促销，做他们一整年的促销活动。因国际金融危机风波，各行各业大部分在不同程度上受到影响。但是他却认为这对广告公司来说是一个很好的发展机遇。很多外贸型企业转向内销了，他们的宣传、推广都需要广告公司来做。不过我并不打算长期做广告公司，而是准备在未来四、五年内有了相当的实力后转做实业或者渠道商。

搞设计肯定要和商业方面接轨。所以，学设计的学生对相关的制作材料、工艺流程等要非常熟悉，熟悉之后才能够展开想象。一个设计，能不能实现、实现之后能达到怎样的效果，会牵扯到很多实际的问题。此外，手绘对搞设计来说也很重要。电脑操作熟练了可以很快做好，但是手绘的东西能够印到脑子里面。

俗话有云："男怕入错行，女怕嫁错郎"。事实摆在面前，如何正确的选择，然后付之以行动，贯彻始终。结果你会成为专业的行业人才，在自己的领域里有所成就；同时你必须忍人所不能忍，不管是跪着还是站着，始终一如既往，不是机会来找你，而是你去创造机会。

"选择"很重要，选择了"创业"，就必须肩负挑战、机会、忍耐、挫折和成长，希望你能很好的为自己今后的选择做好充分的准备，祝大家实现自己的梦想！

第六节　设计学院毕业学生的创业成功案例

设计师在所有人的概念里都是时尚和好品位的代名词。作为一个设计师，必须依靠丰富的行业积累才有可能成功。而一个初出茅庐的大学毕业生，却用自己的创意和行动，成为了行业内的标杆。把戒指与毕业结合在一起，让她在结束学业的同时，迎来了自己的事业。

作为一个即将从上海设计学院毕业的学生，天性浪漫的王家豪与所有沉浸在毕业狂欢里的学生们一样，都在想着如何为自己学生生涯画上一个完美的句号。

有一次，王家豪跟男朋友聊天，说到毕业留念，“为什么没有一个别致的方式来纪念这段美好时光呢？”在她看来，拍照合影也好，留言册也好，都过于老套了，而且不方便保存，像她初中、高中的那些留言合影有些已经散落在天涯了。而且那些印着校徽和班名的T恤在她看来，很不实用，根本没有合适的机会穿。她想要一个可以随身携带，又有纪念意义的毕业礼物。男朋友说：“毕业证难道不是最好的留念？就像结婚时的结婚证一样，还需要什么留念呢？”王家豪说：“结婚时的戒指就可以随时带着啊，但毕业后，谁会抱着毕业证每天看啊？”王家豪突然眼前一亮，“我为什么不能做个毕业戒指呢？”这可是市场上找不到的创意啊！男朋友还没反应过来，王家豪已经拖着他跑回教室了。

原来王家豪心中已经有了好点子。她跟男朋友解释：“毕业戒指与结婚戒指表达情比金坚不同，它要表达的是对大学生活的纪念，所以学校的校徽，毕业的班级、年份都可以放在上面。能够随身携带又方便保存，何况又有创意，对于毕业生来说，想想就很有吸引力。”

但让王家豪没有想到的是，这个在她看来如此金光闪闪的创业点子，才说出口，就被父亲泼了一桶冷水：“点子不错，但戒指本就是成本高的产品，毕业生消费得起吗？再有创意的产品，也得让目标客户消费得起才行啊。”王家豪被问住了。

这次来找父亲，王家豪本意是想争取父亲的同意让她自主创业。谁料父亲是同意了她自主创业的想法，却用过来人的眼光很快地指出了她毕业戒指的硬伤。的确，毕业戒指纪念意义是很强，但成本太高，毕业生消费不起，而成本过低，又无法满足设计要求和质量要求。一个戒指如果太便宜，戴了没多久就掉色变形，那再好的寓意也是白搭，反而是砸了自己的牌子。看来创业并不是头脑一热就能成的事啊，王家豪陷入了沉思。

作为家里的独女，一直以来，父母就非常支持自己成为一个设计师，所以王家豪读大学也是报的上海设计学院。在王家豪心里，设计就是一个靠灵感吃饭的职业，所以在落实创意与执行这一块的确是她的短板。但她心里隐隐明白自己这个创业点子如果能走得通的话，是非常可行的。每年的毕业生这么多，这个毕业戒指的市场一定很好做。成本，成本，核心就是成本。王家豪没有其他途径可以求助，于是决定先把要用的资料搜集好，

看看怎么把创意变成创业。

没有做不到，只有想不到。王家豪把重心放在毕业戒指的市场执行上后，首先做的一件事就是把毕业戒指定位为工艺品，因为毕业戒指的营销点在纪念意义；其次，就是把毕业戒指的材质限定在不锈钢、铜镍合金等上面，从而避免了金银等贵重金属带来的成本问题。而这些材质无论品位还是卖相都能支撑起毕业戒指的设计要求和质量要求；最后，就是毕业戒指的定价问题，她在网上进行了大量的价格调查，同时跑遍了学校周边的精品店和格子铺，经过慎重考虑，她把自己的毕业戒指定价为 55 元。在完成这些工作后，她向父亲汇报了所有的情况，父亲很高兴：“放手去做吧，毕业戒指这桶金我相信我女儿有本事挖出来。”

当所有人都在忙着找工作时，王家豪却开始正式着手实现自己的毕业戒指创业梦了。经过一周马不停蹄地跑动，她最终选定了一家工艺品生产厂家代为制作。确定好厂家后，王家豪白天去商城“偷师”，晚上一回到家，就把商城里有的戒指款式都在脑海里过一遍，然后分别对男士款与女士款进行设计。

高招还在后面。设计款式一出来，考虑到男士款必须跑男生宿舍问才能得到回馈，王家豪就为男朋友分配了任务，于是她跑女生宿舍楼，男朋友跑男生宿舍楼，让群众为他们海选出最受欢迎的款式。但没两天，男朋友就跑过来反映情况了：“他们看时都是扫一眼就随手选一个，这样的海选结果可靠吗？”王家豪神秘一笑：“从营销角度来说，人们买东西时再犹豫，最终也是选中第一眼看中的东西。所以，这样的海选反而是最真实的。”

果然如此，半个月后，第一批毕业戒指火热出炉，100 枚先放在自己班级里试验。但王家豪没想到，第一桶金没挖到，却又来了第二桶冷水——问的人多，买的却没几个，眼看着这批承载着王家豪希望的毕业戒指就要砸在自己手

上了。闺蜜看她难过，来劝解她：“东西是好，但和别人戴一样的也没什么意思啊。”王家豪一下愣住了，难不成一人一个款式么，这得多大的成本啊。

王家豪想了几天，一筹莫展，思路一直停留在如何减少成本同时又能增加戒指款式上。没想到，一张宿舍里的签名海报让王家豪的毕业戒指起死回生了。苦苦思索的王家豪突然意识到，款式上只要加上学生名字，那不就是独一无二的了嘛。自此毕业戒指正式走起了定制路线，不仅有班级信息，还可以刻上自己的名字，且价格不变！改良版毕业戒指一出来，火速蹿红，校园 BBS 上甚至出现求购信息。一通百通，王家豪的创业风潮势如破竹，从个人接电话送戒指上门，到铺点到校园周边精品店和格子铺。每定制一枚返利 20%的模式让毕业戒指的网点迅速铺开，而“当天订，第二天收，三包加售后”的快速生产模式，也让王家豪的毕业戒指品牌美誉度极速上升。

经过一段时间的发展，王家豪的毕业戒指一个月可以为她带来 3 万块的纯收入，她也迅速成立了自己的设计工作室，很快“情侣版毕业对戒”“求职版”“怀旧版”“师生版”“集体版”“老校友珍藏版”等多个版本的毕业戒指销售火爆。销售网点拓展到 60 多个，累计盈利超过 50 万元。王家豪实现了设计与创业齐飞，学业与事业完美对接！

参考文献

[1]王俏,张显果.民办艺术本科高校创新创业人才培养的新模式探究[J].美术教育研究,2017,(09):165.

[2]柴文娟.广东高校数字媒体艺术创新创业教育模式研究[J].艺术教育,2017,(Z5):136-137，177.

[3]孙静松.“互联网+”背景下的高校艺术类专业学生创新创业教育模式探讨[J].艺术教育,2017,(Z4):281-282.

[4]岳洋.高校艺术类研究生创新创业中的思想引导模式初探[J].科技创业月刊,2017,(06):46-47.

[5]李一鸣.大学生建筑艺术方向创新创业路径探寻[J].门窗,2017,(03):236.

[6]王威.浅析民办高校艺术类本科生创新创业教育——以信阳学院为例[J].铜陵职业技术学院学报,2017,(01):79-81.

[7]邢丹,常小飞,万谱等.艺术教育在大学生创新创业教育中的作用探析[J].长春工程学院学报(社会科学版),2017,(01):143-145.

[8]孔凡芹,黄玮婷,张洁.创新创业与插花艺术实践相结合的教学方法初探[J].科技创新导报,2017,(06):185-186.

[9]亓辉,陈蒙.高职艺术设计专业创新创业型人才培养研究[J].戏剧之家,2017,(02):227.

[10]程艳萍.创新创业教育驱动下应用型商业艺术设计人才培养探析[J].美术教育研究,2017,(01):122-123.

[11]蔡萍.加强大学生创新创业教育研究——艺术类院校大学生创新创业教育模式的探索[J].佳木斯职业学院学报,2017,(01):262，264.

[12]刘佳,谭庆.基于创新创业教育理念下的高职院校艺术设计专业实践教学体系研究[J].经贸实践,2017,(02):270.

[13]宋建申.基于讲练融合的艺术类大学生创新创业教育模式研究与实践[J].艺术教育,2017,(Z1):252-253.

[14]赵倩.高等艺术院校创新创业教育人才培养模式的实践与探索——以广州美术学院为例[J].艺术教育,2017,(Z1):267-268.

[15]成哲.基于“知行合一”视角下艺术类院校大学生创新创业实践研究[J].农村经济与科技,2016,(24):206，208.

[16]邵丽平,姚蕾,黄瑞芬.高职艺术类专业在校生“创新创业置换学分”评价机制的实现途径[J].工业技术与职业教育,2016,(04):53-56.

[17]王茜茜.公共艺术教育对于培养大学生创新创业能力的作用[J].现代国企研究,2016,(24):154.

[18]吕博.艺术人才创新创业教育与专业教育融合发展模式研究[J].中国培训,2016,(24):103.

[19]佟琳.“艺术+”美术院校大学生创新创业新型模式探究——以鲁迅美术学院为例[J].中国管理信息化,2016,(24):220-221.

[20]江央慧.大学生创新创业教育课程化建设研究与实践——以广西艺术学院为例[J].亚太教育,2016,(35):242-243.

[21]曹蕾.高职院校艺术设计类大学生创新创业分析[J].合作经济与科技,2016,(23):147-148.

[22]夏世杰.江南影视艺术职业学院对创新创业教育的哲学思考[J].戏剧之家,2016,(22):234.

[23]陈素文.艺术设计人才创新创业的优势及可行性研究[J].设计,2016,(21):96-97.

[24]李燕.艺术类职业院校国际交流与合作中的创新创业[J].中国培训,2016,(22):277-278.

[25]沈正军.基于创新创业教育艺术设计专业课程体系建设[J].艺术科技,2016,(11):369.

[26]周静.陇东学院融入拼布艺术创新创业课程研究[J].现代装饰(理

论),2016,(11):257.

[27]周名赫.从普通心理学的三个维度出发浅谈艺术院校创新创业教育思路[J].科技经济导刊,2016,(31):120-121.

[28]信润海,赵敬轩,尚佳.师范院校艺术类学生创新创业训练模式研究[J].赤峰学院学报自然科学版,2016,(20):218-220.

[29]许永坤,周红海.传媒艺术类高校创新创业教育课程体系建设研究[J].高教学刊,2016,(20):13-14.

[30]邵丽平,姚蕾.提升高职艺术设计类专业学生创新创业水平的策略研究[J].科技资讯,2016,(23):121-122.

[31]周智.高艺术设计专业创新创业能力培养的教学研析[J].现代装饰(理论),2016,(10):241.

[32]匡婉嘉.艺术类共青团创新创业初探[J].佳木斯职业学院学报,2016,(10):470.

[33]邹莺.新时期高职艺术设计专业创新创业教育思考探微[J].科技展望,2016,(27):355.

[34]刘静,邵丽平.基于高职院校艺术类专业学生创新创业能力提升的创业平台构建[J].邯郸职业技术学院学报,2016,(03):87-89.

[35]王俊奇.艺术类高校创新创业人才培养探讨[J].合作经济与科技,2016,(18):172-173.

[36]胡克.高职创新创业实践对艺术设计人才培养模式的改革研究——以数字媒体艺术设计专业为例[J].广东轻工职业技术学院学报,2016,(03):45-48.

[37]胡泽华.职业院校艺术设计专业教学对创新创业文化培养的研究[J].中国培训,2016,(16):200.

[38]陈文贵.艺术院校创新创业教育问题与对策剖析[J].现代商贸工业,2016,(19):152-154.

[39]王希颖.以第二课堂活动为载体,提升艺术类大学生创新创业能力[J].艺术科技,2016,(08):24.

[40]郭晓,李英杰,马小军.共筑平台共谋发展 2016 全国艺术院校院(校)长高峰论

坛——首届艺术院校大学生创新创业论坛综述[J].艺术教育,2016,(08):23-27.

[41]邓秀华.创新创业教育与艺术专业教育融合途径探析[J].新西部(理论版),2016,(14):140-141.

[42]池月.基于工作室模式提升艺术设计类大学生创新创业能力[J].科教文汇下旬刊,2016,(07):76-77，84.

[43]吴宝善.高职艺术类院校创新创业教育体系构建——基于湖南工艺美术职业学院“专业融合、分层递进”的创新创业教育体系写实[J].教育现代化,2016,(18):12-13，22.

[44]余庆军.基于TOPCARES-CDIO的数字艺术创新创业体验平台的构建与应用[J].软件工程,2016,(07):53-56.

[45]吴霜.深化创新创业教育改革探索高校人才培养模式——以广西艺术学院2016年首届毕业生作品博览会为案例[J].音乐传播,2016,(02):1-2.

[46]侯李游美.“大众创业万众创新”视域下艺术类大学生创业路径探究[J].湖北函授大学学报,2016,(11):25-26.

[47]唐金楠.艺术教育在大学生创新创业教育中的作用[J].高校辅导员,2016,(03):34-37.

[48]董效康.浅谈“双创”时代高职艺术类专业创新创业教育研究[J].美术教育研究,2016,(10):106.

[49]邵陆芸.我国大学生创新创业教育的阵地拓展研究——以高校公共艺术课程为切入点[J].中国大学生就业,2016,(08):34-38.

[50]王辉.论艺术类学生专业工作室对大学生创新创业的促进作用[J].艺术科技,2016,(04):422+393，397.

[51]王惠.高校艺术设计专业人才创新创业教育培养模式构建研究[J].美术教育研究,2016,(06):100-101.

[52]雷俊霞.创意市集实践教学模式下高职艺术设计类专业创新创业能力培养的研究与实践[J].包装世界,2016,(02):43-45.

[53]刘亚军.民办高校创新创业环境下艺术创意工坊运营模式探索[J].艺术科

技,2016,(03):60.

[54]孙姣娇.关于艺术类学生创新创业的思考[J].商,2016,(09):19.

[55]罗云.创新创业教育理念下的艺术设计专业人才培养机制研究[J].美术教育研究,2016,(03):136-137.

[56]李菲菲,索继明,王玉云.高校艺术设计专业创新创业教育问题分析与对策探究[J].艺术研究,2016,(01):150-151.

[57]周海燕.艺术大学生创新思维与创业交互促进的有效模式探析[J].长春师范大学学报,2016,(01):169-170.

[58]张伟,邵丽平.高职艺术设计类专业基于创新创业人才培养的课程体系建设[J].现代装饰(理论),2016,(01):69-70.

[59]黄梅荣,黄锋华.艺术设计专业创新创业之浅谈[J].商,2016,(02):273.

[60]范小英,刘建平.高职艺术设计专业创新创业教育实践研究——以衡水职业技术学院艺术设计专业为例[J].戏剧之家,2015,(22):192.

[61]王英.艺术专业大学生创新创业教育平台建构探析[J].中国成人教育,2015,(19):74-76.

[62]孟庆林.独立学院艺术设计专业学生创新创业能力培养模式研究——以天津商业大学宝德学院为例[J].艺海,2015,(10):120-122.

[63]谈音.艺术院校大学生创新创业素质结构评析[J].黄冈师范学院学报,2015,(05):89-91.

[64]陈金球.高职艺术设计专业大学生自主创新创业教育模式探索与实践[J].美术教育研究,2015,(17):123-124，127.

[65]张伟,盛大俊.艺术类大学生创新创业教育的调查与分析——以信阳师范学院华锐学院为例[J].艺术科技,2015,(09):31.

[66]马俊淑,陈明艳.《拼布艺术》课程创新创业实践教学探究[J].科技视界,2015,(25):51-52.

[67]刘艳青,王立鹏.职业院校艺术设计专业创新创业教育的研究与实践[J].科技经济市场,2015,(07):238-239.

[68]赵念念.艺术设计专业创新创业实践教学模式的研究与改革[J].美术教育研究,2015,(13):147，150.

[69]马雪艳,李克林.高职艺术设计专业学生创新创业文化培育模式与实践[J].常州信息职业技术学院学报,2015,(03):84-86.

[70]耿晓改,伍玉彬.艺术设计专业创新创业教育现状调查研究[J].美术教育研究,2015,(10):136，138.

[71]赫灵华.文化创意产业背景下艺术大学生创新思维与创业能力的关系探析[J].长春师范大学学报,2015,(05):124-126.

[72]庞瑾.创新创业教育在高职艺术设计专业群建设中的实现——以连云港职业技术学院为例[J].美术教育研究,2015,(09):136-138.

[73]周丹.创新创业园与艺术设计专业实践教学相结合的策略——以常州信息职业技术学院为例[J].学周刊,2015,(09):20.

[74]王红.对艺术设计专业大学生创新创业训练在设计教育教学实施中的思考[J].艺术教育,2015,(03):74.

[75]张航.以用户体验为核心的艺术设计专业创新创业教育初探——以“珠三角”产业升级为背景[J].美术大观,2015,(01):142-143.

[76]周丹.高职创新创业教育与艺术设计专业实践教学相结合的研究[J].常州信息职业技术学院学报,2014,(06):33-35.

[77]庞瑾.高职艺术类专业学生创新创业能力培养研究——以旅游工艺品专业为例[J].美术教育研究,2014,(22):162-163.

[78]吕光.艺术类大学生创新创业工作室商业模式研究——以黑龙江工业学院创新创业工作室模式为例[J].大众文艺,2014,(19):247-248.